财务分析全攻略

从财务维度研判企业发展

本书编委会　编

地震出版社
Seismological Press

图书在版编目（CIP）数据

财务分析全攻略：从财务维度研判企业发展 / 本书编委会编. —北京：地震出版社，2023.12

ISBN 978-7-5028-5613-7

Ⅰ. ①财… Ⅱ. ①本… Ⅲ. ①企业管理—会计分析 Ⅳ. ①F275.2

中国国家版本馆CIP数据核字（2023）第252071号

地震版 XM5563/F（6452）

财务分析全攻略：从财务维度研判企业发展

本书编委会 编

责任编辑：范静泊

责任校对：凌 樱

出版发行：地震出版社

北京市海淀区民族大学南路 9 号　　邮编：100081

发行部：68423031 68467991　　传真：68467991

总编室：68462709 68423029

图书出版部：68467963

http://seismologicalpress.com

E-mail: zqbj68426052@163.com

经销：全国各地新华书店

印刷：大厂回族自治县德诚印务有限公司

版（印）次：2023 年 12 月第一版　　2023 年 12 月第一次印刷

开本：787 × 1092 1/16

字数：319 千字

印张：15.25

书号：ISBN 978-7-5028-5613-7

定价：60.00 元

前　言

财务分析究竟有多难？财务分析并非简简单单的事情，它涉及众多复杂的概念、指标和技术，需要耐心、深思熟虑以及对细节的敏感洞察力。从一张财务报表中，我们需要读懂企业的故事，揭示其中的机遇与挑战。财务分析不仅需要我们熟悉会计准则、掌握分析方法，更需要我们深入行业、了解经济环境，以及将数据背后的商业逻辑一一拆解。在这个信息爆炸的时代，我们面临着数据的洪流，但如何从中捕捉那些关键的、能够反映企业实际情况的信息，却是一个挑战。分析人员需要挖掘数据的深层含义，寻找隐藏在数字背后的故事。

本书写作目的

近几年来，不少众人追捧、媒体渲染的明星大企业纷纷倒闭，面临倒闭的原因又惊人的相似，都是因为企业资金流的断裂，导致企业经营失败。企业出现资金流的断裂导致企业失败，实质上是企业缺乏财务风险防范能力，在财务风险面前显得苍白无力。企业财务风险则是指使企业不能实现预期财务收益，从而产生损失的可能性。财务风险存在于企业财务管理的全过程并体现在多种财务关系上，是企业自始至终面临的一种客观事实。

从已有实例来看，资产负债表、利润表、现金流量表、所有者权益变动表、财务报表附注、财务指标等内容是明晰看清企业轨迹，把握市场风向的重要工具，而且能为企业规避法律及商业风险。在这样的大背景下，若企业能更了解财务报表，相信经营管理过程中也能事半功倍。

本书从某药业暴雷事件出发，深入剖析企业财务分析需要掌握的各项财务报表及指标，并结合上市公司真实案例进行分析，旨在让读者全面把握财务分析关键事项和实际操作。

本书主要内容

本书通过对财务报表及分析方法、资产负债表、利润表、现金流量表、所有者权益变动表、财务报表附注、财务指标等内容进行讲解，内容涵盖了财务分析的各个方面，从基础知识到高级技巧，从财务报表到企业发展趋势，旨在帮助读者培养分析企业财务数据的能力，能够从各种角度评估企业的财务状况、盈利能力、偿债能力等，为投资和决策提供有力支持。

本书主要特色

第一，逐步深入的学习路径。本书采用逐步深入的学习路径，从财务报表的基础知识开始，逐步引导读者掌握财务指标和分析方法，最终能够从财务数据中获取有关企业的关键信息。

第二，实用案例分析。通过实际案例，本书将理论与实际结合，帮助读者将财务分析方法应用于真实的情景中，从而更好地理解和掌握。

第三，全面系统。本书按照财务报表各事项逐条进行分析解读，坚持理论与实际相结合的原则，用上市公司案例对一些重点、难点问题进行深入解读，旨在帮助企业工作人员举一反三，融会贯通。

本书使用方法

本书体系完整，内容全面，通过阅读、查询本书，将会带给不同需求的读者不同的收获。

投资者和金融专业人士：了解如何通过财务分析评估潜在投资机会。学会如何分析企业的盈利能力、偿债能力、运营效率等指标，以及如何从财务报表中识别潜在的风险，从而做出更明智的投资决策。

企业管理者：了解如何从财务报表中获取有关企业的关键信息，用以指导战略规划、资源配置和业务决策。更好地理解企业的财务状况，发现运营中的问题，并作出针对性的调整。

初学者和普通读者：获得财务基础知识，了解财务报表的构成和基本指标，从而能够更好地理解新闻报道、公司公告等中的财务信息。

中国传媒大学财务处的孙雷老师编写了本书的第1至8章，中普达科技股份有限公司的财务总监尹栋菊女士编写了本书的9至17章，以及全部的真账演练部分。兰州财经大学会计学院的邢铭强教授对本书进行了审校。

在本书编写过程中，我们参考了相关的教材和资料以及相关专家的观点，并加以借鉴，在此谨向这些文献的作者致以诚挚的谢意！

由于作者水平有限，加之时间仓促，书中难免存在疏漏乃至错误之处，恳请读者批评指正。

编者

2023年12月

目　录

引例

C药业暴雷事件追溯：探寻财务报表背后的蛛丝马迹

2019年，我国资本市场发生的C药业暴雷一事短时间内便震惊全社会。C药业账上300亿元现金凭空消失，震惊的缘由在于暴雷事前毫无迹象，但是当真如此吗？

实际上，只要对C药业近年来披露的公司年报留心观察与分析，不难发现启示很多信息早就已经透露在财务报表里面了，如今的暴雷事件也尚有诸多蛛丝马迹可寻，只是大家没有意识到问题的严重性而将其作为重点关注对象。本部分以案例分析的方式呈现，带领各位读者从C药业财务报表中透视公司经营状况与风险预警，以便更快更准的排除地雷股。

1. C药业暴雷事件概述

2019年5月17日，中国证监会通报该药企财务报告造假，涉嫌虚假陈述等违法违规，直指该药企2016—2018年财务报告存在重大虚假。后该药企股票于2019年5月20日停牌一天，该药企主动戴帽，变更为“ST C药业”。

证监会此前公布C药业暴雷“四宗罪”，列数了C药业所存问题：

一是，该药企涉嫌累计虚增营业收入291.28亿元，具体为：

《2016年年度财务报告》虚增营业收入89.99亿元，多计利息收入1.51亿元，虚增营业利润6.56亿元，占合并利润表当期披露利润总额的16.44%；《2017年年度财务报告》虚增营业收入100.32亿元，多计利息收入2.28亿元，虚增营业利润12.51亿元，占合并利润表当期披露利润总额的25.91%；《2018年半年度财务报告》虚增营业收入84.84亿元，多计利息收入1.31亿元，虚增营业利润20.29亿元，占合并利润表当期利润总额的65.52%；《2018年年度财务报告》虚增营业收入16.13亿元，虚增营业利润 1.65 亿元，占合并利润表当期披露利润总额的 12.11%。

二是，累计虚增货币资金 886 亿元。

C 药业《2016 年年度财务报告》虚增货币资金 225.49 亿元，占公司披露总资产的 41.13% 和净资产的 76.74%；《2017 年年度财务报告》虚增货币资金 299.44 亿元，占公司披露总资产的 43.57% 和净资产的 93.18%；《2018 年半年度财务报告》虚增货币资金 361.88 亿元，占公司披露总资产的 45.96% 和净资产的 108.24%。也就是说，C 药业这几年累计虚增的 886 亿元的货币资金并不存在。

三是，《2018 年年度财务报告》中存在虚假记载，虚增固定资产、在建工程、投资性房地产，共计 36 亿元。

C 药业在《2018 年年度财务报告》中将前期未纳入报表的亳州华佗国际中药城、普宁中药城、普宁中药城中医馆、亳州新世界、甘肃陇西中药城、玉林中药产业园等 6 个工程项目纳入表内，分别调增固定资产 11.89 亿元，调增在建工程 4.01 亿元，调增投资性房地产 20.15 亿元，合计调增资产总额 36.05 亿元。

四是，《2016 年年度财务报告》《2017 年年度财务报告》《2018 年年度财务报告》中存在重大遗漏，未按规定披露控股股东及其关联方非经营性占用资金的关联交易情况。

2016 年 1 月 1 日至 2018 年 12 月 31 日，C 药业在未经过决策审批或授权程序的情况下，累计向控股股东及其关联方提供非经营性资金 116.19 亿元用于购买股票、替控股股东及其关联方偿还融资本息、垫付解质押款或支付收购溢价款等用途。

在被立案调查前，该药企市值最高达 1 300 多亿元，为市场热议的千亿市值白马股，如今市值仅剩下 134 亿，可谓令人唏嘘。但是，只要对 C 药业近年来披露的财务报表进行追踪分析，不难发现，早已有种种迹象表明，C 药业暴雷早有预兆。

总结梳理 C 药业暴雷全过程为以下几点，是为本书后续进行特定财务报表分析的铺垫。

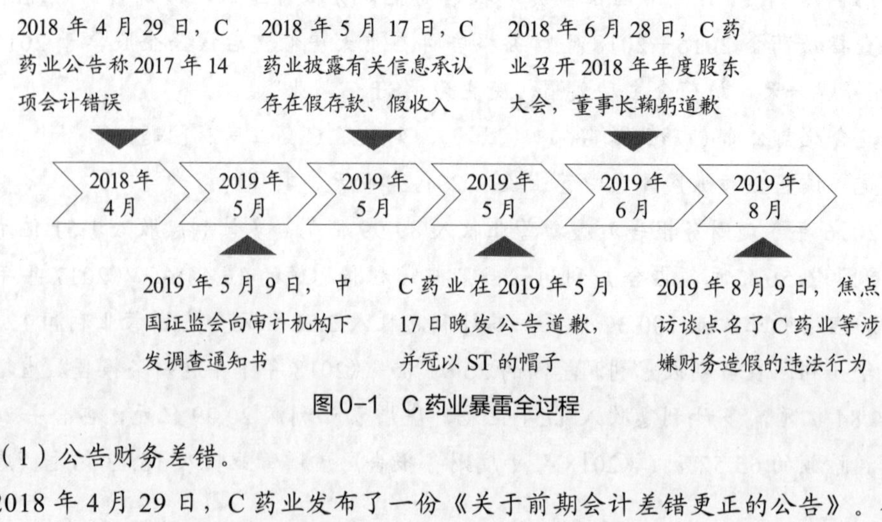

图 0-1　C 药业暴雷全过程

（1）公告财务差错。

2018 年 4 月 29 日，C 药业发布了一份《关于前期会计差错更正的公告》。公告具体阐述了公司 2017 年年报中出现的 14 项会计错误。其中最主要的有以下几点。由于财务数据出现会计差错，造成 2017 年营业收入多计入 88.98 亿元，营业成本多计入 76 亿元，销售费用少计入 5 亿元，财务费用少计入 2 亿元，销售商品多计入 102 亿元，货币资金多计入 299 亿元，筹资活动有关的现金项目多计入 3 亿元。

（2）正中珠江被立案调查。

中国证监会向正中珠江下发调查通知书，因正中珠江在 C 药业审计业务中涉嫌违反证券相关法律法规，证监会对其立案调查，其调查时间为 2019 年 5 月 9 日。

（3）C 药业存在假存款、假收入。

中国证监会 2019 年 5 月 17 日表示，2018 年底证监会日常监管发现，C 药业财务报告真实性存疑，涉嫌虚假陈述等违法违规，我会当即立案调查。12 月 29 日，C 药业披露有关信息。现已初步查明，C 药业披露的 2016—2018 年财务报告存在重大虚假，涉嫌违反《证券法》第 63 条等相关规定。一是使用虚假银行单据虚增存款；二是通过伪造业务凭证进行收入造假；三是部分资金转入关联方账户买卖本公司股票。

（4）C 药业深夜道歉。

C 药业在 2019 年 5 月 17 日晚上近 12 点的时候发公告道歉，并冠以 ST 的帽子。C 药业公告称，经公司核查，公司与相关关联公司存在 88.79 亿元的资金往来，该等资金被相关关联公司用于购买公司股票。

（5）C 药业股东大会董事长鞠躬道歉。

2019 年 6 月 28 日下午，漩涡中的该药企在普宁召开 2018 年年度股东大会，审议 2018 年年报、董监事会工作报告、年度利润分配预案、续聘会计师事务所、拟发行债务融资产品等 10 项议案，均获得通过。

在与现场股东交流环节中，马某某表示，借这次股东大会的机会，向所有股东说声“对不起”！随后，马某某起身鞠躬致歉。“公司在二十多年的发展中，特别是近几年的高速发展中，确实存在不规范的情况，被证监会立案调查。”马某某说，“我们正在积极配合调查，争取在调查结果出来后更有信心地做好主业。”

（6）遭众多新闻媒体点名。

2019 年 8 月 9 日，中央电视台焦点访谈栏目《财务造假须严惩》专题报道点名了该药企等一批上市公司涉嫌财务造假的违法违规行为。

证监会最终认定，2016—2018 年期间，C 药业虚增巨额营业收入，通过伪造、变造大额定期存单等方式虚增货币资金，将不满足会计确认和计量条件工程项目纳入报表，虚增固定资产等。同时，C 药业存在控股股东及其关联方非经营性占用资金情况。上述行为致使 C 药业披露的相关年度报告存在虚假记载和重大遗漏。

2. 该药企简介

C 药业 1997 年在广东注册成立，最开始 C 药业主要经营西药产品。在马某某的带领下，C 药业迅速研发出多种新药，2000 年就被评为国家重点高新技术企业；2001

年，马某某带领C药业进军中药饮片，以中药产业化、规模化发展企业核心竞争力，这一年马某某提出“中药饮片小包装”概念，即将中药加工以后，根据临床用量，以小包装形式销售。这样一个小小的创意，成就了C药业。2001年3月，C药业成功在上交所挂牌上市。上市之后，2007年，C药业联合中央卫视及影视明星任泉、李冰冰播出了广告片《中药之恋》，给C药业带来了前所未有知名度，公司规模开始迅速壮大。此后，C药业在马某某的带领下不断扩张，经营范围涵盖了药品、食品以及物业租赁、房地产等等多个行业。自2006年以来，C药业建立了20多个药品生产基地，与全国2 000多家医院、15万家药房建立合作关系，形成了一套集研发、生产、销售为一体的全产业链。2014年降低成本的“药房托管”业务在全国兴起，短短1个月时间，C药业拿下80多家托管药房，以全面的掌控配送环节和销售环节，并推出了智慧药房业务，全面提升了中药销量。C药业在经营模式上不断投入和创新，将电子商务平台作为企业的战略核心，投资设立全资信息服务公司，为大数据平台提供技术支撑，是国内首家将互联网布局到中医药全产业链，全力打造“大健康＋大平台＋大数据＋大服务”的“智慧＋”大健康产业大型上市国家高新技术企业。C药业上市之初，其营业收入只有3.8亿元，到2018年C药业营业收入就已经达到了194亿，资产总额也从23亿元增加至746亿，足足翻了30倍不止。狂飙猛进的背后，其实隐藏了C药业进行财务造假、欺骗投资者的事实。

对C药业暴雷事件的分析，必须要对C药业股权结构进行深刻认识，这是剖析该案例至关重要的一环。C药业2018年12月28日收到证监会《调查通知书》，2019年8月16日，相关当事人收到证监会《行政处罚决定书》，如表4.1所示，截至2019年6月30日，C药业总股本49.74亿股，其中流通股A股44.09亿股，限售流通股5.65亿股。其控股股东C实业持股16.29亿股，占比32.91%，马某某持股C实业99.68%，是C药业实际控制人；五矿信托持股2.32亿股，占比4.66%，未达到《证券法》所规定5%的披露报告标准；其余大股东持股比例均不会对马某某造成实质影响。此外，C药业持股比例1.87%、1.87%的第六、第七大股东的金信典当行、普宁国际咨询公司的控股股东分别为马某某、许某某，与C实业存在关联关系。

表0–1　C药业前十大股东

名次	股东名称	股份类型	持股数	持股比例
1	C实业投资控股有限公司	限售流通A股	1 628 702 199	32.91%
2	五矿国际信托有限公司－五矿信托	流通A股	231 901 482	4.66%
3	华安未来资产－民生银行	限售流通A股	163 612 565	3.29%
4	中国证券金融股份有限公司	流通A股	148 719 122	2.99%
5	常州燕泽永惠投资中心（有限合伙）	流通A股	136 326 284	2.74%
6	天津鲲鹏融创企业管理咨询有限公司	限售流通A股	98 167 539	1.97%

续表

名次	股东名称	股份类型	持股数	持股比例
7	许 × ×1	流通 A 股	97 803 700	1.97%
8	普宁市金信典当行有限公司	流通 A 股	93 114 716	1.87%
9	普宁市国际信息咨询服务有限公司	流通 A 股	93 114 700	1.87%
10	许 × ×2	流通 A 股	69 836 056	1.40%
	合计	—	2 761 298 363	55.51%

如图 0-1 所示，马某某持有 C 药业法人股东 C 实业 99.68% 的股份，与自然人股东许某某为夫妻关系，系一致行动人。综上所述，马某某夫妇合计持有 C 药业近 39% 的股份，拥有对 C 药业的控制权和决策权，在 C 药业日常经营和重大决策中享有绝对话语权。此外，根据 C 药业 2019 年半年年度财务报，C 药业前董事长兼总经理马某某，其持股的 C 实业所持股权的质押比例高达 90%，马某某作为 C 药业实际控制人，当真是无愧于"潮汕帮大佬"的称号，马某某把资本市场利用得无微不至，此时再谈顾及中小股东利益，竟多少有种痴人说梦的讽刺感。

3. C 药业财务报表所存问题概述

（1）ROE 暴跌——降利率下滑，资产周转率下滑。

首先，C 药业的 ROE 在 2016 年、2017 年前是 15%。之后却是 7.5% 甚至 3.5%，可谓是腰斩再腰斩，的确是很明显的衰落。

让我们打开财务报表分析书上的杜邦分析法诊断 C 药业 ROE 是如何掉下去的。

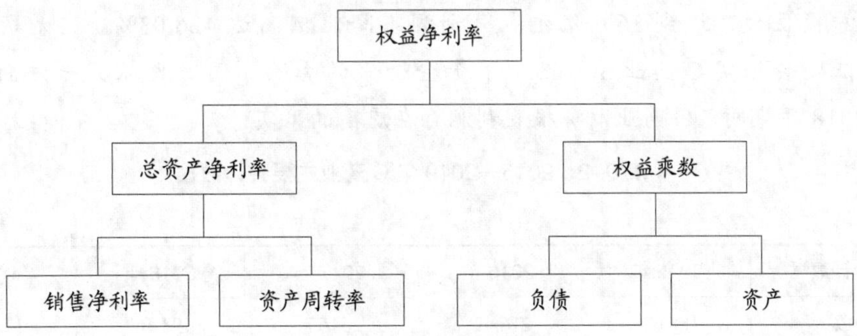

图 0-2　杜邦分析体系

如图 0-2 所示，ROE 有三个主要成分组成：销售净利率、资产周转率和权益乘数（杠杆倍数）。C 药业的杠杆是没有变化的。但是销售净利率与资产周转率很明显快速下降。探究销售净利率的暴跌原因，首先明确销售净利率被两个因子控制，分别是毛利率以及营业利润率。毛利率一般会计上是不会去动手脚的，C 药业这部分也没有变化。营业利润率看起来也没有大的动荡。表示该药企销售净利率是被不在"杜邦分析法"结构上的因素影响到了。在此基础上，我们寻找外在因素对销售净利率的影响，结果发现营业费用率暴增了将近一倍，这就是净利率掉得如此严重的原因。那么我们便会问，一个稳定公司，营业费用的暴增，钱是去用做什么开销？

（2）资产周转率的暴跌——存货突然回堵，款也收不上来了。

总资产周转率下降且应收账款天数暴增，以及存货在库天数也暴增。经过对C药业披露年报中数据的分析，应收款项天数从50多天爆增到119天。存货在库天数也从300天左右变成了900天左右，周期几乎变为了原来的三倍以上。从资产负债表上可以看到大笔的现金，全部变成了存货。一个正常的公司，是不可能短期间就遭遇"存货"与"收款天数"大幅上升成两倍三倍以上的。这其实就代表了假账的可能性。这完全是在两年前的财务报表上就显露出来了。

本部分仅对于上述两点风险预警点进行分析，便足以看出C药业近年来资金周转和经营状况存在纰漏之处，可以说，早读财务报表，尽早学会财务报表分析，便可以更早地闪开A股大地雷。

4. 手把手带你一探C药业财务报表中的风险预警提示

（1）C药业整体财务状况。

首先来看C药业整体财务状况。根据C药业2015—2019年度财务报告，摘选出如表0-2财务数据，其中，2018年4月30日，C药业对2017年年度财务报表运用追溯重述法进行更正，此处即为差错更正之后的财务报表。可以看出C药业2016年到2019年的经营成果以及各期末的财务状况。2015年，C药业实现营业收入180.67亿元，净利润27.56亿元；2016年、2017年C药业的净利润分别增长21.05%和22.71%，2017年其净利润达到了40.95亿。然而到2018年，在公司所处市场经营环境并未发生重大改变的情况下，净利润暴跌72.58%，2019年更是由盈利转为亏损，且2019年亏损巨大，达到36.6亿元，净利润下降比例高达426.03%。这无疑是受到2019年证监会证实C药业300亿货币资金造假的影响，同时也从另一方面说明，2015—2018年期间，C药业财务报表利润存在虚高的事实。

表0-2　2015—2019年C药业主要会计数据

单位：亿元

主要会计数据	2015年	2016年	2017年	2018年	2019年
营业收入	180.67	216.42	264.77	193.56	112.63
营业成本	129.47	151.72	184.50	135.42	92.13
营业利润	32.18	39.58	48.35	13.59	−29.03
利润总额	32.43	39.88	48.27	13.62	−34.49
净利润	27.56	33.37	40.95	11.23	−36.60
净利润变动比率		21.05%	22.71%	−72.58%	−426.03%

此外，对比C药业的现金流量表主要数据，我们可以发现，虽然2015—2017年期间，C药业收入和净利润不断增长，但其经营活动带来的现金流量始终小于净利润，

净现比始终小于 1，说明 C 药业所实现的利润只是纸面利润，这就解释了投资者拿不到分红的理由。同时，我们看到，C 药业历年现金增长都主要来源于筹资活动，2015—2017 年期间，C 药业筹资活动现金流量金额占现金增加的比例平均在 1.05，基本构成了所有的现金增长；2018 年和 2019 年由于债务到期及利润下降等影响，C 药业现金净额已呈现负增长状态，2018 年 C 药业净筹资 54.87 亿元，与此同时现金增加额为负，受到财务造假丑闻爆出的影响，C 药业已出现经营难以为继的现象；这也从另一方面印证了 C 药业可能存在虚构交易业务，以提高净利润，欺瞒银行和广大投资者的嫌疑。

表 0–3　C 药业现金流量表

单位：亿元

主要会计数据	2015 年	2016 年	2017 年	2018 年	2019 年
经营活动产生的现金流量净额	5.09	16.03	18.43	−31.92	31.81
投资活动产生的现金流量净额	−14.44	−19.86	−15.30	−46.47	−1.88
筹资活动产生的现金流量净额	67.59	118.34	65.06	54.87	−42.97
现金及现金等价物净增加额	58.25	114.50	68.18	−23.51	−13.03
净现比	0.18	0.48	0.45	−2.84	−0.87
筹资活动产生的现金流量净额占现金增加额比例	1.16	1.03	0.95	—	—

（2）C 药业财务造假手段分析——使用虚假银行单据虚增存款。

根据 C 药业 2017 年年度财务报告，2017 年 C 药业总资产中，货币资金期初余额和期末余额分别为 273.25 亿元、341.51 亿元，分别占 2016 年、2017 年公司总资产的比例将近 50%。且 2017 年货币资金组成中，99% 以上为非受限的银行存款，公司完全可以自由支配。所有权受限的资金仅为 0.89 亿元，主要为票据、电子支付等保证金，对比 C 药业的货币资金总额根本不值一提。

表 0–4　C 药业 2017 年度财务报表

单位：亿元

报表项目	2016 年度	2017 年度	差错更正	更正后余额
货币资金	273.25	341.51	−299.44	42.07
存货	126.19	157.00	195.46	352.47
带息负债	206.41	289.77		289.77
资产总计	548.24	687.22		652.93
货币资金占总资产比例	49.84%	49.70%		6.44%
带息负债占总资产比例	37.65%	42.17%		44.38%

续表

报表项目	2016 年度	2017 年度	差错更正	更正后余额
利息支出	7.22	9.69	2.28	11.98
净利润	33.37	40.95	0.00	21.44
利息支出占净利润比例	21.63%	23.67%		55.87%

奇怪的是虽然从财务报表上看 C 药业资金雄厚，完全不需要持续向外部融资。然而根据 C 药业 2017 年差错更正前的财务报告显示，2017 年 2 月 7 日、6 月 14 日、6 月 13 日分别通过发行短期融资券的方式，募集资金 20 亿元、15 亿元和 15 亿元，合计通过发行短期融资券累计筹集资金 50 亿元。此外，C 药业在 2017 年 7 月、8 月、9 月还分批发行 5 年期债券各 20 亿元，总计发行债券 60 亿元。2017 年 C 药业债务融资合计达到了 110 亿元。

表 0–5　C 药业 2017 年度货币资金构成

单位：亿元

报表项目	期初余额	期末余额	差错更正	受限用途
库存现金	0.02	0.02		
银行存款	340.45	272.28		
其他货币资金	1.05	0.95	0.89	保证金
合计	341.51	273.25		
其中：存放在境外的款项总额	0.21			

通过上表也可以看出，C 药业 2017 年度带息债务增加 83 亿元左右。2016 年、2017 年的利息支出占当期净利润的比例分别为 21.64%、23.67%。

表 0–6　C 药业 2017 年度资金募集情况

单位：亿元

发行时间	募集金额	发行利率	期限
2017 年 2 月 7 日	20.00	4.52%	365 天
2017 年 6 月 13 日	15.00	5.16%	270 天
2017 年 6 月 14 日	15.00	4.99%	270 天
累计募集资金	50.00	—	—

该药企在持有巨额存款的同时，又不断举借新债，高额负债的背后是巨大的利息支出，从上表我们知道，2016 年、2017 年两年，该药企的利息支出分别为 7.22 亿元、9.69 亿元，占当期净利润的比例分别为 21.64%、23.67%，这完全与正常的商业逻辑背道而驰。结合上述图表可以看出该药企 2016 年、2017 年（调整前）的投资活动

现金流量不难发现，该药企 2016 年、2017 年投资活动现金流量金额分别为 -19.86 亿元和 -15.30 亿元，该药企也并未进行任何重大投资项目，完全无需 289.77 亿的巨额带息负债，以如此高昂的利息费用支撑 300 多亿的货币资金组成，降低公司利润，意义何在？这很难让人相信该药企所给出的资金核算错误、配合公司长期发展战略的说法。

表 0-7　C 药业 2017 年度投资活动现金流量

单位：亿元

项目	2017 年度 - 调整前	2016 年度
二、投资活动产生的现金流量：		
收回投资收到的现金		
取得投资收益收到的现金	0.12	0.12
处置固定资产、无形资产和其他长期资产收回的现金净额	4.00	0.11
处置子公司及其他营业单位收到的现金净额	0.02	
收到其他与投资活动有关的现金		0.03
投资活动现金流入小计	4.14	0.25
购建固定资产、无形资产和其他长期资产支付的现金	17.95	15.67
投资支付的现金	0.06	
质押贷款净增加额		
取得子公司及其他营业单位支付的现金净额	1.39	4.44
支付其他与投资活动有关的现金	0.04	
投资活动现金流出小计	19.44	20.12
投资活动产生的现金流量净额	-15.30	-19.86

据此，基本可以断定该药企存在虚构货币资金、使用虚假银行单据虚增银行存款的行为。自 2018 年 10 月该药企财务报告被质疑财务造假以来，马某某曾多次狡辩，称会计核算错误不等同于财务造假，证监会也对该药企和正中珠江会计师事务所展开了严密的调查。最终，该药企于 2019 年 4 月 30 日，发布了会计差错更正报告，对 2017 年财务报表进行重述，调整如下：调增应收账款 6.41 亿元、调增存货 195.46 亿元，调减在建工程 6.32 亿元、调减货币资金 299.44 亿元。调整金额之大令人震惊，调整原因是“会计处理错误”的辩解之词更是让人哭笑不得。在企业年度报告审计业务中，注册会计师按照审计准则，会对财务报表所有的重大事项严格按照审计程序进行审计。更何况该药企货币资金占其总资产将近 50%，属于非常重大的财务报表项目，注册会计师必然投以十足注意力，函证等程序必定马虎不得。即便真如该药企差错更正报告所述，是由于采购过程中会计处理错误即其所谓银行已付款企业未入账，那

么：该药企如何解释每月与银行对账的财务复核业务？难道次次核对会计人员都没有发现所谓未达账项？到底是银行对账单有问题，还是会计工作人员专业能力不足，能导致如此300亿巨额银行存款核算错误？结合2016年、2017年财务报告，该药企货币资金占比稳定，可见此项“会计差错”是跨会计期间、长期存在的，一句“未达账项”难以掩盖其财务造假甚至使用虚假银行单据的事实。根据该药企官网公告，负责年报审计的会计师事务所2016年、2017年都出具了标准无保留意见审计报告。函证这种具有外部信用、可靠性较强的审计程序竟然形同虚设，更坐实了该药企长期、有预谋地实施造假行为的事实。无论是正中珠江与该药企长达20年的审计业务委托关系影响了注册会计师的独立性，导致未发现虚假记账，还是银行配合该药企回复了虚假的函证事实，都可以得出300亿货币资金造假实锤的结论。第三，195.46亿存货入账错误，盘点不出来的可能性更是微乎其微。差错更正之前，该药企存货157亿，差错更正调增库存商品中药材183.43亿元、开发成本18.04亿元，在中药材价格未发生重大变动的情况下，183.43亿中药材如何存放、占地面积多少、仓储费用等等都会有所反应，为何注册会计师没有发现任何异常？这一点该药企又能作何解释，相反恰恰证明该药企财务造假，是系统性、群体性造假，是管理层凌驾于内部控制之上，并联合相关会计人员和管理人员的集体造假行为。

第1章

揭开神秘面纱——初识财务报表家族成员

财务报表是企业的DNA，也是反映企业要素状况及其利益相关者关系、帮助企业系统认识、评价和预测其财务活动和其他经济活动、进行财务报表分析的基石。因此，在进行财务报表分析之前，需要首先了解财务报表。

1.1 财务报表概述

1.1.1 财务报表的概念

财务报告是企业对外提供的反映企业某一特定日期的财务状况和某一会计期间的经营成果、现金流量等会计信息的文件。作为企业财务会计确认与计量最终结果的体现，投资者等使用者能够通过财务报告来了解企业当前的财务状况、经营成果和现金流量等情况，从而预测未来的发展趋势。

从内容来看，财务报告包括财务报表和其他应当在财务报告中披露的相关信息和资料。其中，财务报表由报表本身及其附注两部分构成，附注是财务报表的有机组成部分，而报表至少应当包括资产负债表、利润表和现金流量表等报表。

1.1.2 财务报表应披露的主要信息

除了财务报表之外，财务报告还应当包括其他相关信息，具体可以根据有关法律法规的规定和外部使用者的信息需求而定。如企业可以在财务报告中披露其承担的社会责任、对社区的贡献、可持续发展能力等信息，这些信息对于使用者的决策也是相关的，尽管属于非财务信息，无法包括在财务报表中，但是如果有规定或者使用者有需求的，企业应当在财务报告中予以披露，有时企业也可以自愿在财务报告中披露相关信息。

以上市公司为例，他们每年披露的财报一般包含以下内容：①释义及重大风险提示；②公司简介；③会计数据和财务指标摘要；④董事会报告；⑤重要事项；⑥股份变动及股东情况；⑦董事，监事，高级管理人员和员工情况；⑧公司治理；⑨内部控制；⑩财务会计报告；⑪备查文件目录。

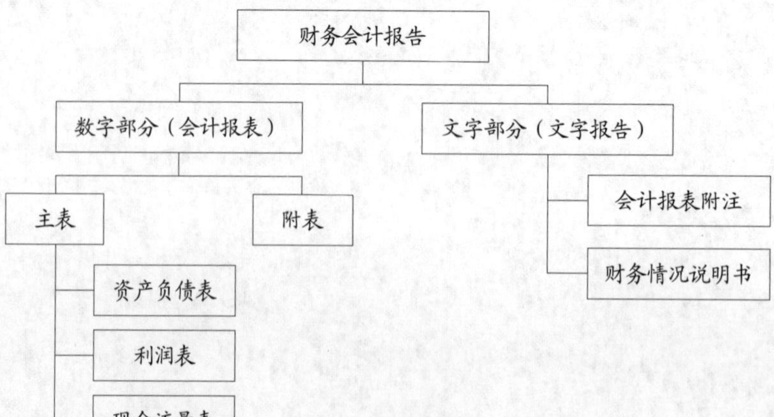

图1-1 财务会计报告

1.2　财务报表的分类

财务报表可以按照不同的标准分类。

1.2.1　对外报表和内部报表

按服务对象，可以分为对外报表和内部报表。其中对外报表是企业必须定期编制、定期向上级主管部门、投资者、财税部门等报送或按规定向社会公布的财务报表。这是一种主要的、定期的、规范化的财务报表。它要求有统一的报表格式、指标体系和编制时间等，资产负债表、利润表和现金流量表等均属于对外报表。而内部报表是企业根据其内部经营管理的需要而编制的，供其内部管理人员使用的财务报表。它不要求统一格式，没有统一指标体系，仅用于反映企业内部经营管理情况，如成本报表就属于内部报表。

1.2.2　中期财务报表和年度财务报表

按编制和报送的时间分类，可分为中期财务报表和年度财务报表。广义的中期财务报表包括月份、季度、半年期财务报表。狭义的中期财务报表仅指半年期财务报表。年度财务报表是全面反映企业整个会计年度的经营成果、现金流量情况及年末财务状况的财务报表。企业每年年底必须编制并报送年度财务报表。

对于上市公司而言，财务报表包括月度报表、一季报（4 月份之内发布）、中报（半年报，8 月份之内发布）、三季报（10 月份之内发布）以及年报（4 月份之内发布）。其中，由于公司法规定年度财务报表必须经过审计才能发布，所以年报通常被认为是具有最高分析价值的财务报表。这并不是说其他三个财务报表没有分析价值，而是相对而言，年报更真实、更完整、更详细、更有研究价值。除此之外，季报对于季节性经营的上市公司来说非常重要，可以用于分析企业的利润在不同季节期间的分布。比如有些企业是均衡销售，1 个亿的营业额，基本上平均就是 4 个季度都相差无几。而有些公司可能一季度就赚了 1 个亿，后面就没有盈利。

1.3　财务报表的编制要求

1.3.1　真实可靠

财务报告中的各项数据必须真实可靠，如实地反映企业的财务状况、经营成果和现金流量。这是对会计信息质量的基本要求。这要求企业在编制财务报告前需要做到：

（1）按照规定，全面清查资产、核实债务；

（2）核对各会计账簿记录与会计凭证的内容、金额等是否一致，记账方向是否相符；

（3）依照规定的结账日进行结账，结出有关会计账簿的余额和发生额，并核对各会计账簿之间的余额；

（4）检查相关的会计核算是否按照国家统一的会计制度的规定进行；

（5）对于国家统一的会计制度没有规定统一核算方法的交易、事项，检查其是否按照会计核算的一般原则进行确认和计量以及相关账务处理是否合理；

（6）检查是否存在因会计差错、会计政策变更等原因需要调整前期或者本期相关项目。在前款规定工作中发现问题的，应当按照国家统一的会计制度的规定进行处理。

同时，由于日常的会计核算以及编制财务报表，涉及大量的数字计算，而只有准确地计算才能保证数字的真实可靠。这就要求企业在编制财务报表时，必须以核对无误后的账簿记录和其他有关资料为依据，不能使用估计或推算的数据，更不能以任何方式弄虚作假、玩数字游戏或隐瞒谎报。

1.3.2　全面完整

财务报表应当反映企业经济活动的全貌，全面反映企业的财务状况和经营成果，才能满足各方面对会计信息的需要。凡是国家要求提供的财务报表，各企业必须全部编制并报送，不得漏编和漏报。凡是国家统一要求披露的信息，都必须披露。企业应当按照规定的会计报表的格式和内容编制会计报表。企业应按规定编报国家要求提供的各种会计报表，对于国家要求填报的有关指标和项目，应按照有关规定填列。

1.3.3　相关可比

财务会计报告的相关可比，是指企业财务会计报告所提供的财务会计信息必须与财务会计报告使用者的决策相关，并且便于企业的财务报告使用者在不同企业之间以及同一企业前后各期之间进行比较。这就要求企业编制财务会计报表依据的会计方法，在前后期遵循一致性原则，不能随意变更。如果确需改变某些会计方法，应报表附注中说明改变的原因及改变后对报表指标的影响。

1.3.4　编报及时

及时性是信息的重要特征。财务报表信息只有及时地传递给信息使用者，才能为使用者的决策提供依据。否则，即使是真实可靠和内容完整的财务报告，由于编制和报送不及时，对报告使用者来说就大大降低了会计信息的使用价值。企业应根据有关规定，按月、按季、按半年、按年及时报送会计报表。根据相关法律规定，会计报表的报送期限为：

（1）月报应于月度终了后 6 天内（节假日顺延，下同）报送；

（2）季报应于季度终了后 15 天内报送；

（3）半年度报应于年度中期结束后 60 天内（相当于两个连续的月份）报送；

（4）年报应于年度终了后 4 个月内报送。

1.3.5　手续完备

企业对外提供的财务报表应加具封面、装订成册、加盖公章。财务报表封面上应当注明企业名称、企业统一代码、组织形式、地址、报表所属年度或者月份、报出日期，并由企业负责人和主管会计工作的负责人、会计机构负责人（会计主管人员）签名并盖章；设置总会计师的企业，还应当由总会计师签名并盖章。

1.4　初识财务报表家族成员

一套完整的财务报表包括资产负债表、利润表、现金流量表、所有者权益变动表（或股东权益变动表）和财务报表附注。

（1）资产负债表（Balance Sheet / Statement of Financial Position）它反映企业资产、负债及资本的期末状况，长期偿债能力、短期偿债能力和利润分配能力等。

（2）利润表（或称损益表）（Income Statement/Profit and Loss Account）它反映本期企业收入、费用和应记入当期利润的利得和损失的金额及结构情况。

（3）现金流量表（Cash Flow Statement）它反映企业现金流量的来龙去脉，其中分为经营活动、投资活动及筹资活动三部分。

（4）所有者权益变动表（Statement of changes in equity）它反映本期企业所有者权益（股东权益）总量的增减变动情况，还包括结构变动的情况，特别是要反映直接记入所有者权益的利得和损失。

（5）财务报表附注（Notes to financial statements）一般包括如下项目：企业的基本情况、财务报表编制基础、遵循企业会计准则的声明、重要会计政策和会计估计、会计政策和会计估计变更及差错更正的说明和重要报表项目的说明等。

1.4.1　概览资产负债表

1. 传统意义的资产负债表

资产负债表是指反映企业在某一特定日期的财务状况的报表，主要反映资产、负债和所有者权益三方面的内容，并满足“资产 = 负债 + 所有者权益”平衡式。其中，资产应当按照流动资产和非流动资产两大类别在资产负债表中列示，在流动资产和非流动资产类别下进一步按性质分项列示；负债应当按照流动负债和非流动负债在资产负债表中进行列示，在流动负债和非流动负债类别下再进一步按性质分项列示；所有者权益一般按照实收资本、资本公积、盈余公积和未分配利润分项列示。

我国企业资产负债表采用账户式结构，分为左右两方，左方为资产，右方为负债和所有者权益。资产负债表各项目均需填列“年初余额”和“期末余额”两栏。其中“年初余额”栏内各项数字，应根据上年末资产负债表的“期末余额”栏内所列数字填列。具体的填列方法包括：

（1）根据总账科目余额填列。如“应收票据”“交易性金融资产”“短期借款”“应付票据”“应付职工薪酬”等项目，根据各相应总账科目的余额直接填列；有些项目则需根据几个总账科目的期末余额计算填列。

（2）根据明细账科目余额计算填列。如“应付账款”项目，需要根据“应付账款”和“预付款项”两个科目所属的相关明细科目的期末贷方余额计算填列；“应收账款”项目，需要根据“应收账款”和“预收款项”两个科目所属的相关明细科目的期末借方余额计算填列。

（3）根据总账科目和明细账科目余额分析计算填列。“长期借款”项目，需要根据“长期借款”总账科目余额扣除“长期借款”科目所属的明细科目中将在一年内到期且企业不能自主地将清偿义务展期的长期借款后的金额计算填列。

（4）根据有关科目余额减去其备抵科目余额后的净额填列。如资产负债表中的“应收账款”“长期股权投资”“在建工程”等项目，应当根据各科目的期末余额减去“坏账准备”“长期股权投资减值准备”“在建工程减值准备”等科目余额后的净额填列。“固定资产”项目，应当根据“固定资产”科目的期末余额减去“累计折旧”“固定资产减值准备”备抵科目余额后的净额填列；“无形资产”项目，应当根据“无形资产”科目的期末余额，减去“累计摊销”“无形资产减值准备”备抵科目余额后的净额填列。

（5）综合运用上述填列方法分析填列。“未分配利润”账目根据总账期末余额填列，分 3 种情况：

①“本年利润”贷方余额 +“利润分配”贷方余额；

②“本年利润”借方余额 +“利润分配”借方余额（以“-”号填列）；

③“本年利润”贷方余额 -“利润分配”借方余额或“利润分配”贷方余额 -“本年利润”借方余额（若借方余额大于贷方余额，以“-”号填列）。

2. 管理用资产负债表

管理用资产负债表要求对资产和负债进行重新分类，分为经营性和金融性两类。经营性资产和负债，是指在销售商品或提供劳务的过程中涉及的资产和负债。金融性资产和负债，是指在筹资过程中或利用经营活动多余资金进行投资的过程中涉及的资产和负债。

在调整资产负债表前，要明确两个问题：首先，要明确企业从事的是什么业务，这是定义经营性资产和负债的关键。企业经营的业务内容，决定了经营性资产和负债的范围。例如，对于非金融企业来说，存款和贷款是金融性资产和负债，因为它们经营的主要业务是销售商品或提供劳务，而不是金融业务；对于银行等金融企业来说，贷给别人或吸收别人的款项是经营性资产和负债，因为这是它们经营的主要业务。其次，经营性资产和负债形成的损益，属于经营损益；金融性资产和负债形成的损益，属于金融损益。划分经营资产（负债）和金融资产（负债）的界限，应与划分经营损益和金融损益的界限一致。不可以把经营资产形成的收益归为金融损益，也不可以把金融负债形成的费用归为经营损益。

1.4.2　概览利润表

1. 传统意义的利润表

利润表，又称为损益表，是指反映企业在一定会计期间的经营成果及其分配情况的会计报表，是一段时间内公司经营业绩的财务记录，反映了这段时间的销售收入、销售成本、经营费用及税收状况，报表结果为公司实现的利润或形成的亏损。利润表正表的格式一份有两种：单步式利润表和多步式利润表。单步式利润表是将当期所有的收入列在一起然后将所有的费用列在一起两者相减得出当期净损益。多步式利润表是通过对当期的收入、费用、支出项目按性质加以归类，按利润形成的主要环节列示一些中间性利润指标。我国企业会计制度规定，企业的利润表采用多步式，每个项目通常又分为“本月数”和“本年累计数”两栏分别用列。

多步式损益表将损益表的内容作多项分类，从销售总额开始，多步式损益表分以下几步展示企业的经营成果及其影响因素：

第一步：反映销售净额，即销售总额减销货退回与折让，以及销售税金后的余额。

第二步：反映销售毛利，即销售净额减销售成本后的余额。

第三步：反映销售利润，即销售毛利减销售费用、管理费用、财务费用等期间费用后的余额。

第四步：反映营业利润，即销售利润加上其他业务利润后的余额。

第五步：反映利润总额，即营业利润加（减）投资净收益，营业外收支，会计方法变更对前期损益的累积影响等项目后的余额。

第六步：反映所得税后利润，即利润总额减应计所得税（支出）后的余额。

2. 管理用利润表

区分经营活动和金融活动，不仅涉及资产负债表，还涉及利润表。经营活动的利润反映管理者的经营业绩。通过经营活动取得盈利是企业的目的，也是增加股东财富的基本途径。金融活动的目的是筹集资金，筹集资金的目的是投资生产经营，而不是投资金融市场获利。利用投资的剩余部分返回到资本市场上取得金融收益，不是企业的经营目标。因此，要区分经营损益和金融损益。

（1）区分经营损益和金融损益。

经营损益和金融损益的划分，应与资产负债表上经营资产和金融资产的划分相对应。金融损益是指金融负债利息与金融资产收益的差额，即扣除利息收入、金融资产公允价值变动收益等以后的利息费用。由于存在所得税，应计算该利息费用的税后结果（即税后利息费用）也称为净金融损益。经营损益是指除金融损益以外的当期损益。

（2）分摊所得税。

既然已经区分了经营损益和金融损益，与之相关的所得税也应分开。分摊的简便方法是根据企业实际负担的平均所得税税率计算各自应分摊的所得税；严格方法是分别根据适用税率计算应负担的所得税（各种债权和债务的适用税率不一定相同，例如国债收益免税等）。本书采用简便方法处理。

1.4.3 概览现金流量表

1. 传统意义的现金流量表

现金流量表是反映企业在一定会计期间现金和现金等价物流入和流出的报表。我国企业现金流量表采用报告式结构，分类反映经营活动产生的现金流量、投资活动产生的现金流量和筹资活动产生的现金流量，最后汇总反映企业某一期间现金及现金等价物的净增加额。

其中，经营活动产生的现金流量主要包括销售商品或提供劳务、购买商品、接受劳务、支付工资和交纳税款等流入和流出的现金和现金等价物；投资活动产生的现金流量主要包括购建固定资产、处置子公司及其他营业单位等流入和流出的现金和现金等价物；筹资活动产生的主要包括吸收投资、发行股票、分配利润、发行债券、偿还债务等流入和流出的现金和现金等价物。偿付应付账款、应付票据等商业应付款等属于经营活动，不属于筹资活动。

2. 管理用现金流量表

如前所述，通过经营活动取得盈利是企业的目的，也是增加股东财富的基本途径。因此，企业的价值取决于企业经营活动产生的现金流量。而传统现金流量表中的经营活动并未包括为了经营而进行的经营性固定资产等长期资产的投资，是不完整的经营活动。

管理用现金流量表应区分经营现金流量和金融现金流量。其中，经营现金流量是指企业因销售商品或提供劳务等营业活动以及与此有关的生产性资产投资活动产生的现金流量；金融活动现金流量是指企业因筹资活动和金融市场投资活动而产生的现金流量。

1.4.4　概览所有者权益变动表

所有者权益变动表是反映公司本期（年度或中期）内至截至期末所有者权益变动情况的报表。在所有者权益变动表中，企业应当单独列示反映下列信息：

（1）所有者权益总量的增减变动；

（2）所有者权益增减变动的重要结构性信息；

（3）直接计入所有者权益的利得和损失。

所有者权益变动表各项目均需填列“本年金额”和“上年金额”两栏。所有者权益表变动表“上年金额”栏内各项数字，应根据上年度所有者权益变动表“本年金额”内所列数字填列。所有者权益变动表“本年金额”栏内各项数字一般应根据“实收资本（或股本）”“资本公积”“盈余公积”“利润分配”“库存股”“以前年度损益调整”科目的发生额分析填列。

1.4.5　概览财务报表附注

财务报表附注旨在帮助财务报表使用者深入了解基本财务报表的内容，财务报表制作者对资产负债表、损益表和现金流量表的有关内容和项目所作的说明和解释。财务报表项目是被高度浓缩的会计信息，且由于经济业务的复杂性和企业在编制财务报表时可能选择了不同的会计政策，企业需要通过财务报表附注对财务报表的编制基础、编制依据、编制原则和方法及主要事项等进行解释，以此增进会计信息的可理解性，同时使不同企业的会计信息的差异更具可比性，便于进行对比分析。

财务报表附注中的内容主要包括：

（1）企业的基本情况：主要包括企业的概况以及合并报表的范围，在这一部分投资者可以了解到企业的基本情况和经营方向，并能获知该企业的分子公司情况。

（2）财务报表的编制基础：这一部分包括编制基础和持续经营，除非 ST 退市等极端情况，此处是不会有异常的。

（3）遵循企业会计准则的声明：此处会有一些企业标记出根据实际生产经营特点制定的具体会计政策和会计估计，大多是折旧、坏账准备、收入等相关政策。

（4）重要会计政策和会计估计。

由于企业经济业务的复杂性和多样化，某些经济业务可以有多种会计处理方法，也即存在不止一种可供选择的会计政策。企业选择不同的会计处理方法，可能极大地影响企业的财务状况和经营成果，进而编制出不同的财务报表。为了有助于报表使用者理解，有必要对这些会计政策加以披露。财务报表列报准则强调了对会计估计不确定因素的披露要求，企业应当披露会计估计中所采用的关键假设和不确定因素的确定依据，这些关键假设和不确定因素在下一会计期间内很可能导致对资产、负债账面价值进行重大调整。

（5）会计政策和会计估计变更以及差错更正的说明。

（6）合并财务报表项目注释。

企业应当以文字和数字描述相结合、尽可能以列表形式披露报表重要项目的构成或当期增减变动情况，并且报表重要项目的明细金额合计，应当与报表项目金额相衔接。在披露顺序上，一般应当按照资产负债表、利润表、现金流量表、所有者权益变动表的顺序及其项目列示的顺序。

（7）其他需要说明的重要事项。

这主要包括或有和承诺事项、资产负债表日后非调整事项、关联方关系及其交易等，具体的披露要求须遵循相关准则的规定，分别参见相关章节的内容。

1.4.6 财务报表的勾稽关系

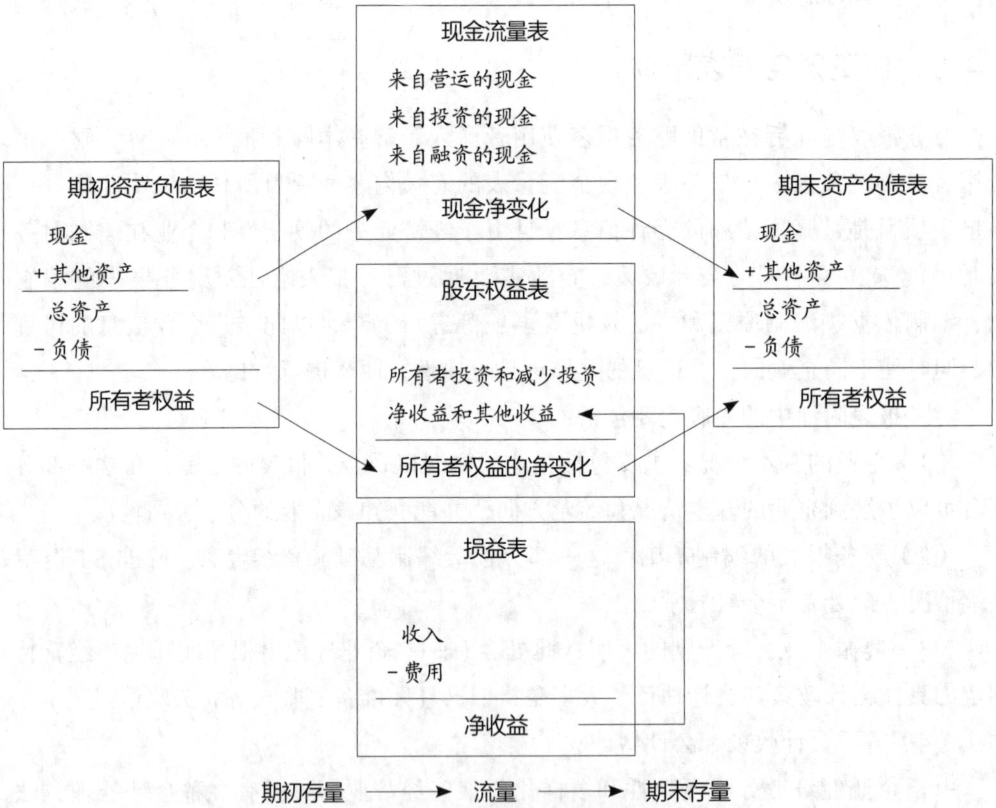

图1-2 财务报表的勾稽关系

勾稽关系是指会计账簿和报表中有关指标、数字之间存在着必然的、可据以进行相互查考、核对的关系。注意勾稽关系，有利于保证会计资料的准确性。

作为报表分析者，需要掌握财务报表的表内项目以及财务报表之间在何种情况下会构成等式，在何种情况下这些项目之间无法构成等式以及在何种情况下这些项目之间的勾稽关系会被破坏。在进行财报分析之前，需要考察报表中这些相关项目之间的关系，并从报表及报表附注中发现相关证据，帮助形成对分析对象的判断。各报表之间的勾稽关系主要表现在以下几个方面：

1. 项目之间的精确勾稽关系

在财务报表中，有些勾稽关系是精确的，即各个项目之间可以构成等式。

特定财务报表的内部项目之间存在“资产 = 负债 + 所有者权益”的静态平衡关系，“收入 - 费用 = 利润”的动态平衡关系，以及某项目数值与所属的各明细项目合计数的平衡关系等。这些基本的勾稽关系，是报表编制者判断报表编制是否准确的最基本的衡量标准。

财务报表与财务报表项目之间的勾稽关系包含：

（1）资产负债表同利润表的表间关系。

主要是资产负债表中未分配利润的期末数减去期初数，应该等于利润表的未分配利润项。因为，资产负债表是一个时点报表，而利润表是一个时期报表，两个不同时点之间就是一段时期，这两个时点上未分配利润的差额，应该等于这段时期内未分配利润的增量。

（2）资产负债表同现金流量表之间的关系。

主要是资产负债表的库存现金、银行存款及其他货币资金等项目的期末数减去期初数，应该等于现金流量表最后的现金及现金等价物净流量。需要注意的是，现金流量表是按收付实现制来编制的，而资产负债表、利润表及利润分配表都是按权责发生制编制的。利润反映了企业赚钱的能力，而现金净流量反映了企业获取现金和未来存活的可能性。因此，对于企业来说，一方面要以权责发生制来编制报表，计算出利润，来评价企业获利的能力；另一方面，也要以收付实现制来编制报表，计算出现金净流量，来反映企业未来是否有可能存活下去，活得是否“潇洒”。

2. 项目之间的非精确勾稽关系

对于财务报表分析而言，更为重要的是另一种不太精确的勾稽关系，即报表中的某些项目之间存在勾稽关系，在某些假设前提和条件下可以构成等式。例如：现金流量表中的“现金及现金等价物净增加额”一般与资产负债表“货币资金”年末数、年初数之差相等，前提是企业不存在现金等价物。再如：利润表中的“营业收入”、现金流量表中的“销售商品、提供劳务收到的现金”、资产负债表中的“应收账款”、“其他应收款”等项目之间存在勾稽关系；利润表中的“营业成本”、现金流量表中的“购买商品、接受劳务支付的现金”、资产负债表中的“应付账款”等项目之间存在的勾稽关系。

3. 不同期间财务报表之间的勾稽关系

本期财务报表有关项目的期初数应与前期报表的期末数相等，本期报表有关项目的累计数应等于前期报表的累计数加上本期发生数等，这有利于检查报表项目之间的平衡关系。

4. 财务报表主表和附表之间的勾稽关系

财务报表主表和附表之间的勾稽关系，有的有着比较简单的明细与合计的关系，有的也有比较复杂、涉及数张报表发生额和余额的关系。例如：固定资产及累计折旧明细表，就既与固定资产原价、净值和累计折旧发生勾稽关系，又与现金流量表的固定资产折旧发生勾稽关系。

第2章 财务报表分析要点

财务报表分析是对企业财务报表所提供的数据进行加工、分析、比较、评价和解释。如果说，记账、编表属于会计的反映功能，那么，财务报表分析则属于解释和评价功能。财务报表分析的目的在于，判断企业的财务状况和诊察企业经营管理的得失。

通过分析，可以判断企业财务状况是否良好，企业的经营管理是否健全，企业业务前景是否光明，同时，还可以通过分析，找出企业经营管理的症结，提出解决问题的办法。本章将会系统的介绍财务报表分析的基本方法、步骤和技巧。

2.1 财务报表分析的概述

财务报表分析以企业财务报告反映的财务指标为主要依据，对企业的财务状况和经营成果进行评价和剖析，以反映企业在运营过程中的利弊得失、财务状况及发展趋势。它既是对已完成财务活动的总结和评价，又是对企业发展趋势的财务预测，是报表使用者深刻认识企业财务状况的“探测仪”。

2.1.1 财务报表分析定义

财务报表分析的对象是企业的各项基本活动。财务报表分析就是从报表中获取符合报表使用人分析目的的信息，认识企业活动的特点，评价其业绩，发现其问题。财务报表能够全面反映企业的财务状况、经营成果和现金流量情况。但是单纯从财务报表上的数据还不能直接或全面说明企业的财务状况，特别是不能说明企业经营状况的好坏和经营成果的高低，只有将企业的财务指标与有关的数据进行比较、评价，才能说明企业财务状况所处的地位，这便是财务报表分析。

2.1.2 财务报表分析内容

虽然不同的报表使用者对财务报表分析的喜好不同，但所有人对报表分析的需求又有趋同性，财务报表系统分析完全能满足所有报表使用者的需求，财务报表分析的内容主要分为以下几点。

1. 资产负债表分析

从资产负债表内部分析的角度来看，资产负债表分析主要是对其自身结构以及表内各项目的分析等。从涉及财务指标分析的角度来看，资产负债表分析主要是企业偿债能力、营运能力的分析。

2. 利润表分析

从利润表内部分析的角度来看，利润表分析包括利润增减变动及其构成分析、主营业务利润分析、企业收入分析和成本费用分析等。从涉及财务指标分析的角度来看，利润表分析主要包括企业盈利能力、营运能力、发展能力的分析。

3. 现金流量表分析

从现金流量表内部分析的角度来看，现金流量表分析主要是对报表项目的结构分析，包括现金流入、现金流出和现金净流量的分析。从涉及财务指标分析的角度来看，现金流量表分析主要包括企业的偿债能力、盈利能力和股利支付能力分析。

以上三个方面的分析内容互相联系，互相补充，可以综合地描述出企业生产经营的财务状况、经营成果和现金流量情况，以满足不同使用者对会计信息的基本需要。

其中偿债能力是企业财务目标实现的稳健保证，而营运能力是企业财务目标实现的物质基础，盈利能力则是前两者共同作用的结果，同时也对前两者的增强起推动作用。

目前，随着财务理论研究的不断发展，对企业财务报表进行综合分析的方法也越来越多，其中主要的，也经常被用来做分析的有杜邦分析体系、沃尔分析法等。

2.1.3　报表预期使用者对财务报表分析的喜好差异分析

不同的报表使用者，由于其身份不同，与企业关系不同，对企业财务报表关注的项目是不一样的。同样，对于不同的报表使用者，出于各自不同利益的考虑，在对企业进行财务分析时也有各自不同的要求，这就使得财务报表分析为满足不同使用者的需求，在内容上既有共性又有不同的侧重。

财务报表分析信息的需求者主要包括投资者、企业的经营者（管理者）、债权人、企业员工、供应商以及政府部门等。不同的报表使用者，对财务分析数据的侧重点各有不同，具体表现在如下不同主体：

1. 企业投资者的喜好

投资人作为企业的所有者或者股东，是企业的老板，必然会高度关心其投入资本的保值和增值状况，从财务分析的角度，就是对企业投资的回报率极为关注。如果只是一般投资者，就像我们说的股民中的“散户”，当然会关注企业是否盈利，但最关心的还是企业是否能提高股利、红利的发放。而对于拥有企业控股权的大投资者，考虑的更多的是如何增强企业的竞争实力，扩大产品的市场占有率，降低企业的财务风险和纳税支出，从而实现长期的高额收益，其最关注的是企业的盈利能力和发展能力。

2. 企业经营者（管理者）的喜好

投资者把企业交给经营者来管理，经营者作为管家“既当着家，又不能完全当家”，所以为满足不同利益主体的需求，协调各方面的利益关系，企业经营者必须对企业财务分析的各个方面都充分关注，关注财务指标包括营运能力、偿债能力、盈利能力及发展能力等全部信息，以便使各个利益主体都能达到平衡。

3. 企业债权人的喜好

债权人是指借款给企业并得到企业还款承诺的人，一般包括金融机构、民间放贷等。他们因为不参与企业利润分配，所以决定是否给企业贷款，给多少货款安全，就会关注给企业货款的报酬和风险；为了解债务人的短期偿债能力，就会关注其资产的流动能力；为了解债务人的长期偿债能力，就会关注企业的盈利状况和资本结构。

4. 企业员工的喜好

企业员工作为企业生存和发展的主要元素之一，当然希望企业盈利，也希望企业能长期稳定发展。但是从财务报表分析的角度看，员工更关注的是企业的现金流，是企业的支付能力。如果企业连工资都不能如期支付，对于员工来说，就连生存来源都没有。

5. 供应商的喜好

供应商表面上应该是不需要关注企业财务报表分析的，但是由于涉及自身产品销售的实现，同时也关系着自己的应收账款不能及时收回。所以，为决定是否建立与企业的长期合作关系，会关注企业的长期盈利能力和偿债能力；为决定应收账款的信用政策，需要关注企业的短期偿债能力。

6. 政府部门的喜好

政府部门包括税务部门、国有企业的管理部门、证券管理机构、会计监管机构和社会保障部门等。随着市场经济的发展，政府部门直接参与企业管理、干预企业经营的情况已经越来越少，但其在市场经济的发展中仍然兼具多重身份：它既是国家宏观经济的管理者，又是国有企业的所有者，政府采购时，它又是消费者和市场参与者。

政府作为一个“综合单位”，不同部门对企业财务报表分析的关注点因其身份的不同而不同。假设政府部门单一地作为国家管理者，为实现其管理职能的财力需求，需要向企业征税。在这样的情况下，从财务报表分析的角度看，政府部门最关心的就是企业的盈利能力。因为只有企业盈利，税收才有保障，企业的盈利状态直接影响着政府财政收入。

2.1.4 财务报表分析的标准

财务报表分析的根本就是通过一定关联项目的比较，确认我们分析和关注的企业财务状况如何。这种比较可能是同一企业过去与现在比，也可能是同一行业不同企业比，与不同的参照标准进行比较，得出的标准将完全不同。

既然在比较和分析过程中标准的选择会直接影响最终结论，那么应该选择什么样的标准呢？目前比较通用的财务分析标准有经验标准、历史标准、行业标准和预算标准等。不同的标准各有利弊。

1. 经验标准

所谓经验标准，指的是依据大量且长期的实践经验而形成的标准（适当）的财务比率值。具体到财务报表分析，在长期的财务报表分析过程中，通过观察千万个企业生存和发展的状态后，学者们确定的一些常用财务指标的数值范围，这就是财务报表分析的经验标准。

【例 2-1】经验标准

西方国家 20 世纪 70 年代的财务实践就形成了流动比率的经验标准为 2 ∶ 1。速动比率的经验标准为 1 ∶ 1，企业能比较稳妥。通常认为，当流动负债对有形净资产的比率超过 80% 时，企业就会出现经营困难；存货对净营运资本的比率不应超过 80%；资产负债率通常应该控制在 30% 至 70% 之间。

事实上，以上这些经验标准主要是就制造业企业的平均状况而言的，并不是适用于一切领域和情况的绝对标准。所以，在具体应用经验标准进行财务报表分析时，一定要结合企业具体的财务信息来确认通过比率得出的结论是否可接受。

【例 2-2】经验标准

假设一个企业的流动比率是 3 ∶ 1，大于 2 ∶ 1 的经验标准，是否就可以认为该企业资产是安全的呢？通过报表附注资料我们发现，企业存在大量被长期拖欠的应收账款和许多积压的存货，变现能力并无保障。而另外一个企业，它的流动比率只有 1.5 ∶ 1，但应收账款、存货都很少，且账龄不长。这样的情况下，结果是显而易见的，在这两个企业，经验标准并不能帮我们作出正确的评价。

“经验标准＝平均水平”吗？事实上，经验标准并非一般意义上的平均水平，也就是财务比率的平均值，不一定能构成经验标准。另一方面，一般而言，只有那些既有上线又有下线的财务比率，才可能建立起适当的经验比率。而那些越大越好或越小越好的财务比率，比如各种利润率指标，不可以建立适当的经验标准。

经验标准的优点：

相对稳定，由于是长期积累得出的结论，通常较长时间内不会改变。同时它也比较客观，因为有长期的经验证明，不是凭空而来的。

经验标准的缺点：

（1）并非“广泛”适用于所有企业。可能会受行业限制，受企业发展阶段的限制，一个企业在创业初期可能会弱一些等。

（2）经验标准也会变化。随着时间的推移和环境的变化，很多我们原来认为正好的经验标准可能也会发生变化。

2. 历史标准

所谓历史标准，是指本企业过去某一时期（如上年或上年同期）该指标的实际值。历史标准对于评价企业自身经营情况和财务状况是否得到改善非常有用。因为任何两个企业即使行业、规模一样，其经营方式，内部管理等细节都可能千差万别，而企业的现在是在过去的基础上发展起来的，用企业历史数据作为标准，能很好地评价企业的成长情况。

历史标准可以选择本企业历史最好水平，也可以选择企业正常经营条件下的业绩水平，或者可以用以往连续多年的平均水平。在大多数企业的财务报表分析实践中，以企业上年实际业绩作为标准的方式被普遍地运用。

用历史标准来衡量企业财务状况的好处主要有：

（1）比较可靠和客观。因为上期的数据也来源于本企业，是对本企业最客观真实的评价。

（2）本期与历史标准具有较强的可比性。只要企业没有大的投资项目或经济波动，历史标准是本期数据最好的尺子。

历史标准的不足主要有：

（1）往往比较保守。“不进步就是倒退，因为别人都在进步”，如果以发展的眼光来看企业，历史数据应该都是偏低的。

（2）这一标准适用范围较窄。一般只能说明企业自身的发展变化，不能全面评价企业竞争能力。当企业主体发生重大变化，如企业合并时，历史标准就会失去了意义，或至少不应该再直接使用。而且，当企业外部环境发生突变时，历史标准的效用也会出现局限性。

3. 行业标准

财务报表分析时用到的行业标准，可以是行业财务状况的平均水平，也可以是同行业中某一比较先进企业的业绩水平。要全面地评价一个企业的竞争力水平，就需要参照行业标准。

行业标准的优点主要体现在：

（1）可以说明企业在行业中所处的地位和水平。在充满竞争的社会，知己知彼才能百战不殆，与行业标准比较能使企业认清自己的水平。

（2）通过与行业标准比较，企业可以判断自身的发展趋势。例如，正常情况下，行业的平均利润率为 10%，而企业的利润率为 9%，当经济危机来临，行业的平均利润率下降到 6%，而企业的利润率下降到 7% 左右，那么，我们就可以认为该企业的盈利状况相对于经济环境而言已经相当好了，虽然有降低，但降低幅度和降低后的绝对值都优于行业平均值。

行业标准的不足主要表现在：

（1）同一行业内的两个公司，由于其内部差异、地域差异等影响，财务数据并不一定完全具有可比性。

（2）同行业不同企业，会计计量、会计估计等的运用也有差异，这也可能使行业标准偏离企业本源。

4. 预算标准

所谓预算标准，是指实行预算管理的企业所制定的预算指标。一般集团公司都会制定周密的营销预算和财务预算，这些预算既结合了企业自身的实际状况，又考虑了经济发展形势和行业特点，可以说是为企业“量身打造”的，用预算标准来考量企业的优点主要有：它符合战略及目标管理的要求，对各项指标是否达到，怎么达到的都有规划在先，考量在后。

预算标准也存在一些不足，主要表现在：

（1）因为制定预算前，不可能考虑到所有外部因素的影响，所以预算标准本身是不完全可靠的。

（2）预算编制时，或多或少地参入了制定者的主观因素，本来客观的数据，由带主观意识的标准来评价，就有可能得到不真实的结论。

2.2 财务报表分析的准备

2.2.1 了解财务报表分析的宏微观环境

1. 了解基本的宏观环境

要对财务报表进行分析，首先要了解基本的宏观环境，财务报表是根据企业会计准则的规定并且结合企业自身的具体情况编制出来的。多年来，尤其是改革开放以来，我国一直与时俱进，顺应时势，积极推进会计改革和会计制度、准则的建设。

2006 年，财政部在多年会计改革经验积累的基础上，发布了企业会计准则体系。这套企业会计准则体系包括《企业会计准则——基本准则》和具体准则以及有关应用指南，实现了与国际会计准则的趋同。中国现行会计准则体系有基本准则、具体准则、应用指南和解释组成。

基于财务报告目标，基本准则明确了我国财务报告的目标是向财务报告使用者提供决策有用的信息，并反映企业管理层受托责任的履行情况。会计基本假设分别为会计主体、持续经营、会计分期和货币计量。针对会计基础，基本准则要求企业在确认、计量和报告时应当以权责发生制为基础。同时基本准则把会计要素分为资产、负债、所有者权益、收入、费用、利润六大要素。基本准则不仅扮演着具体准则制定依据的角色，也为会计实务中出现的、具体准则尚未做出规范的新问题提供了会计处理的依据。

具体准则是在基本准则的指导下，对企业各类资产、负债、所有者权益、收入、费用、利润及相关交易的确认、计量和报告进行规范的会计准则。包括：会计要素准则，包含：存货、长期股权投资、投资性房地产、固定资产、无形资产等；特殊业务类准则：非货币性资产交换、职工薪酬、股份支付、债务重组、借款费用和企业合并等；金融工具准则：金融工具确认和计量、金融资产转移、套期保值等；特殊行业类准则：原保险合同、再保险合同和石油天然气开采等；财务报告类准则：财务报告列报、现金流量表、中期财务报表、合并财务报表；计量类准则：公允价值计量等；过渡性要求准则。

应用指南和解释是对具体准则相关条款的细化以及实务操作中出现的问题的补充说明。

2. 了解企业的微观环境

每家企业都是根据会计准则的规定，结合自身情况，选择适合企业的会计政策，当我们分析企业财务报表时，不仅要考虑会计准则的规定，而且要结合行业特征和企业自身特点分析财务报表，例如：制造业可以分析存货周转率来分析企业商品的销售情况以及库存状况，而服务业就不适合分析存货周转率。再如轻资产企业和重资产企业的关注点也不相同。

2.2.2 明确预期使用者关注点

投资者、企业经营管理者、债权人和员工是不同的财务报表使用者，关注的领域，分析的目的有所不同，因此应当弄清不同财务报告使用者的关注点。

1. 投资者对财务报表数据的关注点

企业与投资者之间是利益共享、风险共担的关系，投资者享有企业的剩余财产分配权和收益分配权。投资者对于财务报表数据的关注点主要集中在：投资回报率的高低，是否有必要追加投资；企业的资本结构和盈利能力，财务风险的大小以及发展潜力；股利分配政策。

其中资产负债表的关注点在于：股东权益、股本、未分配利润，以分析企业的资本运用情况。利润表的关注点：净利润、营业收入、营业成本、期间费用和所得税，主要关注企业收入的构成、质量状况；成本与收入的配比情况；期间费用的合理性以及所占收入的比例是否符合行业特征；净利润与收入的匹配，毛利润的高低。现金流量表的关注点：经营活动现金净流量与利润是否相匹配，收入有多大比例来自赊销和现销，经营活动产生的现金净流量是否为正，是否符合企业发展周期；投资活动的现金流量中是否表明企业进行了合理的投资，是否收回了不必要的投资；企业的筹资活动现金净流量是否表明企业有较强的借款能力以及发展空间。

投资者关注的比率指标主要为：净资产收益率、销售净利率、成本费用利润率以及总资产报酬率等。主要关注企业的获利能力以及投资者投入资本的回报率，只有投入的资本有回报，他们才会进行投资。

2. 债权人对财务报表数据的关注点

企业与债权人是债权资金的取得与本息偿还的关系，债权人通常会将资金借给资金需求者以获取利息等固定收益，他们的目的是到期获取本金及利息，因此，债权人主要关注企业的偿债能力和支付能力，体现在：企业的长短期偿债能力；企业用来偿还债务的资金是否充足，流动资产的构成和质量、固定资产的使用状况以及变现价值；企业获得资本金的能力，是否能从企业所有者那里融资；企业的获利能力如何以及持续盈利能力，所获得的盈利是否涵盖借款金额，企业的现金流如何，是否持续、是否可以偿还债务。

债权人与企业投资者不同，他们主要关注企业的偿债能力、财务风险和本金的安全。其中资产负债表的关注点：股东权益、货币资金、应收账款、存货、长短期借款，关注股本目的在于分析企业的资本金是否充实，是否足够偿还所欠负债；分析现有长短期借款，得出有多少短期借款将要偿还，以及有多少长期借款支持企业发展。利润表关注点：净利润、营业利润、营业收入、营业成本、投资收益，主要分析企业的获利能力强弱以及是否可以到期还本付息。现金流量表关注点：现金净流量是否为正以及是否可以涵盖所有的债务。

债权人分析财务报表所用的比率为：净资产收益率、产权比率、利息保证倍数、或有负债比率等。主要计算的是企业的财务风险和获利能力。

3. 管理者对财务报表数据的关注点

企业经营管理者是基于委托代理关系产生的，他们受企业的投资者的委托负责企业的日常经营活动，是企业的真实管理者，主要关注财务报表的要点如下：企业的财务状况，资金结构是否合理、财务风险的适宜性；企业的经营成果，盈利能力（毛利率、净资产收益率、总资产回报率）和经营风险的大小；现金流是否持续以支持企业持续发展，筹资能力的大小以及资产质量状况，收入的构成结构，非经常性损益对利润的影响。

2.2.3 财务报表分析的程序

1. 确定分析目的

财务分析的目的决定了财务指标的选用和财务分析方法的选择，因此在做财务分析之前必须要有明确的财务分析目的。

由于不同利益主体进行财务会计报告分析有着各自的目的和侧重点，分析者必须明确自己侧重于哪一方面内容的分析，是偿债能力、营运能力还是盈利能力分析。企业短期债权人分析财务会计报告的目的在于了解企业的短期偿债能力，便于做出短期投资决策；企业长期债权人分析财务会计报告的目的则着重于企业的长期偿债能力，为长期行为提供决策依据；股东分析财务会计报告的目的在于投资价值分析、投资前景分析、经营状况分析；企业管理人员分析财务会计报告的目的在于及时掌握企业的财务状况及经营成果，及时发现偏差并且迅速做出调整；税务机关分析财务会计报告的目的在于查核纳税义务人是否如实申报有关税收、是否履行依法纳税的义务等。

2. 制定分析方案

分析目的不同，计划的具体内容也有所不同，要根据分析量的大小，分析问题的难度和深度，制定出合理的分析方案。假如是专项分析，比如销售分析，就重点搜集销售额、销售量和毛利率，以及不同产品、不同部门、不同区域的销售数据。假如是全面财务分析，就需要全面的数据，包括盈利能力数据、偿债能力数据、营运数据、市场销售数据等。

3. 搜集、整理和分析资料

一般来说，搜集的资料应包括宏观信息和微观信息（企业内部信息）。宏观信息是指国家有关法律法规、经济环境、产业政策、通货膨胀等方面的信息。同时，还要搜集企业所属行业状况，如行业特点、产业周期、市场供需、市场竞争等。微观财务信息资料有定期性的财务会计报告和审计报告。财务会计报告分析者应当了解企业销售政策、企业发展战略、核心竞争力、人力资源、采购情况并且结合财务报表要素，如收入、成本、资产、负债、所有者权益等进行整理分析。注册会计师签发的审计报告，不同于政府审计和内部审计的审计报告，是以超然独立的第三者身份，对被审计单位财务报表合法性、公允性发表意见。审计报告一般包括标准无保留和附带说明段无保留意见审计报告、保留意见审计报告、无法表示意见审计报告和否定意见审计报告四种。财务会计报告分析者可以根据注册会计师出具的审计报告类型来判断企业财务会计报告是否存在重大缺陷，从而做出判断。

搜集到的原始资料可能是粗糙的、零碎的，甚至是有错的。所以，需要对取得的资料按实事求是的原则进行调查核实，去粗取精、去伪存真，使之成为真实有用的信息。对搜集到的资料还要进一步的加工整理。在整理资料的过程中，要注意资料的真实性、客观性、时效性，严格按企业生产经营活动的全貌进行加工整理，提供对经营决策有用的信息。

4．选择分析方法

分析方法服从于分析目的。财务会计报告分析方法很多，应当根据不同的分析目的，采用不同的分析方法。最常用的方法有四种，即比较分析法、比率分析法、趋势分析法、因素分析法。如对未来发展趋势的预测，一般采用趋势分析法；对流动性的分析，一般采用比率分析法；对计划执行情况的分析，一般采用因素分析法。

5．进行分析计算

对于初步整理过的相关数据资料，采用一定的分析方法，特别是采用一定的财务指标，进行财务指标计算，然后层层分解和辨析，找出指标之间的差距，分析形成差距的原因。财务分析的思路是：分析过去已经发生的数据、评价目前的经营现状，提出改进的建议和方案，并对未来的发展前景做出客观的展望与预测。

6．撰写分析报告

财务会计报告分析者应根据自己的分析目的、分析重点，采用相应的分析方法和手段。对搜集到的资料进行适当的加工整理和计算，形成各种指标，然后与本企业不同时期的指标相对比，或与同行业不同企业之间的指标相对比，即横向比较和纵向比较。在分析报告中，应对分析时期、分析过程、分析方法和分析依据做出说明，对分析的主要内容和结果做出概括。同时，还应当对分析资料、分析方法的局限性做出说明等。只有这样，才能做到分析正确、分析透彻、说服力强，才能引导报告使用者做出正确合理的决策。还需要注意的是，财务分析的最后是要有结论性的论述，但在下结论时一定要慎重，尽可能不要用过于武断的措辞，对于结论性语言一定要字斟句酌，每一个结论性的词语都要了解其给报表使用者带来的影响。

2.2.4　善于利用审计报告

1. 审计意见

审计报告是注册会计师根据现行审计准则的规定，注册会计师在按照审计计划执行审计工作的基础上，对财务报表发表审计意见的书面文件。注册会计师签发的审计意见报告，不同于政府审计和内部审计的审计报告，是以超然独立的第三者身份，对被审计单位财务报表合法性、公允性发表审计意见。这种意见，具有鉴证作用。投资者主要依据注册会计师的审计报告来判断被投资企业的财务报表是否公允地反映了企业的财务状况和经营成果，以便于进行投资决策等。注册会计师通过审计，可以对被审计单位财务报表出具不同类型审计意见的审计报告，以提高或降低财务报告使用者对财务报表的信赖程度，能够在一定程度上对企业的财产、债权人和股东的权益及利害关系人的利益起到保护作用。例如：一般而言投资者为了减少投资风险，在进行投资之前，需要查阅被投资企业的财务报表和注册会计师的审计报告，了解被投资企业的经营情况和财务状况，可以降低投资风险。同样地，债权人可以通过查阅相关审计报告，了解债务企业的资金状况、财务风险以及现金充裕状况以决定是否借款。

2. 审计报告类型

审计工作报告类型分为标准审计报告和非标准审计报告。标准审计报告是指不含说明段、强调事项段、其他事项段或其他任何修饰性用语的无保留意见的审计报告。其中，无保留意见是注册会计师认为财务报表在所有重大方面按照适用的财务报告编制基础并实现了公允反映时发表的审计意见。若注册会计师发表的是无保留意见的标准审计报告，那么表明财务报表使用者可以基本确认财务报表是公允的、按照财务报表编制基础的要求编制的，是可以信赖的，但是并不是绝对公允的，还要结合其他财务知识进行判断。非标准意见的审计报告，是指带强调事项段或其他事项段的无保留意见的审计报告和非无保留意见的审计报告。非无保留意见的审计报告包括保留意见的审计报告、否定意见的审计报告和无法表示意见的审计报告。

对于非标准意见的审计报告，报表使用者应当结合审计报告的具体意见和企业的具体环境做出相关判断。

2.3　财务报表分析的意义

2.3.1　财务报表分析的主要内容

财务报表分析以企业财务报告反映的财务指标为主要依据，对企业的财务状况和经营成果进行评价和剖析，以反映企业在运营过程中的利弊得失、财务状况及发展趋势。它既是对已完成财务活动的总结和评价，又是对企业发展趋势的财务预测，是报表使用者深刻认识企业财务状况的“探测仪”。

2.3.2 财务报表分析的主要作用

财务报表分析通过收集整理企业财务报表的有关数据，并结合其他有关的补充信息，对企业的财务状况、经营成果和现金流量情况进行综合比较与评价，为报表使用者提供决策依据，其作用主要有：

（1）财务报表分析能合理评价企业经营者的经营业绩。

不仅仅是报表使用者需要进行财务报表分析，企业经营者在编制完财务报表后，一定会先于报表使用者做财务报表分析，通过财务报表分析，企业经营者可以确认企业的偿债能力、营运能力、盈利能力和现金流量等状况，合理地评价自己的经营业绩，并促进管理水平的提高。

（2）财务报表分析是企业经营者实现理财目标的重要手段。

企业生存发展的根本目的是实现企业价值最大化，企业经营者通过财务报表分析，能促进自身目标的实现，确认目前企业的状态，“拨开云雾见明月”确认不足，找出差距，从各方面揭露矛盾，并不断挖掘潜力，充分认识未被利用的人力，物力资源，促进企业经营活动按照企业价值最大化目标运行。

（3）财务报表分析能为报表使用者作出决策提供有效依据。

财务报表分析能帮助报表使用者正确评价企业的过去，全面了解企业现状，并有效地预测企业的未来发展，这就为其作出决策提供了有效的依据。

①企业投资者或者潜在投资者是企业财务报表使用者之一，他们通过对企业财务报表的分析，可以了解企业获利能力的高低，营运能力的大小以及发展能力的强弱，这样可以进一步确认自己投资的收益水平和风险程度，从而决定是否投资。

②企业债权人也是财务报表使用者之一，他们通过对企业财务报表的分析，可以了解企业偿债能力的高低、现金流的充足程度，从而确认自己债权的风险程度，并决定是否马上收回债权或要求企业提供担保等。

③除了投资者和债权人，财务报表的使用者还包括企业的供应商及客户，他们通过对企业财务报表的分析，可以了解企业营运能力的大小、偿债能力的高低，从而确认是否需要与企业长期合作。

（4）财务报表分析能为国家行政部门制定宏观政策提供依据。

国家作为市场经济的调控者，通过对统计部门核算出的整个国民经济的财务数据进行分析后，可以有效地了解目前经济的发展趋势，存在的不足，从而有针对性地调整税收政策和货币政策等，以促进整个国民经济的平稳发展。

第3章 解锁财务报表分析的基本方法

我们进行财务报表分析，可以结合企业的经营情况，从不同的角度、根据不同的标准来进行。前面的小节介绍了财务报表分析的标准，但是仅仅有标准还不够，还需要遵循一定的方法。

虽然财务报表分析的形式多样，但其中始终贯穿着“比较分析”的原理，基本的分析方法主要有三种，分别是：比率分析法、趋势分析法和因素分析法。

3.1 比率分析法

所谓比率分析法，是指核算同一张财务报表的不同项目、不同类别之间，或两张不同报表中有关联的项目之间的比率关系，从相对数上对企业的财务状况进行分析和考察，借以评价企业的财务状况和经营成果是否存在问题的一种分析方法。

比率分析法按用以计算比率的项目不同，又可以分成结构比率、效率比率、相关比率等。

3.1.1 结构比率

结构比率，它是某项经济指标的各个组成部分与总体的比率，反映部分与总体的关系。其计算公式为：

结构比率 = 某个组成部分数额 ÷ 总体数额

利用结构比率，可以考察总体中某个部分的形成和安排是否合理，以便协调各项经济活动。在资产负债表的分析中，为了了解企业各项资产（或负债或所有者权益）的构成情况，可以把每一项目都除以资产总计（或负债合计或所有者权益合计），以求得资产（或负债或所有者权益）的结构比率；在损益表的分析中，为了了解产品销售收入的各构成项目的比重，可以把各构成项目除以产品销售收入，分别计算出相应的结构比率，借以分析对比它们相对于产品销售收入的比重变化情况。

【例 3-1】表 3-1 是某公司 2020 年现金流量表（部分）：

表 3-1 某公司 2020 年现金流量表

单位：亿元、%

项目	2020 年
经营活动现金流入小计	2 105.01
经营活动现金流出小计	1 929.02
经营活动产生的现金流量净额	175.99
投资活动现金流入小计	96.36
投资活动现金流出小计	149.00
投资活动产生的现金流量净额	-52.64
筹资活动现金流入小计	300.78
筹资活动现金流出小计	311.04
筹资活动产生的现金流量净额	-10.26

续表

项目	2020 年
2020 年度现金总流入合计	2 502.14
2020 年度现金总流出合计	2 389.05
现金及现金等价物净增加额	106.72

报告期内，公司现金总流入 2 502.14 亿元。其中，经营活动产生的现金流入占总现金流入的比例为 84.13%，投资活动产生的现金流入占比为 3.85%，筹资活动产生的现金流入占比为 12.02%，如表 3-2 所示。

公司现金总流出 2 389.05 亿元。其中，经营活动产生的现金流出占总现金流出的比例为 80.74%，投资活动产生的现金流出占比为 6.24%，筹资活动产生的现金流出占比为 13.02%。

表 3-2　结构比率的应用

单位：亿元、%

总项目	分项目		构成比例
现金总流入数合计 2 502.14 亿元	经营活动现金流入小计	2 105.01	84.13%
	投资活动现金流入小计	96.36	3.85%
	筹资活动现金流入小计	300.78	12.02%
现金总流出数合计 2 389.05 亿元	经营活动现金流出小计	1 929.02	80.74%
	投资活动现金流出小计	149.00	6.24%
	筹资活动现金流出小计	311.04	13.02%

首先对现金流入结构进行分析，根据上表统计数据显示的某公司 2020 年度内公司现金流量表现金流入各项目变动情况，可以准确清晰经营活动、投资活动以及筹资活动现金流入情况及占现金总流入数比重情况。报告期内，公司现金总流入 2 502.14 亿元，较上年同期同比增长 9.32%。其中，经营活动产生的现金流入占总现金流入的比例为 84.13%，投资活动产生的现金流入占比为 3.85%，筹资活动产生的现金流入占比为 12.02%。另外还可根据报表相关数据进行后续分析，例如，在公司现金总流入的各构成项目中，经营活动现金流入金额为 2 105.01 亿元，较上年同期同比增加 1.60%，其中占比重最大为销售商品、提供劳务收到的现金项目带来的现金流入，金额为 2 079.34 亿元，由此反映出公司经营属于正常，公司现金来源中主要依靠自身经营活动积累；投资活动现金流入金额为 96.36 亿元，较上年同期同比增加 247.12%；筹资活动现金流入金额为 300.78 亿元，较上年同期同比增加 59.04%。

其次对现金流出结构进行分析，根据上表统计数据显示的该公司 2020 年度内公司现金流量表现金流出各项目变动情况，可以准确清晰经营活动、投资活动以及筹资活动现金流出情况及占现金总流出数比重情况。报告期内，公司现金总流出 2 389.05 亿元，较上年现金总流出金额 2 307.65 亿元同比增长 3.53%。其中，经营活动产生的现金流出占总现金流出的比例为 80.74%，投资活动产生的现金流出占比为 6.24%，筹资活动产生的现金流出占比为 13.02%。根据公司披露年报数据进行后续分析，例如，在公司现金总流出的各构成项目中，经营活动现金流出金额为 1 929.02 亿元，较上年同期同比增加 0.42%；投资活动现金流出金额为 148.00 亿元，较上年同期同比增加 8.46%；筹资活动现金流出金额为 311.04 亿元，较上年同期同比增加 24.79%。

3.1.2 效率比率

效率比率，它是某项经济活动中所费与所得的比率，用以反映企业投入与产出的关系。利用效率比率指标，可以进行得失比较，考察经营成果，评价经济效益。如将利润项目与销售成本、销售收入、资本等项目加以对比。计算出成本利润率、销售利润率以及总资产报酬率等利润率指标，可以从不同角度分析比较企业获利能力的高低及其增减变化情况。

【例 3-2】表 3-3 是根据案例公司 2020 年利润表等报表数据计算的盈利能力指标，也即本章节介绍的效率比率指标，供参考：

表 3-3 案例公司 2020 年盈利能力指标

	2020 年	2019 年	2018 年
营业利润率（%）	19.08	20.82	22.68
净利润率（%）	9.91	10.57	11.35
毛利率（%）	29.25	36.25	37.48
总资产报酬率（%）	2.31	2.39	2.51

上表即是利用效率比率指标对财务报表相关数据进行分析以比较盈亏得失，进而考察经营成果评价公司报告期内经济效益的结果。表内营业利润率、净利润率、毛利率以及总资产报酬率均可以从不同角度分析比较企业获利能力的效率比率。营业利润率是指经营所得的营业利润占销货净额的百分比，或占投入资本额的百分比，能综合反映企业或行业的营业效率。2020 年该公司的营业利润率为 19.08%，相较于 2018 年 22.68% 下降 3.6 个百分点，这实际受到疫情冲击等外部因素和集团自身经营的双重影响。近年来，该公司不断扩张地产规模并且加大对外投资并购力度，该种“轻资产，重运营”的经营发展理念也在一定程度上造成了上述营业利润率逐年下降的状况。

销售毛利率是毛利占销售净值的百分比，通常称为毛利率。销售毛利率是上市公司的重要经营指标，能反映公司产品的竞争力和获利潜力。它反映了企业产品销售的初始获利能力，是企业净利润的起点，没有足够高的毛利率便不能形成较大的盈利。受疫情冲击和国家对于房地产行业宏观调控的影响，集团在 2018—2020 年销售毛利率呈现逐年下降的状况，由此可以看出集团盈利能力尚未有很大提高，反而受疫情冲击等多方面影响渐渐难以负担财务、管理以及销售支出。

总资产报酬率以投资报酬为基础来分析企业获利能力，是企业投资报酬与投资总额之间的比率。企业的投资报酬是指支付利息和缴纳所得税之前的利润之和，投资总额为当期平均资产总额。近三年该公司的总资产报酬率平均水平大致为 2.40。通过对该公司近几年财务报告相关数据进行分析，能够更加全面具体地反映集团目前的经营状况。

3.1.3 相关比率

相关比率，它是以报表某个项目和与其有关但又不同的项目加以对比所得的比率。利用相关比率指标，可以考察有联系的相关业务安排得是否合理，以保障企业经营活动能够顺利进行。如将流动资产与流动负债加以对比，计算出流动比率，据以判断企业的短期偿债能力等。

【例 3-3】表 3-4 是根据案例公司 2020 年资产负债表等报表数据计算的偿债能力指标，也即本章节介绍的相关比率指标，供参考：

表 3-4 案例公司 2020 年偿债能力指标

	2020 年	2019 年	2018 年
资产负债率	81.28	84.36	84.59
流动比率	1.17	1.13	1.15
速动比率	0.41	0.43	0.49

为了更清楚展示相关比率对财务报表分析的重要性和其有用性。本例选取公司资产负债率、流动比率和速动比率等指标详细说明案例公司清晰的偿债能力情况。

资产负债率又称举债经营比率，它是用以衡量企业利用债权人提供资金进行经营活动的能力，以及反映债权人发放贷款的安全程度的指标，通过将企业的负债总额与资产总额相比较得出，反映在企业全部资产中属于负债比率。案例公司近三年资产负债率平均水平大致为 83.41%，说明近三年案例公司负债比率较大，面临的财务风险较大，获取利润的能力较强，但同时应注意近三年资产负债率水平均超过 80%，应当在一定程度上控制财务风险，适当均衡资产与负债的结构。

流动比率是流动资产对流动负债的比率，用来衡量企业流动资产在短期债务到期以前，可以变为现金用于偿还负债的能力，一般说来，比率越高，说明企业资产的变现能力越强，短期偿债能力亦越强。2018—2020 年，案例公司平均流动比率大致在 1.15，表明近三年来流动资产大于流动负债，从这一指标上来看，集团有较强的短期偿债能力，出现突发情况之后不至于出现资不抵债的尴尬境地，但同时还应结合速动比率指标来考察实际的偿还负债的能力。

速动比率是指企业速动资产与流动负债的比率，速动资产是企业的流动资产减去存货和预付费用后的余额，主要包括现金、短期投资、应收票据、应收账款等项目。正常来说，企业速动比率应当维持在1左右，2018—2020年，案例公司平均速动比率大致为0.44，反映出其短期偿债能力不足，企业还需要优化财务结构。

3.2 趋势分析法

所谓趋势分析法，是将企业两期或连续数期的财务报告中相同指标进行对比，确定其增减变动金额、方向和幅度，用以说明企业财务状况或经营成果变动趋势的一种方法。

采用趋势分析法，可以分析引起变化的主要原因、变动的性质，并预测企业未来的发展方向。趋势分析法的具体运用主要有以下三种方式：

3.2.1 财务报表数据绝对额的比较

该方法是将连续数期的财务报表同一项目的金额并列起来，比较其增减变动金额和幅度，据以判断企业财务状况和经营成果发展变化的一种方法。

【例3-4】表3-5是ABC餐饮公司2015—2019年销售收入变化表：

表3-5 ABC餐饮公司2015—2019年销售收入变化表

单位：万元

年份	2015年	2016年	2017年	2018年	2019年
销售收入	156.00	182.00	245.00	286.00	273.00
年增长幅度		16.67%	33.62%	16.73%	-3.55%

从表3-5中的数据中，我们可以简单地做一个趋势分析，由于此4年内各年的销售收入均在增加，增长幅度均在15%以上，我们就可以认为，前四年企业一直处于稳定发展状态。这是绝对额的趋势分析。

3.2.2 重要财务指标的比较

该方法是将同一企业不同时期财务报告中的相同指标或比率行比较，直接观察其增减变动情况及变动幅度，考察其发展趋势，预测其发展方向。

【例3-5】表3-6是ABC餐饮公司2015—2019年销售毛利率变化表：

表3-6 ABC餐饮公司2015—2019年销售毛利率变化表

单位：万元

年份	2015年	2016年	2017年	2018年	2019年
销售毛利率(%)	27	18	15	13	11

从该表 2015—2019 年的数据我们可以做一个简单的趋势分析，由于每年的毛利率都在降低，说明企业面临的市场竞争越来越激烈，企业发展的压力也越来越大。

3.2.3　财务报表项目构成的比较

该方法是在财务报表比较的基础上发展而来的。它是以财务报表中的某个总体指标为 100%，再计算出其各组成项目占该总体指标的百分比，从而比较各个项目百分比的增减变动，以此来判断有关财务活动的变化趋势。

【例 3-6】表 3-7 是 ABC 餐饮公司 2015—2019 年长期负债占资产总额的变化情况：

表 3-7　ABC 餐饮公司 2015—2019 年长期负债占资产总额的变化表

单位：万元

年份	2015 年	2016 年	2017 年	2018 年	2019 年
长期负债	200.00	290.00	300.00	400.00	400.00
资产总额	1 000.00	1 800.00	1 800.00	2 100.00	2 160.00
长期负债占资产总额的比率	20%	16.11%	16.67%	19.05%	18.51%

通过表 3-7 的数据，我们可以对该企业长期负债占企业总资产比率的趋势进行分析，可以得出结论，该餐饮公司长期负债的比率维持在 20% 以内，资本结构较为稳健。

3.3　因素分析法

3.3.1　因素分析法概念

因素分析法，又称为连环替代法，是将一项综合性指标分解为各项构成因素，顺序用各项因素的实际数替换基数，分析各项因素影响程度的一种方法。

采用因素分析法，能确定不同因素对我们关注的指标的影响程度，确认哪个因素是最需要被“照顾”的，哪些因素相对来说可以“放任自流”。

3.3.2　因素分析法案例

【例 3-7】某企业 2019 年 9 月某种原材料费用的实际值是 9 240 元，而其计划值是 8 000 元。实际比计划增加 1 240 元。由于原材料费用是由产品产量、单位产品材料消耗用量和材料单价 3 个因素的乘积构成的，因此，可以将材料费用这一总指标分解为 3 个因素，然后逐个分析它们对材料费用总额的影响方向和程度。现假定这 3 个因素的数值如表 3-8 所示。

表 3-8 材料费用的影响因素及数值情况表

项目	计划值	实际值
产品产量（件）	100	110
单位产品材料消耗量（千克）	8	7
材料单价（元）	10	12
材料费用总额（元）	8 000	9 240

根据表 3-8 的资料，材料费用总额实际值较计划值增加了 1 240 元。运用连环替代法，可以计算各因素变动对材料费用总额的影响方向和程度如下：

计划值 100 × 8 × 10=8 000（元） （1）

第一次替代（产品产量因素）110 × 8 × 10=8 800（元） （2）

第二次替代（单位材料消耗量因素）110 × 7 × 10=7 700（元） （3）

第三次替代（材料单价因素）110 × 7 × 12=9 240（元） （4）

由于产品产量增加对材料费用的影响为：

（2）-（1）=8 800-8 000=800（元）

由于单位产品材料消耗量节约对材料费用的影响为：

（3）-（2）=7 700-8 800=-1 100（元）

由于材料单价提高对材料费用的影响为：

（4）-（3）=9 240-7 700=1 540（元）

综合这 3 个因素对材料费用总额的影响为：

800-1 100-1 540=1 240（元）

3.4 综合分析法

除了上述章节所列比率分析法、趋势分析法和因素分析法以外，常见的用于企业财务报表分析工作中的方法还需具有综合性、连贯性以及全面性，以更加清晰地展现公司经营成果以及未来走向等。因此，以杜邦分析体系为核心地综合分析法便对常见的财务报表分析具有重要意义。本部分将对杜邦分析体系进行阐述和介绍，帮助读者初步了解综合分析方法对分析企业财务报表的重要作用。

3.4.1 杜邦分析体系概述

杜邦分析体系，又称杜邦财务分析体系，简称杜邦体系，是利用各主要财务比率之间的内在联系，对企业财务状况和经营成果进行综合系统评价的方法。该体系是以权益净利率为龙头，以资产净利率和权益乘数为分支，重点揭示企业获利能力及杠杆水平对权益乘数对权益净利率的影响，以及各相关指标间的相互作用关系。因其最初由美国杜邦公司成功应用，所以得名。

3.4.2 传统杜邦分析体系的核心比率

权益净利率是分析体系的核心比率，具有很好的可比性，可用于不同企业之间的比较。由于资本具有逐利性，总是流向投资报酬率高的行业和企业，因此各企业的权益净利率会比较接近。如果一个企业的权益净利率经常高于其他企业，就会引来竞争者，迫使该企业的权益净利率回到平均水平。如果一个企业的权益净利率经常低于其他企业，就得不到资金，会被市场驱逐，从而使幸存企业的权益净利率提升到平均水平。

权益净利率不仅有很好的可比性，而且有很强的综合性。为了提高权益净利率，管理者可从如下三个分解指标入手：

$$\text{权益净利率}=\frac{\text{净利润}}{\text{销售收入}}\times\frac{\text{销售收入}}{\text{总资产}}\times\frac{\text{总资产}}{\text{股东权益}}$$

$$=\text{销售净利率}\times\text{总资产周转次数}\times\text{权益乘数}$$

无论提高其中的哪个比率，权益净利率都会提高。其中，“销售净利率”是利润表的概括，“销售收入”在利润表的第一行，“净利润”在利润表的最后一行，两者相除可以概括全部经营成果；“权益乘数”是资产负债表的概括，表明资产、负债和股东权益的比例关系，可以反映最基本的财务状况；“总资产周转次数”把利润表和资产负债表联系起来，使权益净利率可以综合反映整个企业经营成果和财务状况。

3.4.3 传统杜邦分析体系的基本框架

传统杜邦分析体系的基本框架可用图 3-1 表示：

该体系是一个多层次的财务比率分解体系。各项财务比率，可在每个层次上与本企业历史或同业财务比率比较，比较之后向下一级分解。逐级向下分解，逐步覆盖企业经营活动的每个环节，以实现系统、全面评价企业经营成果和财务状况的目的。

第一层次的分解，是把权益净利率分解为销售净利率、总资产周转次数和权益乘数。这三个比率在各企业之间可能存在显著差异。通过对差异的比较，可以观察本企业与其他企业的经营战略和财务政策有什么不同。

分解出来的销售净利率和总资产周转次数，可以反映企业的经营战略。一些企业销售净利率较高，而总资产周转次数较低；另一些企业与之相反，总资产周转次数较高而销售净利率较低。两者经常呈反方向变化。这种现象不是偶然的。为了提高销售净利率，就要增加产品附加值，往往需要增加投资，引起周转率的下降。与此相反，为了加快周转，就要降低价格，引起销售净利率下降。通常，销售净利率较高的制造业，其周转率都较低；周转率很高的零售业，销售净利率很低。采取“高盈利、低周转”还是“低盈利、高周转”的方针，是企业根据外部环境和自身资源作出的战略选择。正因如此，仅从销售净利率的高低并不能看出业绩好坏，应把它与总资产周转次

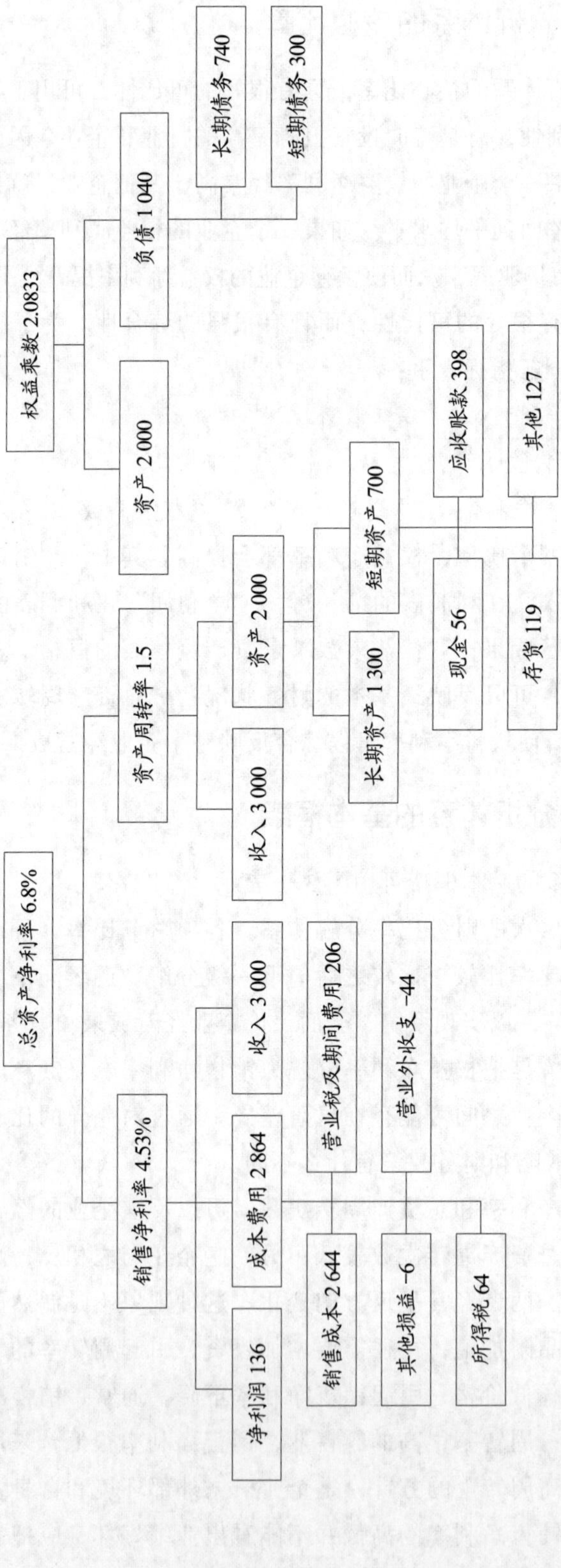

图 3-1　传统杜邦分析体系的基本框架

数联系起来考察企业经营战略。真正重要的是两者共同作用得到的总资产净利率。总资产净利率可以反映管理者运用受托资产赚取盈利的业绩，是最重要的衡量企业盈利能力的指标之一。

分解出来的财务杠杆可以反映企业的财务政策。在总资产净利率不变的情况下，提高财务杠杆可以提高权益净利率，但同时也会增加财务风险。如何配置财务杠杆是企业最重要的财务政策，本书后面章节还要专门讨论这一问题。一般说来，总资产净利率较高的企业，财务杠杆较低，反之亦然。这种现象也不是偶然的。可以设想，为了提高权益净利率，企业倾向于尽可能提高财务杠杆。但是，贷款提供者不一定会同意这种做法。贷款提供者不分享超过利息的收益，更倾向于为预期未来经营活动现金流量净额比较稳定的企业提供贷款。为了稳定现金流量，企业的一种选择是降低价格以减少竞争，另一种选择是增加营运资本以防止现金流中断，这都会导致总资产净利率下降。这就是说，为了提高流动性，只能降低营利性。因此，我们实际看到的是，经营风险低的企业可以得到较多的贷款，其财务杠杆较高；经营风险高的企业，只能得到较少的贷款，其财务杠杆较低。总资产净利率与财务杠杆负相关，共同决定了企业的权益净利率。因此，企业必须使其经营战略和财务政策相匹配。

3.4.4　权益净利率的驱动因素分解

该分析体系要求，在每一个层次上进行财务比率的比较和分解。通过与上年比较可以识别变动的趋势，通过与同业比较可以识别存在的差距。分解的目的是识别引起变动（或产生差距）的原因，并衡量其重要性，为后续分析指明方向。

下面以 ABC 公司权益净利率的比较和分解为例，说明其一般方法。

权益净利率的比较对象，可以是其他企业的同期数据，也可以是本企业的历史数据，这里仅以本企业的本年与上年的比较为例。

$$权益净利率 = 销售净利率 \times 总资产周转次数 \times 权益乘数$$

即，本年权益净利率 14.17%=4.533% × 1.5 × 2.083 3

上年权益净利率 18.18%=5.614% × 1.696 4 × 1.909 1

权益净利率变动 =-4.01%

与上年相比，股东的报酬率下降了，公司整体业绩不如上年。影响权益净利率变动的不利因素是销售净利率和总资产周转次数下降；有利因素是财务杠杆提高。

利用连环替代法可以定量分析它们对权益净利率变动的影响程度：

（1）销售净利率变动的影响：

按本年销售净利率计算的上年权益净利率 =4.533% × 1.696 4 × 1.909 1=14.680 1。

销售净利率变动的影响 =14.68%-18.18%=-3.5%

（2）总资产周转次数变动的影响：

按本年销售净利率、总资产周转次数计算的上年权益净利率 =4.533% × 1.5 × 1.909 1=12.98%

总资产周转次数变动的影响 =12.98%-14.68%=-1.7%

（3）财务杠杆变动的影响：

财务杠杆变动的影响 =14.17%-12.98%=1.19%

通过分析可知，最重要的不利因素是销售净利率降低，使权益净利率减少 3.5%；其次是总资产周转次数降低，使权益净利率减少 1.7%。有利的因素是权益乘数提高，使权益净利率增加 1.19%。不利因素超过有利因素，所以权益净利率减少 4.01%。由此应重点关注销售净利率降低的原因。

在分解之后进入下一层次的分析，分别考察销售净利率、总资产周转次数和财务杠杆的变动原因。前面已经对此作过说明，此处不再赘述。

3.4.5 传统杜邦分析体系的局限性

传统杜邦分析体系虽然被广泛使用，但也存在一些局限性。

1. 计算总资产净利率的“总资产”与“净利润”不匹配

总资产为全部资产提供者享有，而净利润则专属于股东，两者不匹配。由于总资产利润率的“投入与产出”不匹配，该指标不能反映实际的报酬率。为了改善该比率，要重新调整分子和分母。

为公司提供资产的人包括无息负债的债权人、有息负债的债权人和股东，无息负债的债权人不要求分享收益，要求分享收益的是股东和有息负债的债权人。因此，需要计量股东和有息负债债权人投入的资本，并且计量这些资本产生的收益，两者相除才是合乎逻辑的总资产净利率，才能准确反映企业的基本盈利能力。

2. 没有区分经营活动损益和金融活动损益

传统杜邦分析体系没有区分经营活动和金融活动。对于大多数企业来说金融活动是净筹资，它们在金融市场上主要是筹资，而不是投资。筹资活动不产生净利润，而是支出净费用。这种筹资费用是否属于经营活动费用，在会计准则制定过程中始终存在很大争议，各国会计准则对此的处理不尽相同。从财务管理角度看，企业的金融资产是尚未投入实际经营活动的资产，应将其与经营资产相区别。与此相应，金融损益也应与经营损益相区别，才能使经营资产和经营损益匹配。因此，正确计量基本盈利能力的前提是区分经营资产和金融资产，区分经营损益和金融损益。

3. 没有区分金融负债与经营负债

既然要把金融活动分离出来单独考察，就需要单独计量筹资活动成本。负债的成本（利息支出）仅仅是金融负债的成本，经营负债是无息负债。因此，必须区分金融负债与经营负债，利息与金融负债相除，才是真正的平均利息率。此外，区分金融负债与经营负债后，金融负债与股东权益相除，可以得到更符合实际的财务杠杆。经营负债没有固定成本，本来就没有杠杆作用，将其计入财务杠杆，会歪曲杠杆的实际效应。

针对上述问题，人们对传统的财务报表和财务分析体系作了一系列的改进，逐步形成了新的管理用财务报表和财务分析体系。

第4章

摸清企业的底子——资产负债表

资产负债表是对企业整体状况的概括性描述，它展示了企业资产和负债的结构情况。从资产负债表中可以得知企业有哪些资产，有哪些负债，分别属于长期或是短期，有多少负债需要支付利息，这些是资产负债表的核心，也是企业的各方利益相关者密切关注的问题。因此，深入了解资产负债表对于企业的财务分析而言至关重要。

总体来看，资产负债表是一张平衡表，其基本的勾稽关系满足：资产 = 负债 + 所有者权益。其中，资产反映企业资金的占用，是能够给企业带来收益的资源；负债和股东权益是企业资金的两种不同来源，是企业要承担的代价。在资产负债表中，除了资产和负债的结构不一样，表中资产总额与负债及所有者权益的合计额是相等的。因此分析资产负债表的关键在于分析资产以及负债的结构。

4.1 认识资产负债表

财务报表是企业的DNA，也是企业进行财务分析的基石。要进行财务分析，仅仅了解财务报表的概念远远不够，需要从其结构入手，结合企业具体的特点，对财务报表进行更充分、更深入的认识。本章将从资产负债表的结构出发，对其进行深入解读，并结合资产负债表重要科目和财务分析指标，指出对资产负债表进行财务分析的关键所在。

4.1.1 资产负债表概述

资产负债表是指反映企业在某一特定日期的财务状况的报表，主要反映资产、负债和所有者权益三方面的内容，并满足“资产＝负债＋所有者权益”平衡式。其中，资产应当按照流动资产和非流动资产两大类别在资产负债表中列示，在流动资产和非流动资产类别下进一步按性质分项列示；负债应当按照流动负债和非流动负债在资产负债表中进行列示，在流动负债和非流动负债类别下再进一步按性质分项列示；所有者权益一般按照实收资本、资本公积、盈余公积和未分配利润分项列示。

4.1.2 资产负债表的结构

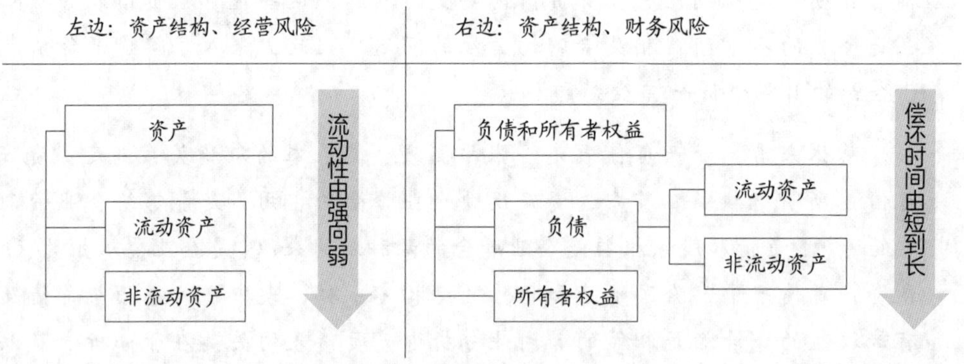

图4-1 资产负债表的结构

我国现行的资产负债表一般分为两块，按照资产＝负债＋股东权益的形式从左到右、从上到下排列。其中，资产是按照可变现能力及其流动性进行排序，排在最前面的是最容易变现且流动性最好的。因此，流动资产在非流动资产前面，而货币资金又是在流动资产的最前面。负债和所有者权益是按照企业融入资金的偿还时间排序，排在最前面的是需要最快偿还的，流动性也最强。因此，负债在所有者权益前面，流动负债在非流动负债前面。

资产负债表这种列示规则也同时巧妙地揭示了企业的资产结构和资本结构。一方面，资产按照占用期限和用途结构在资产负债表中依次列示，能够反映出各种资产占企业总资产的比重，也就是企业的资产结构；另一方面，负债和所有者权益的关系揭示了企业的资本结构，并可以进一步分类为流动负债结构、长期负债结构、投入资本结构和积累资本结构。其中，负债的构成通常用来分析资本结构与资产结构的适应性及平衡性，借以能够说明资本的种类（保守型、中庸型和激进型）；而所有者权益的构成及其比例关系具体提示了企业资本结构的成本水平、风险程度和弹性大小。

4.1.3　资产负债表填列

我国企业资产负债表采用账户式结构，分为左右两方，左方为资产，右方为负债和所有者权益。资产负债表各项目均需填列“年初余额”和“期末余额”两栏。其中“年初余额”栏内各项数字，应根据上年末资产负债表的“期末余额”栏内所列数字填列。具体的填列方法包括：

1．根据总账科目余额填列

如“应收票据”“交易性金融资产”“短期借款”“应付票据”“应付职工薪酬”等项目，根据各相应总账科目的余额直接填列；有些项目则需根据几个总账科目的期末余额计算填列。

2．根据明细账科目余额计算填列

如“应付账款”项目，需要根据“应付账款”和“预付款项”两个科目所属的相关明细科目的期末贷方余额计算填列；“应收账款”项目，需要根据“应收账款”和“预收款项”两个科目所属的相关明细科目的期末借方余额计算填列。

3．根据总账科目和明细账科目余额分析计算填列

“长期借款”项目，需要根据“长期借款”总账科目余额扣除“长期借款”科目所属的明细科目中将在一年内到期且企业不能自主地将清偿义务展期的长期借款后的金额计算填列。

4．根据有关科目余额减去其备抵科目余额后的净额填列

如资产负债表中的“应收账款”“长期股权投资”“在建工程”等项目，应当根据各科目的期末余额减去“坏账准备”“长期股权投资减值准备”“在建工程减值准备”等科目余额后的净额填列。“固定资产”项目，应当根据“固定资产”科目的期末余额减去“累计折旧”“固定资产减值准备”备抵科目余额后的净额填列；“无形资产”项目，应当根据“无形资产”科目的期末余额，减去“累计摊销”“无形资产减值准备”备抵科目余额后的净额填列。

5．综合运用上述填列方法分析填列

“未分配利润”账目根据总账期末余额填列，分 3 种情况：

（1）“本年利润”贷方余额 +“利润分配”贷方余额；

（2）“本年利润”借方余额 +“利润分配”借方余额（以“-”号填列）；

（3）“本年利润”贷方余额 -“利润分配”借方余额或“利润分配”贷方余额 -“本年利润”借方余额（若借方余额大于贷方余额，以“-”号填列）。

4.2 资产负债表分析思路

资产负债表反映了企业资产、负债的总规模以及其分布形态，并揭示了企业经济资源的来源和用途。而企业的利益相关者最关切的是其资产、负债的质量，因此，对资产负债表进行分析毫无疑问需要重点关注资产和负债。

4.2.1 资产分析

资产是企业安身立命的根本，是企业综合实力的反映。对于企业而言，资产总量更大听起来是一件好事，所以很多企业出于美化报表或者其他考虑，往往会倾向于高估资产。但实际上，资产也处于不断地更新迭代中。从企业长期健康经营的角度来看，资产的总量并不是唯一重要的因素，对企业资产质量的考察更多应该关心企业拥有的资产为企业创造价值的能力。如果企业流动资产占比不高，但是可以靠固定资产持续的盈利来弥补流动资产不足的偿债风险，那么对于企业来说也是一种健康、可持续的发展模式。对资产进行分析可以通过以下程序：

1. 分析资产规模的变化情况

分析资产首先需要关注资产规模的变化。一般而言，处于成长期或发展前景好的企业，资产规模肯定在不断增加。同时，企业资产的规模应当跟行业发展趋势一致。如果整个行业在萎缩，而企业资产规模却在扩大，那么可能存在潜在的舞弊问题。因此，分析一家企业的资产规模变化需要结合行业整体发展情况，分析这家企业所处的行业的性质，重点关注国家大力支持的行业或者高能耗、高污染等急需整改的行业。

2. 分析资产的结构或构成

资产负债表提供了一种资产分析的思路，即流动资产和非流动资产。按照流动性的分类，资产负债表能够反映企业资产的变现能力，进而反映企业的偿债能力和资产配置。

另一种分类方法是把资产分成两类：经营性资产和金融资产（投资性资产）。通过比较这两类资产在总资产中的比例，能够帮助分析一家企业的主营业务：集团公司或以投资为主业的公司，金融资产占比会多一些；而如果一家普通的加工制造类型公司，如果投资性资产占比很大，那么这家企业主营业务就值得重点关注。

3. 具体资产项目分析

通过以上两点，可以对企业整体状况有个大概判断，然后再针对各个资产项目详细地进行考察。

4.2.2 负债分析

负债一般被认为是企业的负担。一般认为，依靠负债生存的企业面临利息支付的压力，容易面临更大的风险。但是负债的本质是负重前行，有些企业用杠杆经营，看上去负债总额很大，但是有息负债比例并不高，没有给企业带来负担；同时预收账款这类负债的存在实际上体现了企业的竞争力，不会给企业带来压力。

对负债进行分析需要关注其结构和构成，分析负债给企业带来的风险程度。包括但不限于以下分析：

（1）计算流动负债与长期负债的比重，如果流动负债比重大反映企业偿债压力大，如果长期负债比重大说明企业财务负担重。

（2）计算负债总额中信用性债务和结算性债务的比重与流动负债中临时性负债与自发性负债的比重，判断债务结构是否合理。

（3）计算长期负债与总资本的比率，分析总资本对长期负债的保障程度，计算长期负债与所有者权益的比率，分析债权人风险的大小。

通过以上分析获取企业整体负债状况后，再针对各个负债项目进行详细的考察。需要注意的是，在实际的财务分析中，由于每个企业的企业性质、经营理念以及管理方法不一样，财务分析人员更需要关注企业选择这样的资产结构和负债结构以后实际的经营成果。如果一家企业是重资产企业，非流动负债占比相对较高，但是这家企业的盈利能力很强，经营成果优秀，那就可以认为它的资产和负债结构是合理的。

4.3 资产负债表重点科目说明

4.3.1 资产：资金用在何处

1. 资产概述

（1）定义。

资产是指由过去的交易或事项形成的、由企业拥有或控制的、预期会给企业带来经济利益的资源。

具体来讲，企业从事生产经营活动必须具备一定的物质资源，如货币资金、厂房场地、机器设备、原材料等，这些都是企业从事生产经营的物质基础，都属于企业的资产。此外，像专利权、商标权等不具有实物形态，但却有助于生产经营活动进行的无形资产，以及企业对其他单位的投资等，也都属于资产。

（2）特征。

①资产是由于过去交易或事项所形成的。这就是说资产必须是现实的资产，而不能是预期的资产，是由过去已经发生的交易或事项所产生的结果。企业过去的交易或

者事项包括购买、生产、建造行为以及其他交易或者事项。预期在未来发生的交易或者事项不形成资产。

②资产是公司、企业拥有或者控制的。由企业拥有或者控制，是指企业享有某项资源的所有权，或者虽然不享有某些资源的所有权，但该资源能被企业控制。如融资租赁。

③资产能给公司、企业带来未来经济利益。资产包括各种财产、债权和其他权利。预期会给企业带来经济利益，是指直接或间接导致现金和现金等价物流入企业的潜力。这种潜力可以是企业的日常活动，也可以来自非日常活动，带来经济利益的形式，可以是现金，也可以是现金等价物，也可以是能转化为现金或现金等价物，以及减少现金或现金等价物流出的形式。

会计上能否确认一项资产，很重要的一个判断标准是看该项资源是否为本单位所拥有或能够控制，以划清自己的资产和别人的资产的界限，即明晰产权。比如向外单位以经营租赁方式租入的资产就不是本单位的资产，因为这不是本单位所拥有的。另外，还要看该项经济资源能否为单位带来经济利益，凡不能带来经济利益的东西不能确认为资产。比如一些已经报废的机器设备，已不能为单位带来经济利益，就不能在会计上确认为资产。

（3）分类。

在资产负债表中，通常按变现或耗用的时间长短，将资产划分为流动资产与非流动资产。流动资产的变现和耗用时长为一年内或超过一年的一个营业周期内，主要包括库存现金、银行存款、可交易性金融资产、应收和预付款项、存货。这里所讲的“营业周期”，是指企业在正常的生产经营过程中从取得存货、购买劳务一直到销售商品和劳务，最后收取货款和劳务款这一时间跨度。通常，商业企业的经营周期较短，制造业的经营周期较长，有的超过 1 年。非流动资产主要包括固定资产、长期投资、无形资产等。

2. 流动资产

流动资产是指可以在 1 年或者超过 1 年的一个营业周期内变现或被耗用的资产，主要包括各种现金、银行存款、短期投资、应收及预付款项、待摊费用、存货等。

一般来说，流动资产具有流动性比较好、容易变现的特点，在经营过程中经过现金—存货—应收账款—现金这个循环不断转化。流动资产不可能永远是固定的形态，其本身就是在不断地互相转化中：钱要去买生产所需要的东西，然后做出产品，然后一部分成为现金，另外一部分成为应收账款，周而复始。因此，需要用动态的眼光来看待流动资产，理解企业经营的本质在于在资产的流转中创造更多价值。

在资产负债表上，流动资产列示的主要项目包括：

（1）货币资金。

货币资金指的是企业生产经营过程中处于货币形态的那部分资金，是一家企业最容易变现的资产。

对一家企业而言，货币资金的储备十分重要，对于提高企业抗风险能力具有极高的价值。公司拥有很多的货币资金是利好的消息，这是企业资金充足的象征。一家优秀的企业应该每年都增加货币资金，如果货币资金少于短期负债太多，或者明明有很多货币资金但却借了很多有利息、高利息的负债，这都是不健康或者不正常的表现。公司如果货币资金远远小于短期负债就可能出现偿债危机；而公司如果有很多钱却还是借高息负债，这很可能资金被其他人挪用，或者虚构资金。

对货币资金的分析需要结合企业的总资产规模，通过衡量企业货币资金占其总资产比重的变化判断潜在的风险。如果企业的现金相对于总资产而言呈现不断下降的趋势，那就需要关注企业的流动性情况，提前防范流动性变差带来的借贷风险。

（2）应收票据及应收账款。

应收票据是指企业持有的还没有到期、尚未兑现的票据。它是一种企业未来收取货款的权利，这种权利和将来应收取的货款金额以书面文件形式约定下来，因此它受到法律的保护，具有法律上的约束力，是一种债权凭证。而应收账款是指企业在正常的经营过程中因销售商品、产品、提供劳务等业务，应向购买单位收取的款项，包括应由购买单位或接受劳务单位负担的税金、代购买方垫付的各种运杂费等。

应收账款表示企业在销售过程中被购买单位所占用的资金。企业应及时收回应收账款以弥补企业在生产经营过程中的各种耗费，保证企业持续经营；对于被拖欠的应收账款应采取措施，组织催收；对于确实无法收回的应收账款，凡符合坏账条件的，应在取得有关证明并按规定程序报批后，作坏账损失处理。需要注意的是，应收账款大幅增长不一定是好事，具体要看是否能够收回来。如果公司的应收账款太多，或者账龄较长，那可能存在应收账款减值或坏账计提损失的潜在风险。

在对应收账款进行财务分析的时候，需要：①与企业的营业收入情况结合分析，如果企业的应收账款增长超过营业收入增长，那就需要关注营业收入的完整性以及应收账款的真实性。而如果应收账款远远低于营业收入增长，那就需要注意防范隐藏应收账款的风险；②与应收账款坏账准备计提情况结合分析，如果应收账款坏账准备相对于应收账款总额下降，那就需要警惕是否存在坏账计提不足、虚增营业利润的情况。

（3）预付款项。

预付账款是企业因购货和接受劳务，按照合同规定预付给供应单位的款项。

预付款项一般都是作为货款支付的。对于企业而言，预付款项相当于预定。企业的预付款占比高，在一定程度上说明这家公司在供应链的竞争地位不足：供应商要先收取部分货款才能够确定交易，或者说是处于上游地位的供应商刻意先收货款再提供商品或服务，这是一种竞争力的体现。因此，如果企业内的预付款项金额较大或者期间较长，在进行财务分析的时候就需要重点关注。

（4）其他应收款。

其他应收款是企业应收款项的另一重要组成部分，是企业除应收票据、应收账款和预付账款以外的各种应收暂付款项。

许多规模较大的集团公司在主营业务之外，可能还有很多其他业务。由这些和主营无关的小业务创造的非现金交易一般记为其他应收款。因此，在分析其他应收款时，需要关注企业内部主营业务之外的其他业务，并与财务报表的附注核对。

（5）存货。

存货是指企业在日常活动中持有以备出售的产成品或商品、处在生产过程中的在产品、在生产过程或提供劳务过程中耗用的材料和物料等。

存货作为流动资产，也处于现金—存货—应收账款—现金的循环中，必须经过销售环节转化为应收账款或者现金才能实现其价值。在进行财务分析时，需要重点关注存货的变现能力，警惕存货的潜在风险：

①存货不断增加，但是销售没有增加。存货并非越多越好，如果更多的存货没有为企业带来更多的营业收入，那就需要重点关注企业的经营情况，警惕是否存在产品淘汰、过时或者市场占有率下降的情况。这些潜在的问题如果不及时解决，后续可能会导致存货滞销，给企业的资金带来巨大压力。

②存货长期存在，流动性不强。对于企业而言，运营就是生命，存货在企业运营周期内的周转越快，企业的获利能力就越强。相反的，如果存在长期没有参与周转的存货，就需要根据存货实际的状况计提跌价准备。而如果企业内的存货跌价准备相对于存货呈现下降趋势，那很可能存在存货的跌价准备提取不足且虚增营业利润的情况。

③存货价格波动大，或难以精确计量。对于农林牧渔企业而言，在进行财务分析时需要尤其注意其存货估值的可靠性。对于鱼虾蟹之类较难盘存的存货，应该参考专业估值机构的评估意见；而对于互联网、生物科技等行业的轻资产企业而言，存货的价格波动很大并存在较大的不确定性，也需要定期评估、咨询专家意见。

（6）其他流动资产。

资产负债表上的其他流动资产，是指除货币资金、交易性金融资产、应收票据、应收账款、其他应收款、存货等流动资产以外的流动资产。相对而言，企业在这个项目上具有比较大的自主权，每个企业都有自己的特色，进行财务分析时需要结合财务报表附注综合分析。

3．非流动资产

简单来说，非流动资产就是所有流动资产以外的资产。相对于流动资产而言，非流动资产流动性较差，一般不能在一年内通过经济运作转化为可用资金。

非流动资产具有占用资金多、周转速度慢、变现能力差等特点，会对企业相互联系的多个会计期间的财务状况、经营成果产生影响。其核算内容主要包括：

（1）长期股权投资。

长期股权投资是指企业持有的对其子公司、合营企业及联营企业的权益性投资以及企业持有的对被投资单位具有控制、共同控制或重大影响，且在活跃市场中没有报价、公允价值不能可靠计量的权益性投资。

从本质上来说，长期股权投资是企业让渡部分资产而换取的一项非流动资产。它处于生产经营活动之外，并且以取得长期收益或利益权利为表现形式。一般来说，企业会长期持有。

需要注意的是，长期股权投资是有一定风险的，如果分析发现企业的长期股权投资的数额很大，但是投资收益很小，那就需要重点关注这项长期股权投资，对照财务报表附注，理清企业长期股权投资的情况，及时预知投资失败的风险。

（2）投资性房地产。

投资性房地产，是指为赚取租金或资本增值，或两者兼有而持有的房地产。投资性房地产应当能够单独计量和出售。

对投资性房地产进行分析，重点需要关注投资型房地产的后续计量是按照成本模式还是按照公允价值模式。一般来说，企业对投资性房地产的计量模式一经确定，不得随意变更。从成本模式转为公允价值模式的，应当作为会计政策变更处理，将计量模式变更时公允价值与账面价值的差额，调整期初留存收益。已采用公允价值模式计量的投资性房地产，不得从公允价值模式转为成本模式。

在成本模式下，应当按照固定资产或无形资产的有关规定，对投资性房地产进行后续计量，计提折旧或进行摊销；存在减值迹象的，还应当按照资产减值的有关规定进行处理。而符合条件的企业用公允价值模式进行后续计量的，不对投资性房地产计提折旧或进行摊销，应当以资产负债表日投资性房地产的公允价值为基础调整其账面价值，公允价值与原账面价值之间的差额计入当期损益（公允价值变动损益）。需要注意的是，对于采用公允价值模式企业而言，投资性房地产当期的公允价值变动会影响利润，但其实并没有带来真正的利润变动。因为没有收到现金或者形成应收账款，只是投资性房地产的估值提升，而不是经过销售程序变成实际的利润。这就相当于是纸上的富贵。因此，财报分析者需要关注投资性房地产的估值变化，警惕由于估值变动带来的利润虚增。

（3）固定资产。

固定资产是指企业为生产商品、提供劳务、出租或经营管理而持有的、使用寿命超过一个会计年度的有形资产，包括房屋、机器、设备等。

从本质上来说，固定资产属于产品生产过程中用来改变或者影响劳动对象的劳动资料，是固定资本的实物形态。固定资产在生产过程中可以长期发挥作用，长期保持原有的实物形态，其价值则随着企业生产经营活动而逐渐地转移到产品成本中去，并构成产品价值的一个组成部分。因此，每年固定资产的计提折旧都要作为公司当期经营的费用从利润表里面扣除；除此以外，固定资产还要每年进行减值测试，如果存在损坏、跌价或长期不用的情况，需要及时计提减值准备，并作为费用从利润表里面扣除。

对于固定资产的分析主要关注以下两点：

①固定资产的折旧情况，包括折旧政策。一般而言，优质的企业会采取较快的折旧政策，使固定资产尽快进入到企业经营环节中，为企业创造价值。而如果公司存在太长的折旧，那就需要关注企业的运营情况，防范企业为了减小对利润的影响而故意减慢折旧的情况。同时，如果在财务分析时发现企业的固定资产总额提高，但是其累积折旧却在下降，那就很可能存在未充分计提折旧的情况，其营业利润可能存在虚增。

②固定资产增长速度。固定资产必须随着企业的发展而不断增长的，保障企业具有足够的竞争力；但固定资产的增长速度也并不是越快越好，需要同时考虑利润是否随之增长。如果购置固定资产没有给企业创造更多价值，那么随之而来的折旧会让财务报表雪上加霜。

（4）在建工程。

在建工程是指企业固定资产的新建、改建、扩建，或技术改造、设备更新和大修理工程等尚未完工的工程支出。

在建工程可以看做企业固定资产的一个过渡环节，建好之后直接转为固定资产。而相比固定资产而言，在建工程不需要计提折旧，因此对在建工程的分析需要重点关注在建工程的完工情况，是否已经满足固定资产的确认标准而未及时转到固定资产，警惕通过在建工程科目逃避计提折旧的情况。

（5）无形资产。

无形资产是指企业拥有或者控制的没有实物形态的可辨认非货币性资产，包括商标权，专利权，著作权，土地使用权等。从特性来看，无形资产具有：

①非实体性。一方面无形资产没有人们感官可感触的物质形态，只能从观念上感觉它。它或者表现为人们心目中的一种形象，或者以特许权形式表现为社会关系范畴；另一方面，它在使用过程中没有有形损耗，报废时也无残值。

②垄断性。无形资产的垄断性表现在以下几个方面：有些无形资产在法律制度的保护下，禁止非持有人无偿地取得；排斥他人的非法竞争。如专利权、商标权等；有些无形资产的独占权虽不受法律保护，但只要能确保秘密不泄露于外界，实际上也能独占，如专有技术、秘方等；还有些无形资产不能与企业整体分离，除非整个企业产权转让，否则别人无法获得，如商业信誉。

③不确定性。一方面，无形资产的有效期受技术进步和市场变化的影响很难准确确定；另一方面，由于有效期不稳定，其实际价值也不容易确定。

④共享性。是指无形资产有偿转让后，可以由几个主体同时共有，而固定资产和

流动资产不可能同时在两个或两个以上的企业中使用，例如，商标权受让企业可以使用，同时出让企业也可以使用。

⑤高效性。无形资产能给企业带来远远高于其成本的经济效益。企业无形资产越丰富，则其获利能力越强，反之，企业的无形资产短缺，则企业的获利能力就弱，市场竞争力也就越差。

由于这些特性的存在，在财务分析时需要尤其注意无形资产。一方面，需要关注无形资产在企业资产总额的比例，尽可能利用合理的技术手段确定无形资产的估值，防范无形资产虚增的风险；另一方面，无形资产也需要根据其预计使用年限进行摊销，其中对于预计使用年限以及摊销方式的确定也是极容易存在风险的环节，需要重点关注。

（6）商誉。

商誉是指能在未来期间为企业经营带来超额利润的潜在经济价值，或一家企业预期的获利能力超过可辨认资产正常获利能力（如社会平均投资回报率）的资本化价值。从定义上来说，商誉是一种不可确指的无形资产，它没有实物形态，且需要依附于企业整体而不能单独存在，也不能与企业其他各种可辨认资产分开来单独出售。

按国际会计惯例，只有外购的商誉才能确认入账，即在企业合并时才可能予以入账。企业合并确认的商誉不需要计提折旧也不需要摊销，但是需要在每年年底进行减值测试，如果商誉的价值下降了就需要计提减值准备。在进行财务分析时，如果企业本身已经具有较高的商誉，但其经营又并不完善，那一定要重点关注商誉减值，防范可能存在的减值风险。

（7）长期待摊费用。

长期待摊费用是指企业已经支出，但摊销期限在 1 年以上（不含 1 年）的各项费用，包括租入固定资产的改良支出、股票发行费用等。简单来讲，长期待摊费用就是企业实际已经花费，但是其功效需要在一年内体现的费用。以固定资产改良费用为例，对固定资产的一次改良可以使固定资产维持改良效果至少一年，因此需要将这部分费用作为资产进行确认。

对长期待摊费用的分析的重点与无形资产类似，需要关注长期待摊费用是否确实用于长期资产的改良等具有长期效用的项目，警惕公司将其他费用放在长期摊销费用科目冒充资产，特别是如果企业的长期待摊费用数额较大，需要重点关注。

（8）其他非流动资产。

其他非流动资产是指除资产负债表上所列非流动资产项目以外的其他周转期超过 1 年的长期资产。其他非流动资产项目，反映非流动资产中，不应单独列项反映的部分资产。

这部分资产与所有名字带“其他”的会计科目一样，是一个现有会计科目定义范围之外但是又确实存在的其他项目的集合。一般而言，企业内的“其他”科目数额都不会太大。在对此类会计科目进行分析时，需要结合财务报表的附注，重点分析相关的明细，关注其存在性以及产权归属。

4.3.2 负债：资金从何而来

1. 负债概述

（1）定义。

负债，是指由于过去的交易或事项所引起的公司、企业的现有债务，这种债务需要企业在将来以转移资产或提供劳务加以清偿，从而引起未来经济利益的流出。包括除投资者投入以外，向银行或金融机构借入的资金；公司在生产经营活动中由于购买材料、商品等或接受其他单位劳务供应而结欠其他单位的款项；公司由于接受投资者投入资金而应付给投资者的利润，以及应交纳的税金、应付给职工的工资、福利费等。

（2）特点。

①负债是企业负担的现时义务。现时义务是企业在现行条件下已承担的义务。未来发生的交易或事项形成的义务，不属于现时义务。义务可以是法定义务，也可以是推定义务。法定义务是指具有约束力的合同或者法律法规规定的义务，如企业的应纳税款。推定义务是指企业根据多年来的习惯，公开地承诺或者公开宣布的政策而导致企业将承担的责任。如企业的质量保证承诺。负债是企业在过去和现时的经济业务中所产生的，且在未来偿还的一项经济负担。它代表企业未来资金的交付或资产或劳务的提供，但未来经济业务可能发生的负债，不包括在会计负债之内。

②负债是企业过去的交易或事项形成的。购买货物或接受劳务会产生应付账款（已经预付或是在交货时支付的款项除外），接受银行贷款则会产生偿还贷款的义务。只有源于已经发生的交易或事项，会计上才有可能确认为负债。

③负债会导致经济利益流出企业。负债可以有多种偿还方式，如用现金偿还或以实物资产偿还、以提供劳务偿还、以部分转移资产部分提供劳务形式偿还等，无论何种方式，负债的偿还都会使经济利益流出企业。

④负债需有确切的债权人和到期日。对于可以作出合理估计的，可以作出合理的估计；对于某些不能合理估计的，但是有可能在将来发生损失的事项，可以作为或有负债在资产负债表附注中或用其他方式予以揭示。

一般的负债具有确切的债权人和到期日，涉及第三方关系，同时企业也并不存在操纵负债的动机。因此，相对于资产而言，负债的真实性更高，其数据也更可信。对于企业而言，拥有负债并非全是坏消息，只要举债经营的收益高于成本，并且保证负债在可控范围内，企业就是健康并且良性的。

（3）分类。

负债一般按其偿还速度或偿还时间的长短划分为流动负债和长期负债两类：

其中，流动负债是指将在 1 年或超过 1 年的一个营业周期内偿还的债务，主要包括短期借款、应付票据、应付账款、预收货款、应付工资、应交税金、应付利润、其他应付款、预提费用等。而非流动负债负债是指偿还期在 1 年或超过 1 年的一个营业周期以上的债务，包括长期借款、应付债券、长期应付款等。

2. 流动负债

流动负债是指在一份资产负债表中，一年内或者超过一年的一个营业周期内需要偿还的债务合计。流动负债主要包括短期借款、应付票据、应付账款、预收账款、应付工资、应付福利费、应付股利、应交税金、其他暂收应付款项、预提费用和一年内到期的长期借款等。

按照资金的来源不同，可将其分为两类，一为非自发性的融资，如应付票据，应付账款，应付费用，这些都是企业通过营运自然产生的付款义务，大多数情况这类融资不需额外支付利息。其中应付票据与账款为供应商的融通，而应付费用如应付薪资，应付租金，应付利息，则是企业对于取得资产或享受服务而产生的未来支付义务；另外一类则为自发性的融资，如银行借款，应付商业本票，这些都是企业为了筹措资金而主动取得，其特性为支撑短期的资金需求，这类融资是需要支付资金成本（利息）。长期借款将于一年内到期的部分，也应转列为流动负债。

（1）应付票据和应付账款。

应付票据是指企业购买材料、商品和接受劳务供应等而开出、承兑的商业汇票，包括商业承兑汇票和银行承兑汇票。应付票据由企业在经营中因采用商业汇票结算方式而发生，是一项指定日期无条件支付确定金额给销售方的承诺。与应付账款相比，应付票据由于作出了付款的书面承诺，因而更具有法律上的约束力。所以，当供应商对购买企业的资信程序不太了解或交易的金额较大时，为了降低风险往往会要求购买企业出具商业票据。但不论是哪种票据，通常都是按到期的金额计价。如果是带息票据，那么在每一会计期末，企业还应计提应付票据上的利息费用和相应的应付利息。

应付账款是指企业因购买材料、物资和接受劳务供应等而付给供货单位的账款，也就是企业进行的赊购。一般来说，应付账款的账期处在 2~4 个月为最佳，既能够保证企业资金的充分有效配置，又不至于损失企业的信誉度，具体的账期需要视公司所处的行业以及自身市场竞争地位等而定。与应收账款相对的是，只要企业的应付账款在合理范围内并且能够在信用期内偿还，那么应付账款充足对企业而言就不是坏消息，还能够在一定程度上反映出其竞争地位和企业信誉。

（2）预收账款。

预收账款指买卖双方协议商定，由购货方预先支付一部分货款给供应方而发生的一项负债。预收账款一般包括预收的货款、预收购货定金。

作为流动负债，预收账款不是用货币抵偿的，而是要求企业在短期内以某种商品、提供劳务或服务来抵偿。预收账款是企业在交易之前预先收取的部分货款，这个款项显示了企业的产品竞争力。对于企业而言，预收账款越多，越能够证明企业的产品具有独特的稀缺性；另外，由于产品的稀缺性，其价格更具有真实性，存在贬值的可能性更低。

（3）应付职工薪酬。

应付职工薪酬是指企业为获得职工提供的服务而给予各种形式的报酬以及其他相关支出。职工薪酬包括职工工资、奖金、津贴和补贴、职工福利费等。根据职工所处岗位的不同，应该支付给职工的费用被归集到不同的科目：一线生产员工的薪酬作为生产成本，工厂员工的薪酬作为制造费用，管理人员的薪酬作为管理费用，销售人员的薪酬作为销售费用，而在建工程的职工薪酬计入在建工程。

进行财务分析时，应该结合企业历年应付职工薪酬科目的金额，分析其变动情况。如果职工薪酬出现较大的波动，那就需要进一步分析波动的原因，防范故意调薪、操纵利润的风险。

（4）其他应付款。

其他应付款是指企业在商品交易业务以外发生的应付和暂收款项，包括企业除应付票据、应付账款、应付工资、应付利润等以外的应付、暂收其他单位或个人的款项。

作为财务会计中的一个往来科目，通常情况下，其他应付款只核算企业应付其他单位或个人的零星款项，因此其数额一般不会太大。在进行财务分析时，需要结合附注以及公司的历史数据，将这个科目的异常波动与附注对比，防范可能的财务风险。

3. 非流动负债

非流动负债是指偿还期在一年或者超过一年的一个营业周期以上的债务。非流动负债的主要项目有长期借款、应付债券等。

对于企业而言，非流动负债一方面可以在不影响原有股东对企业的控制权的前提下，保持企业原有的股权结构不变和股票价格稳定，不仅可以增加股东的收益，其利息还具有抵税的功能；另一方面，由于必须按规定到期偿还，因此偿还非流动负债可能带来股东收益的减少，给企业带来较大的财务风险。

（1）长期借款。

长期借款是指企业从银行或其他金融机构借入的期限在一年以上（不含一年）的借款。在我国，企业的长期借款主要是指向金融机构借入的各项长期性借款，如从各专业银行、商业银行取得的贷款，以及向财务公司、投资公司等金融企业借入的款项。

相对而言，长期借款的利息比短期借款的更高，因此不会成为企业融资的优选。如果企业的长期借款数额较高，那么可能企业确实存在资金困难，而不是通过借款来进行短期周转。在进行财务分析时，如果发现长期借款科目数额较大，那就需要关注企业的经营情况，及时防范企业的资金风险。

（2）长期应付款。

长期应付款是指企业除了长期借款和应付债券以外的长期负债，包括应付引进设备款、应付融资租入固定资产的租赁费等。其中，应付引进设备款是根据公司与外商签订来料加工、来料装配和中小型补偿贸易合同而引进国外设备所发生的应付款项，企业需要根据与外商签订的合同，按合同规定的还款方式用应收的加工装配收入和出口产品所得收入归还引进外国设备而发生的应付款项。融资租入固定资产应付款是指企业采用融资租赁方式租入固定资产发生的租赁费。融资租入的固定资产，在租赁有效期限内，虽然资产的所有权尚未归租入方所有，但租赁资产上的所有风险以及利益均已转移给了承租方，因此，租入方应将租入固定资产以及相应的融资作为一项资产和一项负债。我国现行会计准则对融资租入固定资产应付款的计量采用的是净价法，即按融资租入固定资产实际发行的应付款数额登记入账。

对长期应付款的分析需要对照企业相关业务的合同，以保证企业长期应付款真实存在且金额准确。如果与历史数据相比出现较大波动，还需要参考明细账以及财务报表附注，防范企业将其他费用类款项错误归集到本科目的风险。

（3）预计负债。

根据负债的定义，负债按履行义务的时间和金额确定与否可分为三类：第一类是企业对履行义务的时间和金额能够控制的负债，即确定性负债；第二类是企业对履行义务的时间和金额的控制存在风险的负债，即预计负债；第三类是企业对履行义务的时间和金额不能完全控制的负债，即或有负债。

预计负债是介于确定性负债与或有负债之间的一种负债，由或有事项而可能产生，一般具有以下基本特征：

①预计负债是企业过去的交易或事项形成的现时义务，包括法定义务和推定义务。

②预计负债的结果具有风险性，但可合理估计。一方面，预计负债与或有负债相似，其结果具有风险性质；另一方面，预计负债又与确定性负债相似，其结果能合理估计。

在分析预计负债时，需要结合被审计单位律师或法律顾问的法律意见，关注已涉诉但尚未判决的对外担保，关注预计负债科目列示金额的真实性和完整性。

4.3.3　权益：资金从何而来

1. 权益概述

（1）定义。

所有者权益是指资产扣除负债后由所有者应享的剩余权益，即一个会计主体在一定时期所拥有或可控制的具有未来经济利益资源的净额，包括实收资本，资本公积，盈余公积，未分配利润等。

（2）特征。

一般来说，所有者权益是企业可长久使用的资金来源，除非发生减资、清算，企业不需要偿还所有者权益。所有者权益的满足由企业实现的收益程度决定，所有者凭借所有者权益参与利润的分配。而一旦企业破产进入清算程序，对所有者权益的清偿顺序应列在负债之后。

（3）分类。

所有者权益按经济内容划分，可分为投入资本、资本公积、盈余公积和未分配利润四种。①投入资本是投资者实际投入企业经济活动的各种财产物资，包括国家投资、法人投资、个人投资和外商投资；②资本公积是通过企业非营业利润所增加的净资产，包括接受捐赠、法定财产重估增值、资本汇率折算差额和资本溢价所得的各种财产物资；③盈余公积是指企业从税后净利润中提取的公积金；④而未分配利润是本年度所实现的净利润经过利润分配后所剩余的利润，等待以后分配。如果未分配利润出现负数时，即表示年末的未弥补的亏损，应由以后年度的利润或盈余公积来弥补。

无论何种类型的所有者权益，都代表了所有者对企业经济利益的一种分享权。对所有者而言，相比于资产和负债这些需要专业会计人员进行复杂运算的科目，所有者权益与他们更为息息相关，其变动也受到他们的密切关注。

2. 权益相关科目

（1）实收资本（或股本）。

实收资本是指企业的投资者按照企业章程或合同、协议的约定，实际投入企业的资本。我国实行的是注册资本制，因而，在投资者足额缴纳资本之后，企业的实收资本应该等于企业的注册资本。同时，企业在投入资本后，应该按照企业章程、合同、协议或有关规定，根据实际收到的货币、实物及无形资产来进行确认。

实收资本反映了企业实际收到的、由投资人投入公司的资本金，表明了所有者对上市公司的基本产权关系，既是上市公司永久性的资金来源，又是保证上市公司持续经营和偿还债务的最基本的基础。一般而言，在没有新的注资、减资、撤资等重大变动时，企业的实收资本应该保持不变。因此，对实收资本进行财务分析，需要将企业的实收资本科目余额与历史数据比较，并依据财务报告附注以及公司发布的公告分析可能存在的波动。

（2）资本公积。

资本公积是企业收到的投资者出资额超出其在企业注册资本所占份额，以及直接计入所有者权益的利得和损失等。资本公积包括资本溢价（股本溢价）和直接计入所有者权益的利得和损失等。其中，资本溢价是企业收到投资者的超出其在企业注册资本（或股本）中所占份额的投资，比如溢价发行股票、投资者超额缴入资本等；直接计入所有者权益的利得和损失是指不应计入当期损益、会导致所有者权益发生变动、与所有者投入资本或向所有者分配利润无关的利得或损失。

资本公积是投资者或他人投入企业、所有权归属于投资者、并且金额上超过注册资本部分的资本或者资产。从形成来源上看，资本公积不是由企业实现的利润转化而来的，本质上来说应属于投入型资本范畴，因此，它与留存收益有根本区别。与此同时，资本公积尽管属于投入资本范畴，但它与实收资本又有所不同，实收资本一般是投资者投入的、为谋求价值增值的原始投资，而且属于法定资本，在金额上有比较严格的限制；资本公积在金额上则并没有严格的限制，而且在来源上也相对比较多样，它可以来源于投资者的额外投入，也可以来源于除投资者之外的其他企业或个人，如接受捐赠的资产等。

基于此，在分析资本公积时，关键的一点是要确保这个科目与收益项目合理区分，同时通过相关凭证和公告确认其存在的真实性和准确性。

（3）盈余公积。

盈余公积是指企业从税后利润中提取形成的、存留于企业内部、具有特定用途的收益积累，包括法定盈余公积和任意盈余公积。前者以国家的法律或行政规章为依据提取；后者则由企业自行决定提取。其中，公司法规定，公司制企业的法定盈余公积按照税后利润的 10%提取（非公司制企业也可按照超过 10%的比例提取），法定盈余公积累计额已达注册资本的 50%时可以不再提取。而任意盈余公积主要是公司制企业按照股东大会的决议提取。

企业提取的盈余公积可用于弥补亏损、扩大生产经营、转增资本（或股本）等。从本质来看，盈余公积的提取实际上是企业当期实现的净利润向投资者分配利润的一种限制。一般情况下，提取盈余公积相对应的资金，一经提取形成盈余公积后，不得用于向投资者分配利润或股利。

（4）未分配利润。

未分配利润是企业未作分配的利润，属于所有者权益的组成部分，它在以后年度可继续进行分配。从数量上来看，未分配利润是期初未分配利润加上本期实现的净利润，减去提取的各种盈余公积和分出的利润后的余额。

未分配利润有两层含义：一是留待以后年度处理的利润；二是未指明特定用途的利润。相对于所有者权益的其他部分来说，企业对于未分配利润的使用有较大的自主权。但需要注意的是，未分配利润高不一定就证明企业有足够的资金用来分红，因为这一部分钱很可能会被用作购买固定资产或者作为其他投资所用。

对未分配利润进行分析需要将本期未分配利润账户余额的实际数与上期进行比较，通过比较，分析有无异常的情况，重点关注利润形成及利润分配的会计处理。警惕企业为了避税通过多计费用少计收益来减少账面的未分配利润数额，或者故意多计收入少计费用来达到虚夸未分配利润的情况。同时，需要结合未分配利润内部控制制度，检查其在利润分配过程中的健全性和有效性。

（5）少数股东权益。

少数股东权益简称少数股权，是反映除母公司以外的其他投资者在子公司中的权益，表示其他投资者在子公司所有者权益中所拥有的份额。在控股合并形式下，子公司股东权益中未被母公司持有部分。在母公司拥有子公司股份不足100%，即只拥有子公司净资产的部分产权时，子公司股东权益的一部分属于母公司所有，即多数股权，其余部分仍属外界其他股东所有，由于后者在子公司全部股权中不足半数，对子公司没有控制能力，故被称为少数股权。

作为一项权益，少数股东对公司的剩余收益享有分享权，即使其清偿顺序在债权人之后，但是如果公司的利润大部分被少数股东掌握，那对于公司来说就是潜在的风险。如果后期出于股东关系或其他考虑，公司不能够收购少数股东的股份，那公司的收益可能会持续流出。

4.4 资产负债表比率分析

本节之后将从财务比率的角度对资产负债表进行分析。财务比率分析，亦即财务指标分析，它是根据同一时期财务报表中两个或多个项目之间的关系，计算其比率，以评价企业的财务状况和经营成果。人们通常把这种相关比率分析称之为“比率分析”。财务比率可以评价某项投资在各年之间收益的变化，也可以在某一时点比较某一行业的不同企业。一般来说，财务比率分析分为偿债能力分析，营运能力分析，盈利能力分析和企业发展能力分析四个方面。

4.4.1 短期偿债能力分析

本节短期偿债能力是指企业在不用变卖或处置固定资产的情况下，偿还短期债务的能力。对债权人来说，企业要具有充分的偿还能力才能保证其债权的安全，按期取得利息，到期取回本金；对投资者来说，如果企业的短期偿债能力发生问题，就会牵制企业经营的管理人员耗费大量精力去筹集资金，以应付还债，还会增加企业筹资的难度，或加大临时紧急筹资的成本，影响企业的盈利能力。

短期偿债能力受多种因素的影响，包括行业特点、经营环境、生产周期、资产结构、流动资产运用效率等。仅凭某一期的单项指标，很难对企业短期偿债能力作出客观评价。

首先是同业比较。包括同业先进水平、同业平均水平和竞争对手比较三类，它们的原理是一样的，只是比较标准不同。同业比较分析有两个重要的前提：一是如何确定同类企业，二是如何确定行业标准。短期偿债能力的同业比较程序如下：首先，计算反映短期偿债能力的核心指标——流动比率，将实际指标值与行业标准值进行比较，并得出比较结论；分解流动资产，目的是考察流动比率的质量；如果存货周转率低，可进一步计算速动比率，考察企业速动比率的水平和质量，并与行业标准值比较，并得出结论；如果速动比率低于同行业水平，说明应收账款周转速度慢，可进一步计算现金比率，并与行业标准值比较，得出结论。最后，通过上述比较，综合评价企业短期偿债能力。

其次是历史比较。短期偿债能力的历史比较分析采用的比较标准是过去某一时点的短期偿债能力的实际指标值。比较标准可以是企业历史最好水平，也可以是企业正常经营条件下的实际值。在分析时，经常采用与上年实际指标进行对比。

最后是预算比较。预算比较分析是指对企业指标的本期实际值与预算值所进行的比较分析。预算比较分析采用的比较标准是反映企业偿债能力的预算标准。预算标准是企业根据自身经营条件和经营状况制定的目标。

用于反映企业短期偿债能力的比率又称为流动性比率。流动性比率主要有流动比率、速动比率和现金比率。当然，也需要关注影响企业短期偿债能力的外部因素分析。

1. 流动比率

流动比率是企业流动资产与流动负债的比率。其计算公式如下：

流动比率 = 流动资产 / 流动负债

流动资产，是指企业可以在一年或者超过一年的一个营业周期内变现或者运用的资产，主要包括货币资金、短期投资、应收票据、应收账款和存货等。流动负债，也叫短期负债，是指将在一年或者超过一年的一个营业周期内偿还的债务，包括短期借款、应付票据、应付账款、预收账款、应付股利、应交税金、其他暂收应付款项、预提费用和一年内到期的长期借款等。

流动比率反映的是在一定期间内，企业有多少可以转化为现金的资产能用来偿还一年内到期的短期债务。该比率是衡量企业短期偿债能力的一个重要财务指标，这个比率较低可能表明企业在偿还短期债务方面存在某些问题，财务风险较大；这个比率越高，说明企业偿还短期负债的能力越强，流动负债得到偿还的保障越大。

但是，过高的流动比率也并非好现象。因为流动比率越高，可能是企业滞留在流动资产上的资金过多，未能有效加以利用；或者企业可能赊销过多，流动资产中有大量应收账款；或者企业销售不利，致使在产品、产成品挤压，库存商品过多。这些都可能会影响企业的偿债能力。经验表明，流动比率在 2 ∶ 1 左右比较合适。

2. 速动比率

速动比率是在流动比率的基础上更严格地对企业流动资产质量的评价，是企业速动资产与流动负债的比率。流动比率在评价企业短期偿债能力时，存在一定的局限性，如果流动比率较高，但流动资产的流动性较差，则企业的短期偿债能力仍然不强。速动比率的计算公式为：

速动比率 = 速动资产 / 流动负债

其中：速动资产 = 流动资产 − 存货

或：速动资产 = 流动资产 − 存货 − 预付账款 − 待摊费用

一般计算速动比率时，流动资产中扣除存货，是因为存货在流动资产中变现速度较慢，有些存货可能滞销，无法变现。至于预付账款和待摊费用根本不具有变现能力，只是减少企业未来的现金流出量，所以理论上也应加以剔除，但实务中，由于它们在流动资产中所占的比重较小，计算速动资产时也可以不扣除。

一般认为，速动资产包括货币资金、短期投资、应收票据、应收账款及其他应收款，可以在较短时间内变现。而流动资产中存货及1年内到期的非流动资产不应计入。它是衡量企业流动资产中可以立即变现用于偿还流动负债的能力。传统经验认为，速动比率维持在1 ∶ 1较为正常，它表明企业的每1元流动负债就有1元易于变现的流动资产来抵偿，短期偿债能力有可靠的保证。速动比率过低，企业的短期偿债风险较大，速动比率过高，企业在速动资产上占用资金过多，会增加企业投资的机会成本。但以上评判标准并不是绝对的。实际工作中，应考虑到企业的行业性质。例如商品零售行业，由于采用大量现金销售，几乎没有应收账款，速动比率大大低于1，也是合理的。相反，有些企业虽然速动比率大于1，但速动资产中大部分是应收账款，并不代表企业的偿债能力强，因为应收账款能否收回具有很大的不确定性。所以，在评价速动比率时，还应分析应收账款的质量。

3. 现金比率

现金比率是企业现金类资产与流动负债的比率。现金类资产包括企业所拥有的货币资金和持有的有价证券（即资产负债表中的短期投资）。它是速动资产扣除应收账款后的余额，由于应收账款存在着发生坏账损失的可能，某些到期的账款也不一定能按时收回，因此速动资产扣除应收账款后计算出来的金额，最能反映企业直接偿付流动负债的能力。现金比率的计算公式为：

现金比率 = 现金类资产 / 流动负债

= （货币资金 + 有价证券或短期投资）/ 流动负债

= （速动资产 − 应收账款）/ 流动负债

虽然现金比率最能反映企业直接偿付流动负债的能力，这个比率越高，说明企业偿债能力越强。但是，如果企业滞留过多的现金类资产，现金比率过高，就意味着企业流动负债未能合理地运用，经常以获得能力低的现金类资产保持着，这会导致企业机会成本的增加。通常现金比率保持在30%左右为宜。

4. 影响短期偿债能力的其他因素分析

前文主要介绍了从企业财务报表中的财务数据的计算结果来分析企业的短期偿债能力。但是一些在财务报表中没有反映出来的因素，也会影响企业的短期偿债能力，甚至影响力相当大。多了解一些这方面的情况，有利于作出正确的判断。这些因素主要有：

（1）企业可动用的银行贷款。

企业在长期经营过程中，会与一些银行建立合作关系，为了保持这种合作关系，也争取存贷款市场，有的银行会与企业签订额度内的“机动借款合同”，即银行已同意在一定额度内，只需企业申请，随时都可以从银行取得一部分短期借款，增加企业现金，提高企业的支付能力。

（2）企业偿债信誉的好坏。

如果一个企业一直以来偿债能力很好，从未拖欠过贷款，在供应商中保持了良好的信用，当企业某一时间段出现短期偿债困难时，企业可以通过申请延期付款等方式来解决短期资金困难问题，或者举借新债偿还旧债等，这也是提高短期偿债能力的一种方式。

（3）企业准备很快变现的长期资产。

由于改变制造工艺、调整产品结构、转型等原因，企业可能会将一些长期资产出售，这样可以收回现金，也增加了企业的短期偿债能力。

（4）或有负债会降低企业短期偿债能力。

如果一个企业在报告期内卷入了尚未判决的质量问题诉讼案或经济纠纷案，而且可能会败诉并需赔偿时，就增加了企业的负债。这样企业的短期偿债能力就降低了。

（5）担保责任引起的负债。

担保责任引起的负债也会降低企业短期偿债能力。企业有可能用自有的一些流动资产为别的企业或个人提供担保，如为关联企业向银行等金融机构借款提供担保，为别的企业进口关税提供担保等。一旦被担保方出现违约，这些担保行为就有可能增加企业负债，从而降低企业的偿债能力。

4.4.2　长期偿债能力分析

仅仅了解一个企业的短期偿债能力是不够的，在评价一个企业的偿债能力时，同样需要关注其长期偿债能力。本节主要从长期偿债能力方面对资产负债表进行分析。长期偿债能力是指企业对债务的承担能力和对偿还债务的保障能力。长期偿债能力分析是企业债权人、投资者、经营者和与企业有关联的各方面等都十分关注的重要问题。

长期偿债能力的强弱是反映企业财务安全和稳定程度的重要标志。长期负债是指偿还期在一年或一个营业周期以上的债务，主要有长期借款、应付债券、长期应付款等。用于分析和评价企业长期偿债能力的指标主要有：资产负债率、股东权益比率、负债股权比率、利息保障倍数等。在对长期偿债能力进行分析时，也应采取同业比较、历史比较及预算比较的方法进行全面分析。

应该特别指出，利息保障倍数涉及利润表相关数据，现金流量状况也决定了偿债能力的保证程度，上述两者对长期偿债能力的影响将在本书其他章节论及。

1. 资产负债率

资产负债率又称举债经营比率，它是用以衡量企业利用债权人提供资金进行经营活动的能力，以及反映债权人发放贷款的安全程度的指标。是期末负债总额除以资产总额的百分比，也就是负债总额与资产总额的比例关系。

资产负债率 = 总负债 / 总资产

资产负债率反映在总资产中有多大比例是通过借债来筹资的，也可以衡量企业在清算时保护债权人利益的程度。资产负债率这个指标反映债权人所提供的资本占全部资本的比例，如果资产负债比率达到100%或超过100%，说明公司已经没有净资产或资不抵债。

要判断资产负债率是否合理，首先要看你站在谁的立场：

（1）债权人的角度。

他们最关心的是贷给企业款项的安全程度，也就是能否按期收回本金和利息。如果股东提供的资本与企业资本总额相比，只占较小的比例，则企业的风险将主要由债权人负担，这对债权人来讲是不利的。因此，他们希望资产负债率越低越好，企业偿债有保证，则贷款给企业不会有太大的风险。

（2）股东的角度。

由于企业通过举债筹措的资金与股东提供的资金在经营中发挥同样的作用，所以，股东所关心的是全部资本利润率是否超过借入款项的利率，即借入资本的代价。在企业所得的全部资本利润率超过因借款而支付的利息率时，股东所得到的利润就会加大。如果相反，运用全部资本所得的利润率低于借款利息率，则对股东不利，因为借入资本多余的利息要用股东所得的利润份额来弥补。因此，从股东的立场看，在全部资本利润率高于借款利息率时，资产负债率越大越好，否则反之。

企业股东常常采用举债经营的方式，以有限的资本、付出有限的代价而取得对企业的控制权，并且可以得到举债经营的杠杆利益。在财务分析中也因此被人们称为财务杠杆。

（3）经营者的角度。

如果举债很大，超出债权人心理承受程度，企业就借不到钱。如果企业不举债，或负债比例很小，说明企业畏缩不前，对前途信心不足，利用债权人资本进行经营活动的能力很差。从财务管理的角度来看，企业应当审时度势，全面考虑，在利用资产负债率制定借入资本决策时，必须充分估计预期的利润和增加的风险，在二者之间权衡利害得失，既不应过于保守，也不能盲目举债。

由此可见，在企业管理中，资产负债率的高低也不是一成不变的，它要看从什么角度分析，债权人、投资者（或股东）、经营者各不相同；还要看国际国内经济大环境是顶峰回落期还是见底回升期；还要看管理层是激进者、中庸者还是保守者，所以多年来也没有统一的标准，但是对企业来说：一般认为，资产负债率的适宜水平是

40%~60%。

2. 股东权益比率与权益乘数

（1）股东权益比率。

股东权益比率（又称自有资本比率或净资产比率）是股东权益与资产总额的比率，该比率反映企业资产中有多少是所有者投入的。股东权益又称净资产，是指公司总资产中扣除负债所余下的部分。股东权益是一个很重要的财务指标，它反映了公司的自有资本。当总资产小于总负债，公司就陷入了资不抵债的境地，这时，公司的股东权益便消失殆尽。如果实施破产清算，股东将一无所得。相反，股东权益金额越大，这家公司的实力就越雄厚。

股东权益比率 = 股东权益总额 / 资产总额

股东权益比率与资产负债率之和等于 1。这两个比率从不同的侧面来反映企业长期财务状况，股东权益比率越大，资产负债比率就越小，企业财务风险就越小，偿还长期债务的能力就越强。

股东权益比率应当适中。如果权益比率过小，表明企业过度负债，容易削弱公司抵御外部冲击的能力。而权益比率过大，则意味着企业没有积极地利用财务杠杆作用来扩大经营规模。

（2）权益乘数。

权益乘数又称股本乘数，是股东权益比例的倒数，是指资产总额相当于股东权益的倍数，反映了企业财务杠杆的大小。权益乘数越大，表明所有者投入企业的资本占全部资产的比重越小，说明股东投入的资本在资产中所占的比重越小，企业负债的程度越高，财务杠杆越大；反之，该比率越小，表明所有者投入企业的资本占全部资产的比重越大，企业的负债程度越低，债权人权益受保护的程度越高。

权益乘数 = 资产总额 / 股东权益总额即 =1/（1- 资产负债率）

权益乘数，代表公司所有可供运用的总资产是业主权益的几倍。权益乘数越大，代表公司向外融资的财务杠杆倍数也越大，公司将承担较大的风险。但是，若公司营运状况刚好处于向上趋势中，较高的权益乘数反而可以创造更高的公司获利，通过提高公司的股东权益报酬率，对公司的股票价值产生正面激励效果。

3. 产权比率

产权比率是负债总额与所有者权益总额的比率。是指负债总额与所有者权益总额的比率，是评估资金结构合理性的一种指标。

产权比率 =（负债总额 / 股东权益）×100%

一般来说，产权比率可反映股东所持股权是否过多（或者是否不够充分）等情况，从另一个侧面表明企业借款经营的程度。它是企业财务结构稳健与否的重要标志。该指标表明由债权人提供的和由投资者提供的资金来源的相对关系，反映企业基本财务结构是否稳定。产权比率高是高风险、高报酬的财务结构，产权比率低，是低风险、低报酬的财务结构。从债权人角度来说，该指标同时也表明债权人投入的资本受到股东权益保障的程度，或者说是企业清算时对债权人利益的保障程度。国家规定债权人的索偿权优先于股东。因此，产权比率越低越好。因为比率越低，说明每一元债务背后的股东权益保障越多，债权人越有安全感。从股东角度来说，在通货膨胀时期，企业举债，可以将损失和风险转移给债权人；在经济繁荣时期，举债经营可以获得额外的利润；在经济萎缩时期，少借债可以减少利息负担和财务风险。

产权比率与资产负债率对评价偿债能力的作用基本一致，只是资产负债率侧重于分析债务偿付安全性的物质保障程度，产权比率则侧重于揭示财务结构的稳健程度以及自有资金对偿债风险的承受能力。产权比率与权益乘数这两种比率，均是常用的财务杠杆计量指标，可反映特定情况下资产利润率和权益利润率之间的倍数关系。财务杠杆表明债务的多少，与偿债能力有关，并且表明权益净利率的风险，也与盈利能力有关。权益乘数减产权比率等于1。

4．影响长期偿债能力的其他因素分析

除了通过财务指标分析了解企业的长期偿债能力外，还有一些与企业内、外相关的因素也在制约着企业长期偿债能力的高低，这些因素主要有：

（1）长期资产的计价和摊销方法。

资产负债表中的长期资产主要包括固定资产、长期投资和无形资产。将长期资产作为偿还长期债务的资产保障时，长期资产的计价和摊销方法对长期偿债能力的影响最大。这些资产的实际市场价值和账面价值的差异程度，直接影响着企业的长期偿债能力。

（2）长期负债的会计政策和会计方法的可选择性。

在资产负债表中，属于长期负债的项目有长期借款、应付债券、长期应付款、专项应付款和其他长期负债。在分析长期偿债能力时，应特别注意会计政策和会计方法的可选择性，使长期负债额产生差异。分析时应注意会计方法的影响，特别是中途变更会计方法对长期负债的影响。同时应将可转换债券从长期负债中扣除。有法定赎回要求的优先股也应该作为负债。

（3）考虑长期租赁对企业债务的影响。

不同于融资租赁，企业的经营租赁不在资产负债表上反映，只出现在报表附注和利润表的租金项目中。当企业经营租赁量比较大，期限比较长或具有经常性时，经营租赁实际上就构成了一种长期性筹资。因此，必须考虑这类经营租赁对企业债务结构的影响。

（4）或有事项的存在也会影响企业的长期偿债能力。

或有事项是指过去的交易或事项形成的一种状态，其结果须通过未来不确定事项的发生或不发生予以证实。或有事项分为或有资产和或有负债。或有资产是指过去交易或事项形成的潜在资产，其存在要通过未来不确定事项的发生或不发生予以证实。

产生或有资产会提高企业的偿债能力；产生或有负债会降低企业的偿债能力，比如企业存在大范围对用户提出特殊质量保证，或者企业产品存在致命缺陷，就有可能引起负债性质的或有事项发生。这些或有事项一方面会增加企业当期的成本费用，需要大量现金支出执行补救，同时会导致企业失去市场，影响现金流入。因此，在分析企业的财务报表时，必须充分注意有关或有项目的报表附注披露，以了解未在资产负债表上反映的或有项目，并在评价企业长期偿债能力时，考虑或有项目的潜在影响。同时，应关注是否有资产负债表日后的或有事项。

（5）判断承诺责任带来的潜在长期负债。

承诺是企业对外发出的将要承担的某种经济责任和义务。企业为了经营的需要，常常要做出某些承诺，这种承诺有时会大量的增加该企业的潜在负债或承诺义务，而却没有通过资产负债表反映出来。因此，在进行企业长期偿债能力分析时，报表分析者应根据报表附注及其他有关资料等，判断承诺变成真实负债的可能性；判断承诺责任带来的潜在长期负债，并做相应处理。

（6）金融工具的影响。

金融工具是指引起一方获得金融资产并引起另一方承担金融负债或享有所有者权益的契约。与偿债能力有关的金融工具主要是债券和金融衍生工具。金融工具对企业偿债能力的影响主要体现在两方面：一方面是金融工具的公允价值与账面价值发生重大差异，但并没有在财务报表中或报表附注中揭示；另一方面是企业未能对金融工具的风险程度恰当披露。报表使用者在分析企业的长期偿债能力时，要注意结合具有资产负债表表外风险的金融工具记录，并分析信贷风险集中的信用项目和金融工具项目，综合起来对企业偿债能力做出判断。

4.4.3　企业营运能力分析

本节对企业营运能力进行分析，评价企业的营运能力，为企业提高经济效益指明方向。企业营运能力主要指企业营运资产的效率与效益。企业营运资产的效率主要指资产的周转率或周转速度。企业营运资产的效益通常是指企业的产出量与资产占用量之间的比率。

通过对有关财务比率进行分析，可以了解企业资产运行是否合理，是否有多余资产闲置等，常用的反映企业营运能力的财务分析指标有存货周转率、应收账款周转率、流动资产周转率、固定资产周转率、总资产周转率等。这些比率揭示了企业资金运营周转的情况，反映了企业对经济资源管理、运用的效率高低。企业资产周转越快，流动性越高，企业的偿债能力越强，资产获取利润的速度就越快。

1. 存货周转率与存货周转天数

存货周转率是一定时期内企业销货成本与存货平均余额间的比率。它是反映企业销售能力和流动资产流动性的一个指标，也是衡量企业生产经营各个环节中存货运营效率的一个综合性指标。

存货周转率 = 销售成本 / 存货平均余额。

存货平均余额 =（期初存货 + 期末存货）/2，

销售成本通常指主营业务成本。

存货周转天数是指企业从取得存货开始，至消耗、销售为止所经历的天数。周转天数越少，说明存货变现的速度越快。存货占用资金时间越短，存货管理工作的效率越高。

存货周转天数 =360/ 存货周转次数

一般情况下，存货周转率越高越好。因为存货会占用企业大量的流动资金，加快存货周转，就能将这部分资金解放出来转投到下一循环的生产中，或者投入其他领域，比如扩充生产线，对外扩张和投资等，为企业创造更多的价值。并且，在存货平均水平一定的条件下，存货周转率越高，表明企业的销货成本数额增多，产品销售的数量增长，企业的销售能力加强。

存货周转率的作用包括：

（1）衡量存货的储存是否适当，是否能保证生产不间断地进行和产品有秩序的销售。存货既不能储存过少，造成生产中断或销售紧张；又不能储存过多形成呆滞、积压。

（2）反映存货结构合理与质量合格的状况。因为只有结构合理，才能保证生产和销售任务正常、顺利地进行；只有质量合格，才能有效地流动，从而达到存货周转率提高的目的。

（3）衡量企业短期偿债能力。因为存货是流动资产中最重要的组成部分，往往达到流动资产总额的一半以上。因此，存货的质量和流动性对企业的流动比率具有举足轻重的影响，并进而影响企业的短期偿债能力。存货周转率的这些重要作用，使其成为综合评价企业营运能力的一项重要的财务比率。

2. 应收账款周转率和应收账款周转天数

应收账款是企业流动资产除存货外的另一重要项目。应收账款周转率是企业在一定时期内赊销净收入与平均应收账款余额之比。它是衡量企业应收账款周转速度及管理效率的指标。反映了企业资金周转状况，也能体现企业信用政策的宽严程度。

公司的应收账款在流动资产中具有举足轻重的地位。公司的应收账款如能及时收回，公司的资金使用效率便能大幅提高。应收账款周转率就是反映公司应收账款周转速度的比率。它说明一定期间内公司应收账款转为现金的平均次数。

应收账款周转率 = 销售收入 / 应收账款平均余额

从理论上说应收账款是赊销引起的，计算时应使用赊销额取代销售收入。但是，外部分析人无法取得赊销的数据，只好直接使用销售收入计算。销售收入通常指主营业务收入，如果企业的其他业务收入比重较大，比如达到了主营业务收入的 10% 以上，那么销售收入需加上其他业务收入的部分。应收账款平均余额 =（期初应收账款 + 期末应收账款）/2。

用时间表示的应收账款周转速度为应收账款周转天数，也称平均应收账款回收期或平均收现期。它表示公司从获得应收账款的权利到收回款项、变成现金所需要的时间。

应收账款回收期 =360/ 应收账款周转率

一般来说，应收账款周转率越高越好，表明公司收账速度快，平均收账期短，坏账损失少，资产流动快，偿债能力强，资金使用效率高。与之相对应，应收账款周转天数则是越短越好。如果公司实际收回账款的天数越过了公司规定的应收账款天数，则说明债务人拖欠时间长，资信度低，增大了发生坏账损失的风险；同时也说明公司催收账款不力，使资产形成了呆账甚至坏账，造成了流动资产不流动，这对公司正常的生产经营是很不利的。但从另一方面说，应收账款与其他资产一样，目的是促进销售，减少存货。如果公司的应收账款率过高，应收账款周转天数太短，则表明公司奉行较紧的信用政策，付款条件过于苛刻，这样可能会失去一部分需要我们产品，但是短时期资金存在一定困难的客户，会限制企业销售量的扩大，不利于开拓和占领市场。特别是当这种限制的代价（机会收益）大于赊销成本时，会影响企业的盈利水平。

应收账款周转率，要与企业的经营方式结合考虑。有一些因素会影响应收账款周转率和周转天数计算的正确性。首先，由于公司生产经营的季节性原因，使应收账款周转率不能正确反映公司销售的实际情况。其次，某些上市公司在产品销售过程中大量使用分期付款方式。再次，有些公司采取大量收取现金方式进行销售。最后，有些公司年末销售量大量增加或年末销售量大量下降。这些因素都会对应收账款周转率或周转天数造成很大的影响。因此，投资者在分析这两个指标时应将公司本期指标和公司前期指标、行业平均水平或其他类似公司的指标相比较，判断该指标的高低。

3．流动资产周转率和流动资产周转天数

流动资产周转率是反映企业流动资产周转速度的指标。它是流动资产的平均占用额与流动资产在一定时期所完成的周转额之间的比率。

流动资产周转率 = 销售收入 / 平均流动资产总额

销售收入通常指主营业务收入，如果企业的其他业务收入比重较大，比如达到了主营业务收入的 10% 以上，那么销售收入需加上其他业务收入的部分。对于流动资产平均余额的确定，一要注意范围，不同的周转率，流动资产的范围就不同；二要注意用平均占用额而不能用期末或期初占用额。平均流动资产总额 =（期初流动资产总额 + 期末流动资产总额）/2。

在一定时期内，流动资产周转次数越多，表明以相同的流动资产完成的周转额越多，流动资产利用的效果越好。流动资产周转率用周转天数表示时，即流动资产周转天数。

流动资产周转天数 =360/ 流动资产周转率

流动资产周转天数反映的是流动资产周转一次所需要的时间。周转一次所需要的天数越少，表明流动资产在经历生产和销售各阶段时占用的时间越短，周转越快。生产经营任何一个环节上的工作得到改善，都会反映到周转天数的缩短上来。按天数表示的流动资产周转率能更直接地反映生产经营状况的改善。便于比较不同时期的流动资产周转率，应用较为普遍。

流动资产周转率反映了企业流动资产的周转速度，是从企业全部资产中流动性最强的流动资产角度对企业资产的利用效率进行分析，以进一步揭示影响企业资产质量的主要因素。通过该指标的对比分析，可以促进企业加强内部管理，充分有效地利用流动资产，如降低成本、调动暂时闲置的货币资金用于短期投资创造收益等，还可以促进企业采取措施扩大销售，提高流动资产的综合使用效率。一般情况下，该指标越高，表明企业流动资产周转速度越快，利用越好。在较快的周转速度下，流动资产会相对节约，相当于流动资产投入的增加，在一定程度上增强了企业的盈利能力；而周转速度慢，则需要补充流动资金参加周转，会形成资金浪费，降低企业盈利能力。

那么，是不是流动资产周转率越高越好呢？通过公式我们可以得知，提高销售收入或者降低流动资产都可以提高流动资产周转率。因为流动资产的多少直接反映了企业短期偿债能力的强弱，企业应保持一个较稳定的流动资产水平，以保证其短期偿债能力，在此基础上再提高其使用效率。应以主营业务收入增幅高于流动资产增幅做保证，实现该指标的良性变动。

同前两节所介绍的分析方法相同，对企业流动资产周转率的分析也应该同企业历史数据、同行业其他企业数据或行业平均水平相比较，从而对企业的流动资产进行调整和管控。

4．固定资产周转率和固定资产回收期

固定资产周转率，是指企业年销售收入净额与固定资产平均净值的比率。它是反映企业固定资产周转情况，从而衡量固定资产利用效率的一项指标。

固定资产周转率 = 销售收入 / 固定资产平均净值

销售收入通常指主营业务收入，如果企业的其他业务收入比重较大，比如达到了主营业务收入的 10% 以上，那么销售收入需加上其他业务收入的部分。注意区分以下几个概念，固定资产原价是固定资产的历史成本（通常为购入时的入账价值）；固定资产净值 = 固定资产原值 - 累计折旧；固定资产净额（又称固定资产账面价值）= 固定资产原价 - 累计折旧 - 已计提减值准备。固定资产平均净值 =（期初固定资产净值 + 期末固定资产净值）/2。

固定资产周转率表示在一个会计年度内，固定资产周转的次数，或表示每 1 元固定资产支持的销售收入。固定资产周转天数表示在一个会计年度内，固定资产转换成现金平均需要的时间，即平均天数。固定资产的周转次数越多，则周转天数越短；周转次数越少，则周转天数越长。

固定资产周转天数 =360/ 固定资产周转率

固定资产周转率主要用于分析对厂房、设备等固定资产的利用效率，固定资产周转率高，表明企业固定资产利用充分，同时也能表明企业固定资产投资得当，固定资产结构合理，能够充分发挥效率。反之，如果固定资产周转率与同行业平均水平相比偏低，固定资产周转率不高，则表明固定资产使用效率不高，提供的生产成果不多，企业的营运能力不强。它反映了企业资产的利用程度。

从固定资产周转率的计算公式可以看出来，该指标除了与销售收入直接关联外，还受到固定资产净值的影响，所以，在计算和衡量这一指标，尤其是通过固定资产的趋势分析来判断企业的营运能力时，需要考虑影响平均固定资产净值的因素：

（1）固定资产净值因更新重置而突然增加的影响；

（2）指标的比较将受到折旧方法和折旧年限的影响，应注意其可比性问题；

（3）当企业固定资产净值率过低（如因资产陈旧或过度计提折旧），或者当企业属于劳动密集型企业时，这一比率就可能没有太大的意义。

因此，即便在某期固定资产周转率出现了忽高忽低的变化，也不能直接认为企业的营运能力在短期内有调整，需要进一步分析固定资产净值组成项目是否在本期有特殊变动后再做后续判断。

5．总资产周转率和总资产周转天数

总资产周转率反映总资产周转情况，它是企业销售收入净额与资产总额的比率。是衡量资产投资规模与销售水平之间配比情况的指标。

总资产周转率 = 销售收入 / 平均资产总额

销售收入通常指主营业务收入，如果企业的其他业务收入比重较大，比如达到了主营业务收入的 10% 以上，那么销售收入需加上其他业务收入的部分。平均资产总额 =（期初资产总额 + 期末资产总额）/2。

总资产周转率也可用周转天数来表示，即企业多久能销售出相当于总资产那么多的收入。其计算公式为：

总资产周转天数 =360/ 总资产周转率

总资产周转率是考察企业资产运营效率的一项重要指标，体现了企业经营期间全部资产从投入到产出的流转速度，反映了企业全部资产的管理质量和利用效率。通过该指标的对比分析，可以反映企业本年度以及以前年度总资产的运营效率和变化，发现企业与同类企业在资产利用上的差距，促进企业挖掘潜力、积极创收、提高产品市场占有率、提高资产利用效率、一般情况下，该数值越高，表明企业总资产周转速度越快。销售能力越强，资产利用效率越高。总资产周转率越低，周转天数越高，说明公司利用其资产进行经营的效率越差，这不仅会影响公司的获利能力，而且直接影响上市公司的股利分配。这样，企业就应该采取措施提高各项资产的利用程度从而提高销售收入或处理多余资产。

总资产周转率与流动资产周转率都是衡量公司资产运营效率的指标，一般来说流动资产周转率越高，总资产周转率也越高，这两个指标从不同的角度对公司资产的运营进行了评价。

如果企业的总资产周转率突然上升，而企业的销售收入却无多大变化，则可能是企业本期报废了大量固定资产造成的，而不是企业的资产利用效率提高。如果企业资金占用的波动性较大，总资产平均余额应采用更详细的资料进行计算，如按照月份计算。

这一指标也存在一定的缺陷。总资产周转率公式中的分子是指扣除折扣和折让后的销售净额，是企业从事经营活动所取得的收入净额；而分母是指企业各项资产的总和，包括流动资产、长期股权投资、固定资产、无形资产等。众所周知，总资产中的对外投资，给企业带来的应该是投资损益，不能形成销售收入。可见公式中的分子，分母口径不一致，进而导致这一指标前后各期及不同企业之间会因资产结构的不同失去可比性。

6．营运能力指标分析的特点

企业的营运能力实际就是企业的总资产及各个组成要素的营运能力。在本节我们共分析了五个与营运能力相关的财务指标，分别是存货周转率、应收账款周转率、流动资金周转率、固定资产周转率和总资产周转率。从这些指标计算的公式我们不难看出：

（1）所有指标的资产负债表项目均采用了“（期初 + 期末）/2”的均值的方式，这是因为资产负债表反映的是企业在某一特定日期（如 12 月 31 日）的财务状况，而我们需要分析的是企业一定期间内的营运能力，分析时的数据来源采用“（期初 + 期末）/2”的均值，可以在一定程度上避免某一日期特殊事项对各个指标的绝对影响。

（2）所有指标分析时，与企业利润中成本相关的项目，如存货，其领用和消耗会增加销售成本，则分析其使用效率时，与销售成本比较；而与企业利润中收入相关的项目，如应收账款，因为是实现销售收入时产生的，所以在分析其使用效率时，与销售收入（主要是主营业务收入）比较；而涉及整个企业营运状态的，直接与销售收入比较，如流动资产周转率、固定资产周转率和总资产周转率等。

7．营运能力指标分析的作用

资产营运是企业在生产、经营过程中实现资本增值的过程，我们通过对营运能力各个指标的分析，可以了解企业资产的营运效率与效益。营运能力分析达到的作用有：

（1）有利于企业管理当局改善经营管理。

企业的营运能力分析对企业管理当局至关重要，主要体现在如下几个方面：

①优化资产结构。资产结构即各类资产之间的比例关系。如上所述，不同资产对企业经营具有不同影响，所以，不同性质、不同经营时期的企业各类资产的组成比例

将有所不同。通过资产结构分析，可发现和揭示与企业经营性质、经营时期不相适应的结构比例，并及时加以调整，形成合理的资产结构。

②改善财务状况。企业在一定时点上的存量资产，是企业取得收益或利润的基础。然而，当企业的长期资产、固定资产占用资金过多或出现有问题资产、资产质量不高时，就会形成资金积压，以至营运资金不足，从而使企业的短期投资人对企业财务状况产生不良的印象。因此，企业必须注重分析、改善资产结构，使资产保持足够的流动性，以赢得外界对企业的信心。特别是对于资产“泡沫”，或虚拟资产进行资产结构分析，摸清存量资产结构，并迅速处理有问题的资产，可以有效防止或消除资产经营风险。

③加速资金周转。非流动资产只有伴随着产品（或商品）的销售才能形成销售收入，在资产总量一定的情况下，非流动资产和非商品资产所占的比重越大，企业所实现的周转价值越小，资金的周转速度也就越低。为此，企业必须通过资产结构分析，合理调整流动资产与其他资产的比例关系。

（2）有助于投资者进行投资决策。

企业营运能力分析有助于判断企业财务的安全性、资本的保全程度以及资产的收益能力，可用以进行相应的投资决策。一是企业的安全性与其资产结构密切相关，如果企业流动性强的资产所占的比重大，企业资产的变现能力强，企业一般不会遇到现金拮据的压力，企业的财务安全性较高。二是要保全所有者或股东的投入资本，除要求在资产的运用过程中，资产的净损失不得冲减资本金外，还要有高质量的资产作为其物质基础，否则资产周转价值不能实现，就无从谈及资本保全。而通过资产结构和资产管理效果分析，可以很好地判断资本的安全程度。三是企业的资产结构直接影响着企业的收益。企业存量资产的周转速度越快，实现收益的能力越强；存量资产中商品资产越多，实现的收益额也越大；商品资产中毛利润高的商品所占比重越高，取得的利润率就越高。良好的资产结构和资产管理效果预示着企业未来收益的能力。

（3）有助于债权人进行信贷决策。

资产结构和资产管理效果分析有助于判明其债权的物资保证程度或其安全性，可用以进行相应的信用决策。短期债权人通过了解企业短期资产的数额，可以判明企业短期债权的物资保现长期资产，可以判明企业长期债权的物资保证程度。在通过资产结构分析企业债权的物资保证时，应将资产结构与债务结构相联系，进行匹配分析，考察企业的资产周转期限结构与债务的期限结构的匹配情况、资产的周转实现日结构与债务的偿还期结构的匹配情况，以进一步掌握企业的各种结构是否相互适应。通过资产管理效果分析，则可对债务本息的偿还能力有更直接的认识。

对于其他与企业具有密切经济利益关系的部门和单位而言，企业的营运能力分析同样具有重要意义：对政府及有关管理部门有助于判明企业经营是否稳定，财务状况是否良好，这将有利于宏观管理、控制和监管；对业务关联企业有助于判明企业是否有足量合格的商品供应或有足够的支付能力，亦即判明企业的供销能力及其信用状况是否可靠，以确定可否建立长期稳定的业务合作关系或者所能给予的信用政策的松紧度。总之，营运能力分析能够用以评价一个企业的经营业绩、管理水平，乃至预期它的发展前途，关系重大。

4.5 资产负债表分析实务——M 汽车公司资产负债表解读

作为资本市场的宠儿，自巴菲特注资后的 14 年里，M 汽车公司给投资者提供了一个行业景气周期下规模成长的案例。在战略进化的过程中，M 汽车公司已经形成了新能源领域的品牌力。但是，市场竞争环境多变，M 汽车公司未来前景如何？本章将通过对 M 汽车公司的资产负债表分析，深入解读 M 汽车公司的战略进化能力。

4.5.1 公司简介

作为全球新能源汽车研发和推广的引领者，M 汽车公司于新能源汽车领域拥有雄厚的技术积累、领先的市场份额，奠定了 M 汽车公司于全球新能源汽车领域的行业领导地位。M 汽车公司在发展中始终秉持着绿色理念，致力于改变传统能源消耗方式，保护环境，以实现人类的可持续发展。

4.5.2 资产负债表分析

1. 资产状况分析

表 4-1 2018—2020 年 M 汽车公司主要资产情况

报告期	2020 年		2019 年		2018 年
项目	金额（亿元）	增长率	金额（亿元）	增长率	金额（亿元）
流动资产：					
货币资金	14 445 030 000.00	14.19%	12 650 083 000.00	-3.08%	13 052 095 000.00
交易性金融资产	24 000.00	-99.93%	34 345 000.00	7 515.30%	451 000.00
应收票据及应收账款	41 216 427 000.00	-6.19%	43 933 795 000.00	-10.86%	49 283 534 000.00
应收款项融资	8 862 340 000.00	26.44%	7 009 379 000.00		
预付款项	724 350 000.00	99.68%	362 761 000.00		
其他应收款	1 050 686 000.00	-32.70%	1 561 194 000.00	54.52%	1 010 378 000.00
存货	31 396 358 000.00	22.78%	25 571 564 000.00	-2.88%	26 330 345 000.00
合同资产	5 346 105 000.00	-23.48%	6 986 619 000.00	10.89%	6 300 286 000.00

续表

报告期	2020 年		2019 年		2018 年
项目	金额（亿元）	增长率	金额（亿元）	增长率	金额（亿元）
一年内到期的非流动资产	1 250 853 000.00	17.95%	1 060 508 000.00	−61.16%	2 730 287 000.00
其他流动资产	7 312 937 000.00	−6.20%	7 796 357 000.00	−51.71%	16 144 377 000.00
流动资产合计	111 605 110 000.00	4.34%	106 966 605 000.00	−7.16%	115 210 575 000.00
长期应收款	1 804 913 000.00	45.52%	1 240 340 000.00	−41.89%	2 134 405 000.00
长期股权投资	5 465 588 000.00	34.61%	4 060 175 000.00	14.02%	3 560 880 000.00
其他权益工具投资	1 420 080 000.00	−26.13%	1 922 304 000.00	19.00%	1 620 969 000.00
其他非流动金融资产	284 896 000.00	511.26%	46 608 000.00	−44.19%	83 509 000.00
投资性房地产	94 217 000.00	−2.77%	96 902 000.00	7.59%	90 066 000.00
固定资产	54 584 620 000.00	10.40%	49 443 360 000.00	13.20%	43 678 630 000.00
在建工程	6 111 767 000.00	−42.75%	10 674 847 000.00	10.23%	9 683 773 000.00
使用权资产	945 745 000.00	29.47%	730 490 000.00		
无形资产	11 804 174 000.00	−6.69%	12 650 308 000.00	11.81%	11 313 829 000.00
开发支出	4 885 708 000.00	−15.00%	5 747 851 000.00	6.75%	5 384 632 000.00
商誉	65 914 000.00	0.00%	65 914 000.00	0.00%	65 914 000.00
长期待摊费用	67 195 000.00	−48.93%	131 573 000.00	−21.28%	167 142 000.00
递延所得税资产	1 768 975 000.00	16.77%	1 514 934 000.00	9.12%	1 388 314 000.00
其他非流动资产	108 419 000.00	−68.97%	349 382 000.00	85.41%	188 439 000.00
非流动资产合计	89 412 211 000.00	0.83%	88 674 988 000.00	11.74%	79 360 502 000.00
资产总计	201 017 321 000.00	2.75%	195 641 593 000.00	0.55%	194 571 077 000.00

从公司资产总规模来看，截至 2018 年底，公司总资产规模 194 545.71 亿元，2019 年底，公司总资产规模 1 956.42 亿元，同比增长 0.55%；本报告期内，公司总资产规模 2 010.17 亿元，同比增长 2.75%。近三年内，公司总资产规模以一个稳步的趋势增长。

从公司流动资产规模来看，截至 2018 年底，公司流动资产规模 793.61 亿元，2019 年底，流动资产规模降至 1 069.67 亿元，同比减少 −7.16%；本报告期内，公司流动资产规模为 1 111.61 亿元，同比增长 4.34%，较上年度增长速度有较大提升。

随着企业规模的扩大，固定资产占比较高，且逐年增加，但 2018—2020 年的增长速度有所下降。流动资产的增长幅度大于非流动资产，说明企业资产的流动性在增强。

从公司非流动资产规模来看，截至2018年底，公司非流动资产规模726.73亿元，2019年底，非流动资产规模高达886.75亿元，同比增长11.74%；本报告期内，公司非流动资产规模达2 010.17亿元，同比增长2.75%。

2. 负债及所有者权益状况及变化

在2018—2020年间，M汽车公司的负债结构呈现出一个以流动负债为主要部分的稳定结构。由图中数据可知，M汽车公司的流动负债在负债总额中所占比率非常高，说明公司对短期资金的依赖性较强。但流动负债的占比在逐渐减小，主要是应付账款、应付票据和应交税费的减少，原因在于2019年补贴减少，整体新能源汽车行业销量下滑，M汽车公司公司汽车销量同时下滑，营业收入、公司的赊购数和原材料采购数均有一定程度的减少。

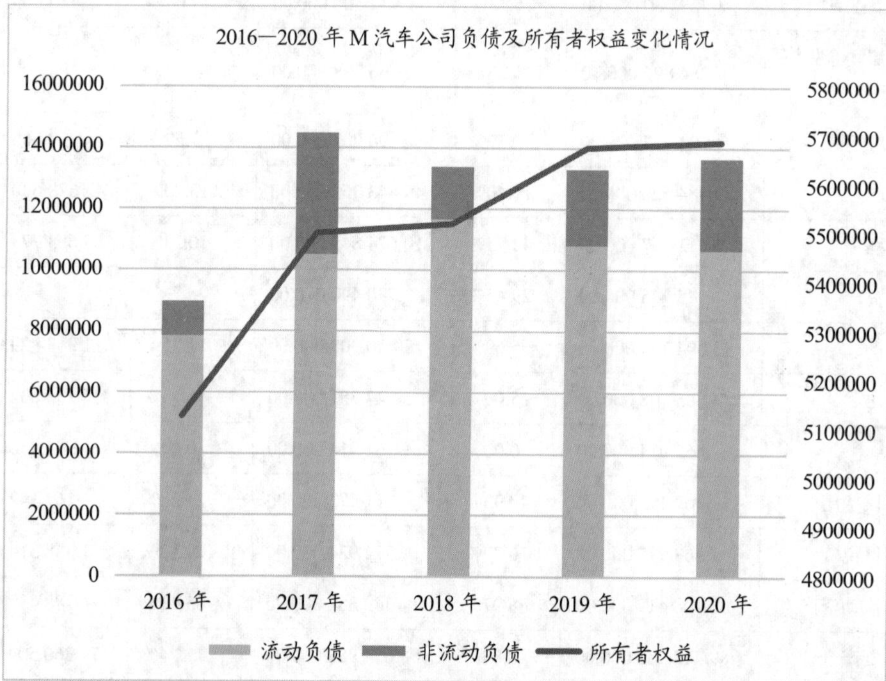

图4-1 2016—2020年M汽车公司负债及所有者权益变化

相较之下，所有者权益的变化幅度不大，最大变化幅度出现在2017年，为7.31%，且所有者权益总体呈现上涨态势，说明公司的盈利能力在逐渐增强。

4.5.3 资产负债表比率分析

1. 偿债能力分析

（1）短期偿债能力指标。

①流动比率。

纵向来看，M汽车公司在2018—2020年度的流动比率保持稳定，基本维持在1的安全线上下浮动，且总体看有小幅上涨的变化趋势，其短期偿债能力中规中矩。

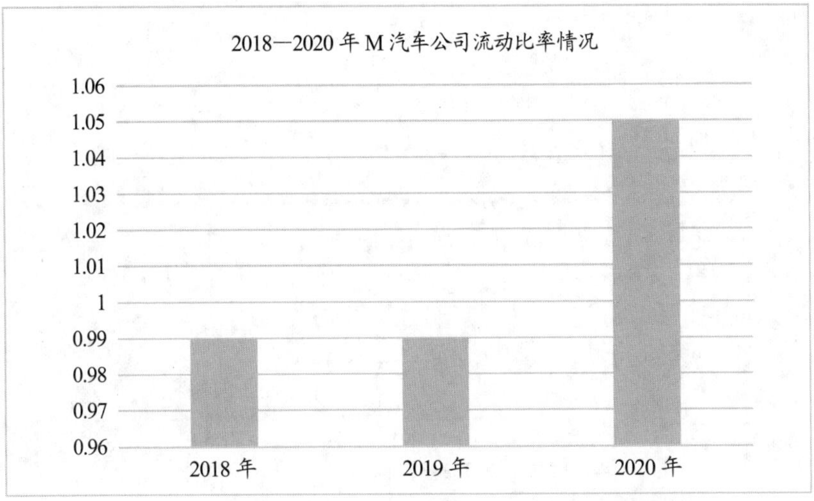

图 4-2　2018—2020 年 M 汽车公司流动比率情况

与同行业对比来看，我们具体选取了长安汽车和一汽轿车进行横向比较。在 2018—2020 年间，M 汽车公司在三家中的流动比率指标基本处于下风，但稳定性最好，变化幅度不大。相较之下，一汽轿车的流动比率在短期内浮动剧烈，有一定的偿债风险。

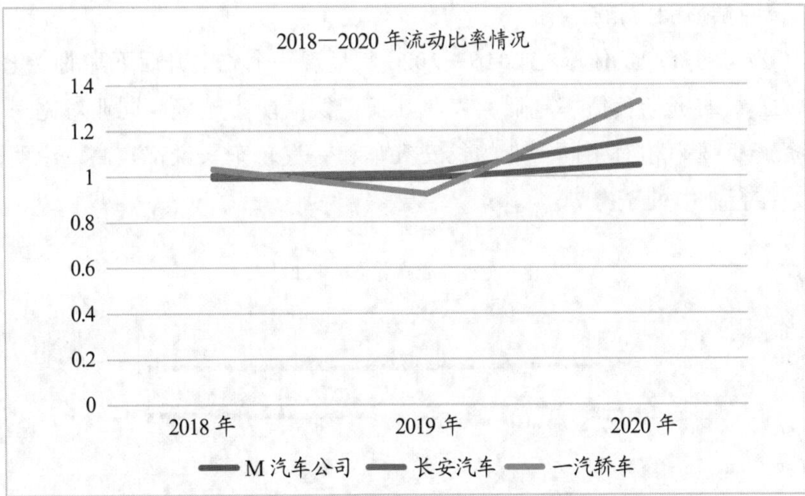

图 4-3　2018—2020 年同业流动比率情况

②速动比率。

在剔除了存货短期变现度较差的影响后，我们再选取速动比率指标进行衡量比较。

纵向来看，M 汽车公司在 2018—2020 年度的速动比率总体看呈现一个小幅下降的变化趋势，但下降幅度不大，整体维持在 0.75~0.77 的区间范围内。一般而言，速动比率维持在 1 左右是比较正常的，过低表明公司的短期偿债能力不强，存在一定的偿债风险。因此 M 汽车公司在近几年来在债务偿还方面可能出现无法到期履行偿债承诺的可能。

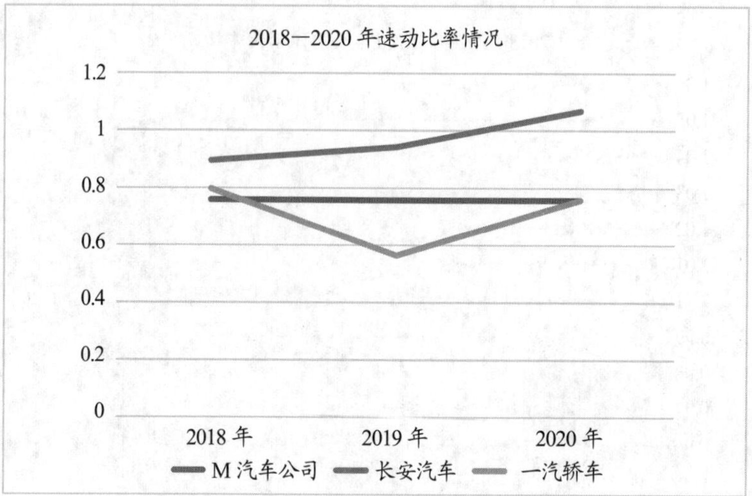

图 4-4　2018—2020 年同业流动比率情况

其次，我们再从同行业中进行横向对比。在与长安汽车和一汽轿车的对比中我们可以看到，M 汽车公司依旧表现中等，发挥比较稳定，尽管速动比率水平并不高，但在行业内还算处在一个相对正常的标准范围内。

（2）长期偿债能力指标

M 汽车公司的资产负债率在 2016—2020 年呈现一个先上升后下降的变化趋势。一般情况下，公司的资产负债率越低，表明其长期偿债能力越好。同业对比来看，M 汽车公司的资产负债率相对于同行业的长安汽车和一汽轿车来说都较高，说明长期偿债能力较弱，在行业中处于劣势。

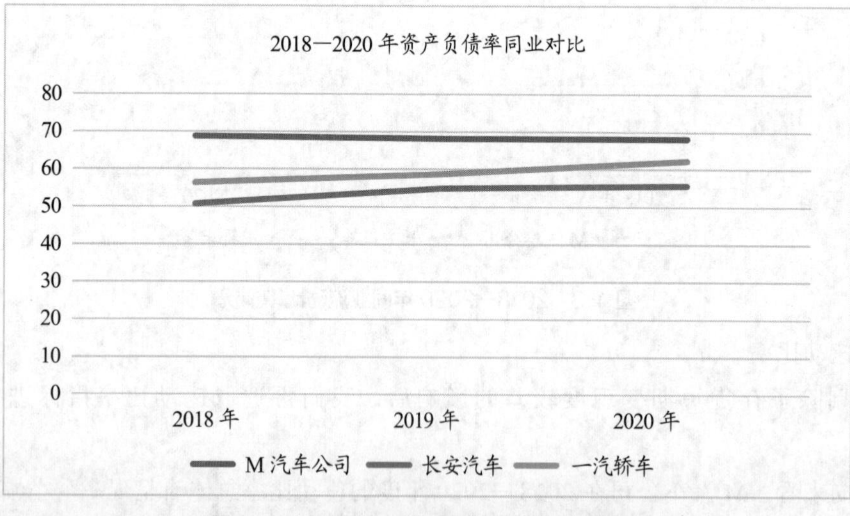

图 4-5　2018—2020 年同业资产负债率情况

综上所述，M 汽车公司的偿债能力一般，资金的流动性明显不足，有一定的偿债风险。

2. 营运能力分析

营运能力指的是企业的经营运行能力，即企业运用各项资产以赚取利润的能力。企业营运能力的财务分析比率有：存货周转率、应收账款周转率、营业周期、流动资产周转率和总资产周转率等。这些比率揭示了企业资金运营周转的情况，反映了企业对经济资源管理、运用的效率高低。企业资产周转越快，流动性越高，企业的偿债能力越强，资产获取利润的速度就越快。

表 4-2　2018—2020 年 M 汽车公司营运能力指标

	2020/12/31	2019/12/31	2018/12/31
总资产周转天数（天）	455.9	549.9	515.8
存货周转天数（天）	81.22	87.37	76.49
应收账款周转天数（天）	97.88	131.4	149.7
总资产周转率（次）	0.79	0.655	0.698
存货周转率（次）	4.432	4.12	4.706
应收账款周转率（次）	3.678	2.741	2.405

（1）应收账款周转率。

应收账款周转率是企业在一定时期内赊销净收入与平均应收账款余额之比。它是衡量企业应收账款周转速度及管理效率的指标。公司的应收账款在流动资产中具有举足轻重的地位。应收账款周转率越高，说明其收回越快。公司的应收账款如能及时收回，说明公司的资金利用效率较高。反之则会影响企业正常资金周转及偿债能力。

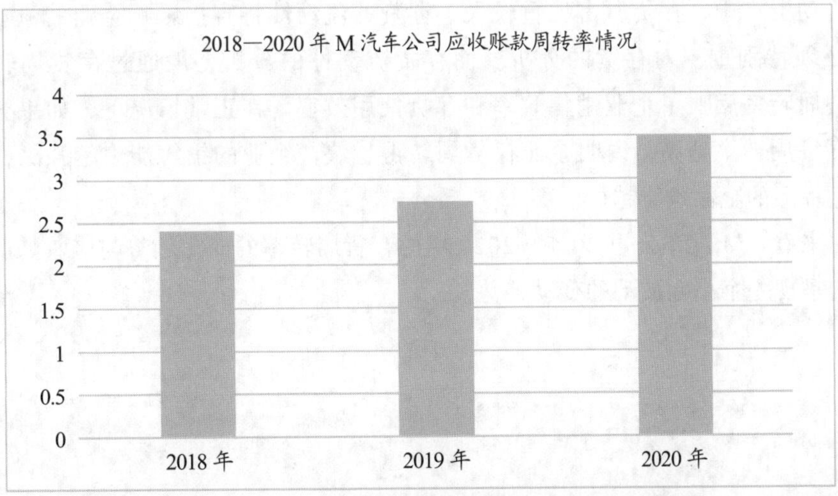

图 4-6　2018—2020 年 M 汽车公司应收账款周转率情况

纵向来看，M 汽车公司 2018—2020 年的应收账款周转率呈现一个不断增长的变动趋势，说明在此期间 M 汽车公司的应收账款质量水平在不断提升，信用风险呈现一个不断降低的良好走势。

我们将其与同行业对比，发现M汽车公司公司的应收账款周转率均远低于长安汽车和一汽轿车，究其原因主要有两方面，一是赊销比例较大导致的回款率低，二是政策导致的补助款回款速度降低，二者共同作用从而导致应收账款大幅增加，拉低了应收账款周转率。

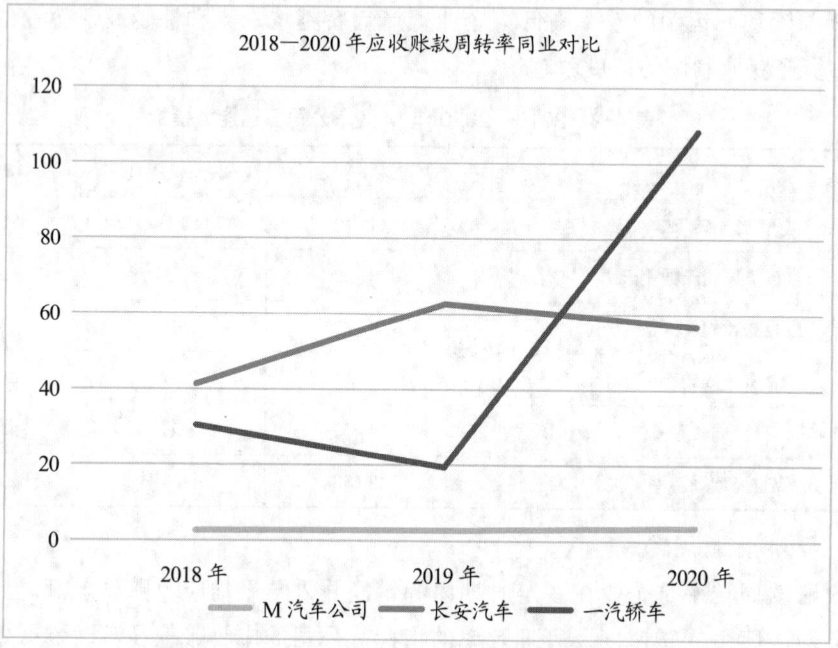

图4-7　2018—2020年账款周转率同行业对比情况

（2）存货周转率。

在流动资产中，存货所占比重较大，存货的流动性将直接影响企业的流动比率。因此，必须特别重视对存货的分析。而存货流动性的分析一般通过存货周转率来进行。存货周转率反映了企业销售效率和存货使用效率。在正常情况下，如果企业经营顺利，存货周转率越高，说明企业存货周转得越快，企业的销售能力越强。营运资金占用在存货上的金额也会越少。

纵向来看，M汽车公司2018—2020年的存货周转率的变化趋势与应收账款周转率相似，均呈现一个小幅波动的变动趋势。

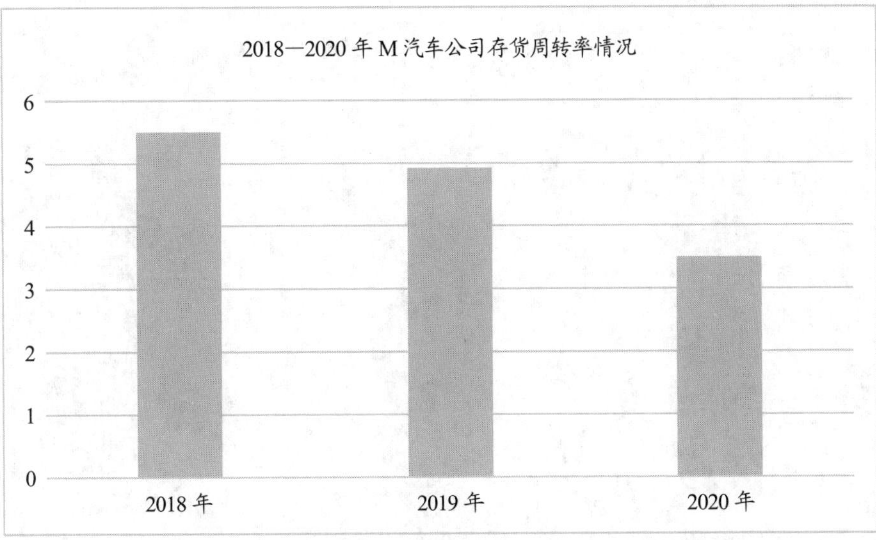

图 4-8　2018—2020 年 M 汽车公司存货周转率情况

横向对比可知，M 汽车公司公司的存货周转率均远低于长安汽车和一汽轿车，说明公司的存货占用资金较多，而且变现速度慢，变现能力较弱，流动性较差。

表 4-3　存货周转率同行业对比

存货周转率	2020	2019	2018
M 汽车公司	5.50	4.92	5.63
长安汽车	18.10	17.03	13.84
一汽轿车	8.67	7.46	9.51

综上所述，M 汽车公司在存货周转情况上的表现不佳，需要进一步加强存货的质量管理。

（3）总资产周转率。

总资产周转率是企业一定时期的销售收入净额与平均资产总额之比，它是衡量资产投资规模与销售水平之间配比情况的指标。该指标体现了企业经营期间全部资产从投入到产出的流转速度，反映了企业全部资产的管理质量和利用效率。一般情况下，该数值越高，表明企业总资产周转速度越快。销售能力越强，资产利用效率越高。

纵向来看，M 汽车公司在 2018—2020 年度的总资产周转率总体而言变化不大，基本在 0.7 的数值上下浮动。再结合 M 汽车公司近几年的资产总额在不断增加的情况，其资产利用效率其实是呈现出一个稳步提升的走势。

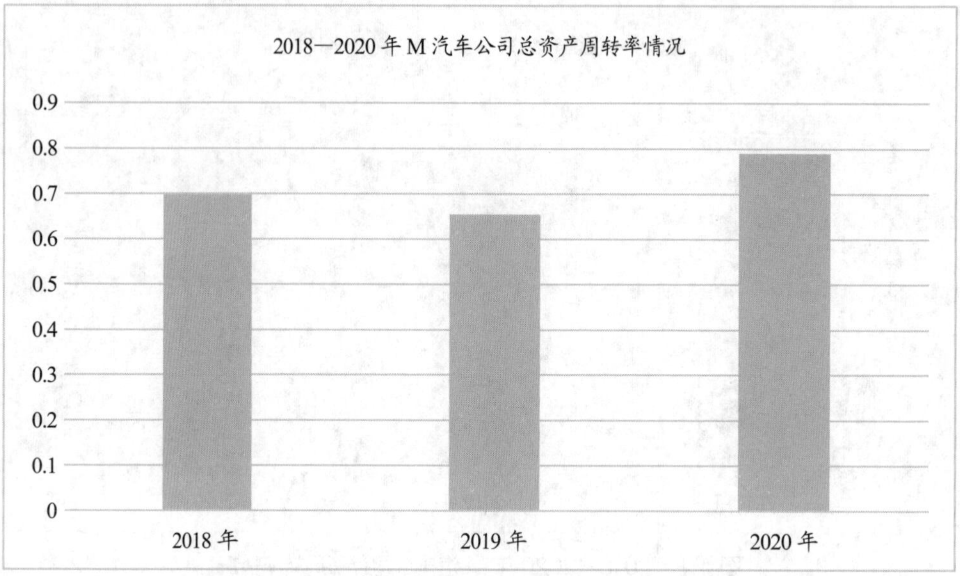

图 4-9　2018—2020 年 M 汽车公司总资产周转率情况

我们再将其与同行业的其他两家公司进行比较，发现 M 汽车公司在三家中的总资产周转率基本处于一个劣势的状态。因此 M 汽车公司在资产管理方面还有很大的改善空间。

表 4-4　2018—2020 年总资产周转率同行业对比

总资产周转率	2020	2019	2018
M 汽车公司	0.79	0.655	0.698
长安汽车	0.77	0.74	0.66
一汽轿车	2.71	1.45	1.41

3. 发展能力分析

企业的发展能力是指企业在维持基本生存的前提下，扩大经营规模、提升自身竞争实力的潜在能力。分析发展能力主要考察以下八项指标：营业收入增长率、资本保值增值率、资本积累率、总资产增长率、营业利润增长率、技术投入比率、营业收入三年平均增长率和资本三年平均增长率。本案例我们拟从中选取净资产增长率和总资产增长率几个指标对 M 汽车公司进行具体分析。

（1）净资产增长率。

净资产增长率 = 本期净资产增长额 / 上期净资产，它反映企业资产保值增值情况，能够体现出企业的发展能力。M 汽车公司公司的净资产增长率在 3 年来变化幅度较大。虽然净资产仍为上升趋势，但上升速度并不稳定。

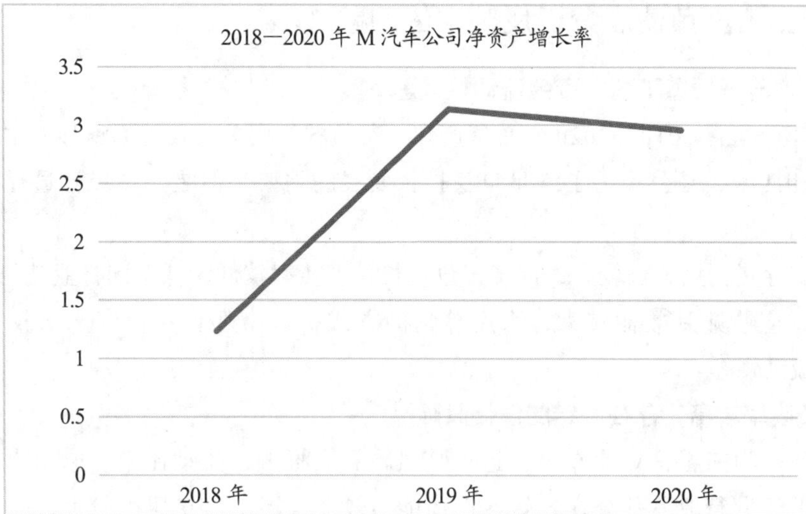

图 4-10　2018—2020 年 M 汽车公司净资产增长率情况

（2）总资产增长率。

总资产增长率，是企业当年总资产增长额同年初资产总额的比率，反映企业本期资产规模的增长情况。总资产增长率越高，表明企业一定时期内资产经营规模扩张的速度越快，也说明企业意图通过扩大资产规模来创造更多的利润。但在分析时，需要关注资产规模扩张的质和量的关系，以及企业的后续发展能力，避免盲目扩张。

近 3 年来 M 汽车公司的总资产规模逐年上升，说明企业不断在扩大生产规模，但总资产增长率总体呈下降趋势，2019 年总资产增长率为 0.55，同比降低 94.05%，说明其资产增长速度急速减缓，发展的稳定性较差。

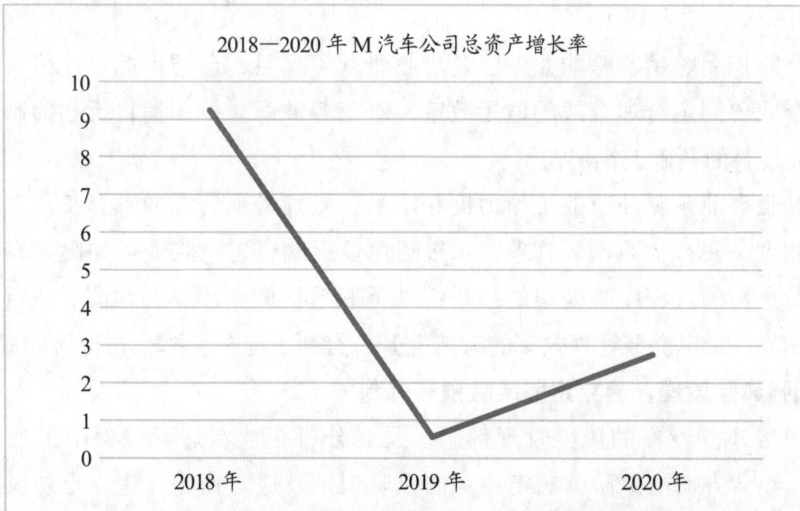

图 4-11　2018—2020 年 M 汽车公司总资产增长率情况

4.5.4 由资产负债表分析反映出的问题

1. 资产管理质量不高，资金流动性较差

M汽车公司在2018—2020年总资产和总负债的规模一直在不断增加，这与公司的战略布局相匹配，是公司为了满足自身扩张发展的需要。但是，在经营过程中，也存在以下问题：

第一，存货占用金额较大，周转天数较长，周转率较低，低于同行业其他公司；

第二，应收账款数额较大，采用赊销的方式扩大市场份额，资金未收回不能变现，导致流动性差。

2. 负债率较高，存在一定的偿债风险

从偿债能力来看，M汽车公司追求高风险和高报酬，流动比率、速动比率和现金比率都远低于同行业其他公司，短期偿债能力较弱，还本付息压力较大，一旦发生融资困难，可能会陷入财务危机；资产负债率也较高，长期偿债能力较弱，对于债权人而言负担的风险较大。

4.5.5 对策建议

1. 加强营运资本管理，健全预算管理制度，提高预算管理水平

通过对M汽车公司的财务分析，我们发现它的营运资金存在一定的问题。因此公司应当加强营运资本的管理，具体可以从以下几个方面进行改进。

一是通过控制成本费用的方式提高企业利润，增加企业价值。企业在日常中要做好对内部成本、费用的控制，加强预算管理的力度和质量水平，减少不必要的支出，进一步提升企业的盈利能力。

二是严格控制赊销、赊购业务以及应收账款等项目，严防由此可能引发的信用风险损失。企业要制定合理有效的信用政策，对于各种商业折扣销售折扣的制定要在充分收集有关资料的基础上作出谨慎决策。

三是加强事前预测环节的工作力度和水平，做好各项资金的预算工作，建立健全预算管理制度，实行全面预算管理，积极运用业财融合思想将业务和财务有机结合起来，在全员参与的过程中将公司的战略规划更好地贯彻到预算的预测、执行、考核、评价每个环节，实现资金管理效率的有效提升，有利于充分发挥公司价值的最大化。

2. 加强风险管理，建立定期风险预警机制

企业应当建立专门的风险管理部门，及时分析企业在运营过程中出现的各种筹资、投资、经营方面的风险，制定相关的风险识别及应对措施，建立定期风险预警机制，及时对应收账款进行账龄分析并对异常欠款加以必要的关注。制定合理的信用标准，评估客户的信用等级，对于不同账龄不同信用风险等级的应收账款应做好相应的催收工作，以加强企业未来应对外部不确定性的能力水平。

3. 优化资本结构，多元化融资渠道

由前述分析我们可以看到，M 汽车公司的资本结构以负债为主，资产负债率较高，存在一定的偿债风险。因此公司未来应当考虑调整当前的资本结构，适当增加股权融资的比例，多元化融资渠道，综合运用内源融资与外源融资筹集资金，增资扩股，降低负债率，提升企业抵御外部环境变化的能力水平，增强企业的竞争力。

第5章

揭开企业的面子——利润表

资产负债表可以称之为企业经营战略表，而利润表一向是投资者最关注的，也可以称之为上市公司的成绩单。

在企业中，管理层对利润表负责，这就给利润表带来了双重任务：一方面利润表要“取悦”于资本市场，也就是广大投资者；另一方面要“取悦”于董事会，毕竟董事会要拿利润来考核管理层的绩效。所以利润表在编制过程中可能会出于某种目的进行调整或者叫“修饰”。调整未必就是造假，企业在会计准则的框架之内其实有相当程度的操作空间，只要不超出准则规定，在监管层面就没有太大问题，只不过对于使用报表的用户特别是投资者而言，利润表的信息就不能真实反映企业的盈利状况。

因此，在做利润表的分析时，我们要重点关注或者识别利润表项目的调整。这些调整包括两方面的内容：一是企业出于利润管理的需要，进行的合法但不合理的调整；另一种就是纯粹的财务作假，既不合法又不合理。对于前者，只要企业有充分的理由，能合理的解释，那么问题就不大。为了充分识别利润表的调整项目，对利润表的分析可以从结构入手，关注重点项目。

5.1 认识利润表

本章将从利润表的结构出发，对其进行深入解读，并结合利润表重要科目和财务分析指标，指出对利润表进行财务分析的关键所在。

5.1.1 利润表概述

利润表，又称为损益表，是指反映企业在一定会计期间的经营成果及其分配情况的会计报表，是一段时间内公司经营业绩的财务记录，反映了这段时间的销售收入、销售成本、经营费用及税收状况，报表结果为公司实现的利润或形成的亏损。利润表正表的格式一份有两种：单步式利润表和多步式利润表。单步式利润表是将当期所有的收入列在一起然后将所有的费用列在一起两者相减得出当期净损益。多步式利润表是通过对当期的收入、费用、支出项目按性质加以归类，按利润形成的主要环节列示一些中间性利润指标。我国企业会计制度规定，企业的利润表采用多步式，每个项目通常又分为“本月数”和“本年累计数”两栏分别用列。

5.1.2 利润表的结构

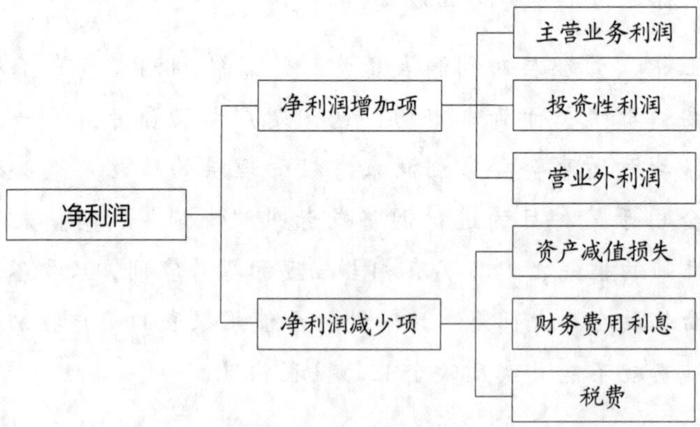

图 5-1 利润表的结构

利润表按照利润形成的逻辑把收入、费用等项目有机地结合起来，清晰地展示了企业利润的来源和成本的去向。在此基础上，将利润表中的项目重新排列组合，可以将形成净利润的项目分成两大类：增加类和减少类。

（1）净利润的增加项。

按照对企业的重要程度，能够为企业增加净利润的依次是主营业务利润、投资性利润和营业外利润。其中：

①主营业务利润 = 主营业务收入 − 主营业外成本 − 销售费用 − 管理费用 − 财务费

用（不含利息支出）

②投资性利润 = 公允价值变动损益 + 投资收益

③营业外利润 = 营业外收入 − 营业外支出

利用利润表数据，分别计算一下这三项利润的占比，可以大概判断这家企业的经营状况。正常情况下，主营业务利润占比最大；而如果投资性利润占比最大，可能有两个原因：一是这家企业是以投资业务为主，比如集团公司；二是这家企业通过投资性业务来调节利润，例如上市公司卖掉一栋楼来增加利润。正常情况下营业外利润占比很小，如果占比较大的话，很可能也是调节利润的信号。

（2）净利润减少项。

能够导致净利润减少的项目主要包括资产减值损失、利息支出和税费。其中，资产减值损失最值得关注，因为计提减值准备，需要做财务判断，主观性较强，这就使得企业在这方面有很大的操作空间。企业很可能通过多提或少提减值准备来调节利润。比如企业在某一年计提大量的减值准备，然后第二年再转回，那么第二年就可能扭亏为盈。在进行利润表分析时，可以比较最近几年的资产减值损失的数据，如果发现波动较大那就可能存在调节利润的风险。而利息支出可以用于验证这家企业的平均债务成本。通过比较前后几年企业贷款成本的变化并与同行业跟其他公司比较，可以得知这家企业的信用状况变化情况。一般而言，资质良好的企业，能从银行拿到相对低息的贷款。

5.1.3 利润表的编制

利润表，又称为损益表，是指反映企业在一定会计期间的经营成果及其分配情况的会计报表，是一段时间内公司经营业绩的财务记录，反映了这段时间的销售收入、销售成本、经营费用及税收状况，报表结果为公司实现的利润或形成的亏损。

1. 一步式利润表

在一步式损益表中，首先要将企业一定期间内的所有收入及所有费用、支出分别汇总，两者相减而得出本期净利润或所得税后利润。

2. 多步式利润表

多步式损益表将损益表的内容作多项分类，从销售总额开始，多步式损益表分以下几步展示企业的经营成果及其影响因素：

第一步：反映销售净额，即销售总额减销货退回与折让，以及销售税金后的余额。

第二步：反映销售毛利，即销售净额减销售成本后的余额。

第三步：反映销售利润，即销售毛利减销售费用、管理费用、财务费用等期间费用后的余额。

第四步：反映营业利润，即销售利润加上其他业务利润后的余额。

第五步：反映利润总额，即营业利润加（减）投资净收益，营业外收支，会计方法变更对前期损益的累积影响等项目后的余额。

第六步：反映所得税后利润，即利润总额减应计所得税（支出）后的余额。

一步式利润表和多步式利润表按不同的方法编制而成，它们基于不同的理由，各有优缺点：

一步式利润表比较简明，而且，由于这种格式对一切收入和费用、支出一视同仁，不分彼此先后，可避免使人误认为收入与费用的配比有先后顺序。其缺点是一些有意义的中间性信息，如销售毛利、营业利润、利润总额等均未直接反映，不利于不同企业或同一企业不同时期相应项目的比较。

多步式利润表对收入与费用、支出项目加以归类，列示一些中间性的利润指标，分步反映本期净利的计算过程，可提供比一步式损益表更丰富的信息，而且有助于不同企业或同一企业不同时期相应项目的比较分析。

5.2 利润表分析思路

利润表的重点是收入、利润、成本还有费用。表面上看，利润表能够反映一家企业经营和获利的情况，深层次来说，利润表能够反映企业的经营战略以及资产负债结构是否合理。对利润表进行分析可以从以下几个方面入手：

5.2.1 收入可持续性

企业的收入逐年增长是投资者或者管理层殷切希望的事情。对于一家企业而言，收入的决定因素包括：产品、客户群体和市场竞争强度。

一般来说，产品代表着企业所在的行业，行业都有生命周期，不同生命周期的行业，带给企业的影响是不同的。一个相对成熟的行业，企业想获得收入的大幅增长几乎不可能，因为成熟的行业，竞争相对平衡，很难脱颖而出。而在成长型的行业中，企业往往能获得较高的收入增长率。

同时，客户群体特征也会影响企业的收入。如果企业的客户都是500强的大企业，那么可以预测收入会比较稳定，也能说明这家企业业务质量很高；如果客户中小微企业占比多，那么收入就容易受到小微企业业绩波动的影响。

除此以外，企业收入来源的地理区域也要考虑到。比如企业收入部分来自海外，那么国际政治变化、汇率变化都会对收入产生影响。

5.2.2 费用所带来的效益

一般来说，正常的企业费用的支出往往会带来相应的效益，就是钱不能白花。因此，在分析利润表时需要计算一下期间费用率，看看费用与收入的增长是不是具有稳定的比例关系。如果一家企业费用支出很多，但收入却没有相应增加甚至在减少，说明企业管理上存在问题。

另外，如果期间费用发生剧烈上升或下降，那就需要格外关注变动的原因。

5.2.3　毛利率的变化

毛利率与产品生命周期密切相关。产品刚投入市场的时候，市场竞争较小，此时的毛利率加高；随着竞争性产品的加入，毛利率会越来越低。当企业毛利低的时候，往往会采用一些营销手段，比如采用促销手段，广告宣传等等，相应的费用也会增加。此外，如果毛利率降低的同时存货大量积压，那么企业的经营状况就需要更多关注。

5.2.4　利润中的现金含量

源源不断的现金流是企业长久发展的根本。如果企业利润中能够实际变现的很少，那么利润就会存在泡沫。分析利润中的现金含量需要结合现金流量表的经营活动现金流量项目。

一般来讲，营业收入与“销售商品、劳务收到的现金”相匹配，并且后者多于前者，因为后者含有增值税；营业成本与“购买商品、劳务支付的现金”相匹配；综合下来，营业利润要与经营活动的现金净额相匹配，并且正常情况下经营活动的现金净额要多于营业利润；投资收益对应着投资活动的现金流。

5.3　利润表重点科目说明

5.3.1　利润

1. 定义

利润指的是收入减去费用后的净额以及直接计入当期利润的利得和损失等。我国会计准则认为利润是一定时期内的经营成果，包括营业利润、投资净收益和营业外收支净额，并将利润单独设置为一个单独的要素和收入与费用要素相独立。而 IASC 中没有单独的利润要素，直接原因在于 IASC 将溢余和损失分别归入收入和费用，他们认为利润是收入和费用的相抵之差，从而收入与费用的确认和计量也是利润的确认和计量，因而利润要素也就无须单独设立。

本书依据我国会计准则的定义，从利润这个要素本身以及收入和成本两个组成部分来分析。

2. 特征

从特征来看，利润是衡量企业优劣的一种重要标志，通常作为评价企业管理层业绩的一项重要指标，也是投资者等财务报告使用者进行决策时的重要参考。如果企业实现了利润，表明企业的所有者权益将增加，业绩得到了提升；反之，如果企业发生了亏损（即利润为负数），表明企业的所有者权益将减少，业绩下滑了。

3. 分类

按其构成的不同层次，利润可划分为：营业利润、利润总额和净利润。

（1）营业利润。

营业利润是企业在其全部销售业务中实现的利润，又称销售利润、经营利润，它是由主营业务利润加其他业务利润之后扣除期间费用（包括管理费用和财务费用）得到的。

营业利润是利润表的重点，它比较恰当地反映了企业管理者的经营业绩。一般来说，营业利润是决定一家企业是否赚钱的关键。对于收入水平相当的两家企业而言，营业利润更高的企业一般具有更高的管理层水平。

（2）利润总额。

利润总额是指税前利润，也就是企业在所得税前一定时期内经营活动的总成果。利润总额是衡量企业经营业绩中十分重要的经济指标。

按收益总额观点，企业的利润总额包括主营业务利润（产品销售利润）、其他业务利润、投资净收益和营业外收支净额四部分。其中产品销售利润、其他业务利润和投资净收益是企业当期经营过程中从事生产、销售、投资告示活动所实现的利润，也被称为正常利润；而营业外收支净额及以前年度损益调整都是与企业生产经营活动无关事项所引起的盈亏，也被称为非正常利润。

一家优秀的企业每年的营业利润必须是增加的，并且应该主要来源于主营业务，而不是其他营业外的收入。如果一家企业主营业务表现平平，但营业外收入非常突出，这很可能有巨大的隐藏风险。

（3）净利润。

净利润（收益）是指在利润总额中按规定交纳了所得税以后公司的利润留存，一般也称为税后利润或净收入。

但是需要注意的是，净利润并不是公司真正赚到手的钱，对利润表的质量进行评估还需要结合现金流量表。一方面，净利润（收益）是预计未来现金流量的基础。未来现金流量的估计是通过现金预算的编制进行的，现金预算是保证现金收支管理的重要工具。另一方面，现金流量与净利润的差异可以揭示净利润品质的好坏。一般而言，即净利润与现金流量之间的差异（数量上，时间分布）越小，说明净利润的收现能力越强，净利润品质越好，企业的流动性和财务适应性就越强。

从定义来看，对利润的分析需要考虑收入和费用两个关键要素。

5.3.2　收入

1. 营业收入

营业收入是企业在生产经营活动中，因销售产品或提供劳务而取得的各项收入。营业收入包括主营业务收入和其他业务收入。主营业务收入是指企业持续的、主要的经营活动所取得的收入。主营业务收入在企业收入中所占的比重较大，它对企业的经济效益有着举足轻重的影响。而其他业务收入是指企业在主要经营活动以外从事其他业务活动而取得的收入，它在企业收入中所占的比重较小。

营业收入无论何种类型，都属于复杂的财务数据，因为收入是有很大预估性的。除了最基础的一买一卖之外，有些收入对应的产品或服务的交割具有比较长的时间跨度，比如建筑服务，或者产品或服务合同中约定了售后保证条款，对于这些复杂收入的确认需要公司管理层进行职业判断，并具有很大的决策空间，因而也是容易出现风险的科目。

营业收入的持续增长是优秀企业最起码的表现，真正优秀的企业应该可以超越行业和同行增速，但是也要和行业本身或者同行其他公司的增速匹配。对收入进行分析需要结合财务报表附注、同行业对比以及历年数据，分析公司实实在在的收入明细以及其波动。如果企业主营业务复杂，或者业绩不好，但是突然收入大增，那就需要重点关注。

2. 营业外收入

营业外收入是指企业发生的与其生产经营无直接关系的各项收入，包括固定资产盘盈、处置固定资产净收益、非货币性交易收益、出售无形资产收益、罚款净收入等。

对营业外收入进行分析需要结合其明细，确定利润表中记录的营业外收入是否已发生，且已完整、恰当地记录于正确的会计期间和账户。

5.3.3　成本

营业成本是与营业收入直接相关的，已经确定了归属期和归属对象的各种直接费用。营业成本主要包括主营业务成本、其他业务成本。其中，主营业务成本用于核算企业因销售商品、提供劳务或让渡资产使用权等日常活动而发生的实际成本。其他业务成本用于核算企业除主营业务成本以外的其他销售或其他业务所发生的支出，包括销售材料、提供劳务等而发生的相关成本、费用，以及相关税金及附加等。

成本的控制是企业营运能力的体现，具有优质管理层的企业可以把成本控制到完美且不伤害利润。一般来说，优质企业都有核心技术，其在市场竞争中获得更高利润的关键就是成本能否成功降下来，让产品可以在价格上面得到主动权，获得更大竞争力。对营业成本分析的另一个关键是营业成本与营业收入的配比。如果企业销售收入大幅增加，但是成本却下降，就可能存在潜在的风险，需要重点关注。

5.3.4　费用

1．研发费用

研发费用是指研究与开发某项目所支付的费用。我国会计准则委员会对研发费用的构成虽然没有指明具体包括哪些，但指明了研发费用归集的期间：企业内部研究开发项目研究阶段的支出，应当于发生时计入当期损益，而企业内部研究开发项目开发阶段的支出，能够证明下列各项时，应当确认为无形资产。

一般而言，高新技术企业都会保持高水平的研发投入，努力保持自己的技术先进性，并增强自身的市场竞争力。但需要注意的是，研发费用对企业而言就是成本，并且是那种极度不稳定的成本。它更像是一把双刃剑，研发投入高证明企业在不断地增加新技术、开发新技术，但是研发不一定都会成功，其背后可能是无数次失败。

在进行财务分析时，对于研发费用应该理性看待。一方面，企业不能没有研发，需要进行研发投入来提升自身的市场竞争地位；另一方面，企业也不能完全靠研发生存，那将会给企业带来极大的不确定性。

2．销售费用

销售费用是指企业在销售产品、自制半成品和工业性劳务等过程中发生的各项费用，包括由企业负担的包装费、运输费、装卸费、展览费、广告费、租赁费（不包括融资租赁费），以及为销售本企业产品而专设的销售机构的费用，包括职工工资、福利费、差旅费、办公费、折旧费、修理费、物料消耗和其他经费。

一般而言，销售费用属于期间费用，在发生的当期就计入当期的损益。如果销售费用金额太大，那可能存在的情况是企业的销售需要大量的销售费用来堆砌，而不是靠产品的竞争力来实现，这样的情况下公司的利润就容易受到影响。同时，如果两家企业产品质量及市场占有率相似，那么销售费用更低的企业就具有更高的管理层水平，其利润也会更高。

3．管理费用

管理费用是期间费用的一种，它主要是指企业行政管理部门为组织和管理生产经营活动而发生的各种费用，包括管理人员工资和福利费、公司一级折旧费、修理费、技术转让费、无形资产和递延资产摊销费及其他管理费用（办公费、差旅费、劳保费、土地使用税等）。

控制管理费用是企业营运能力的体现之一。一般来说，管理费用金额比较固定，每年存在增长是正常现象，但是如果突然变化很大，那就需要密切关注背后的管理问题，比如坏账损失或者是公司经费是否存在大额增加。但这并不是说管理费用下降就是好事，也可能是一个暗藏的问题，具有潜在的经营风险。

4. 财务费用

财务费用是指企业为筹集生产经营所需资金等而发生的费用，包括企业生产经营期间发生的利息支出（减利息收入）、汇兑净损失（有的企业如商品流通企业、保险企业进行单独核算，不包括在财务费用）、金融机构手续费，以及筹资发生的其他财务费用如债券印刷费、国外借款担保费等。

对于很多成熟的大企业而言，财务费用并不是必需的，他们可能不仅没有有息负债，还有利息收入。一般而言，只有比较艰难的企业才需要借钱经营。对财务费用进行确认一般需要银行出具的付息凭证，相对真实性比较高。在分析财务费用时，需要结合企业的贷款以及货币资金持有情况，核对对应的借款合同，警惕企业账上货币资金充足。

5. 资产减值损失

资产减值损失是指企业根据《资产减值准则》等计提各项资产减值准备时，所形成的或有损失。如计提的坏账准备，存货跌价准备和固定资产减值准备等形成的损失。我国会计准则规定资产减值范围主要是固定资产、无形资产以及除特别规定外的其他资产减值的处理。

相对而言，资产减值损失的计提需要用到较多的管理层估计，容易暗藏企业的风险。如果企业管理层未及时计提或者未足量计提资产减值损失，那就会使得公司利润虚增，表面上业绩表现更好，实际上并不尽然。一般来说资产减值损失的金额不会太大，对资产减值损失进行分析需要结合企业的历史数据，分析其变动情况。如果出现一次性大额计提，那就需要警惕企业是否在做财务洗澡、为了以后的业绩好看，而不是真正的改善经营流程。

6. 公允价值变动损益

公允价值变动损益是指一项资产在取得之后，后续采用公允价值计量模式时，期末资产账面价值与其公允价值之间的差额。作为一个区分资产的公允价值变动在持有和处置期间不同影响的科目，持有期间的公允价值变动损益在计税时不予考虑，只有在实际处置时，所取得的价款在扣除其历史成本后的差额才计入处置期间的应纳税所得额。

从利润表的角度看，公允价值变动损益实际上是一种非经营性收益。对于企业而言，将这个项目与企业的经营收益区分开，不仅有利于投资者更好地进行分析和决策，也提供了一种协调资产负债表和利润表内在关系的一种方法，本身就是一种防范企业财务风险的有效措施。在进行财务分析时，需要主要结合相关的凭证和估值报告，关注企业的公允价值变动损益是否足额及时计提。

5.3.5 非经常性损益

1. 定义

根据《公开发行证券的公司信息披露解释性公告第 1 号——非经常性损益（2008）》规定，非经常性损益是指与公司正常经营业务无直接关系，以及虽与正常经营业务相关，但由于其性质特殊和偶发性，影响报表使用人对公司经营业绩和盈利能力做出正常判断的各项交易和事项产生的损益。

总结上述定义，非经常性损益主要有以下几个特点：

（1）与正常经营业务有关，但是属于偶发事件；

（2）与正常经营业务无直接关系；

（3）其他有可能影响使用人对公司盈利能力做出判断的损益。因此扣除非经常性损益后的净利润，是对公司业绩盈利能力持续性的较为真实反映。

结合上述定义举例，如果一家公司本期实现净利润 5 000 万元，但其中 4 500 万元是股权处置产生的收益，那就需要注意：公司并不是每年都有股权可以卖个好价格，因此 4 500 万元需要作为非经常性损益列示，扣除这部分损益后公司的净利润是 500 万元，这才是公司正常可持续的盈利能力。

2. 计量

非经常性损益的计算，应该根据《公开发行证券的公司信息披露解释性公告第 1 号——非经常性损益（2008）》规定中的 20 个条目，结合公司实际情况，逐条核对是否存在该项业务，再查看公司是否存在除规定以外符合非经常损益定义的项目发生。需要注意的是：

（1）符合政策、每年都能收到的政府补助或税收返还，不属于非经常性损益；

（2）正常原因计提的减值准备均属于经常性损益，包括长期资产减值损失，只有因不可抗力原因（自然灾害）计提的减值损失属于非经常性损益（偶发）；

（3）公司购买理财产品投资收益属于非经常性损益中的委托他人投资或管理资产的损益；

（4）委托贷款投资收益属于非经常性损益中的对外委托贷款取得的损益；

（5）单独进行减值测试的应收款项减值准备转回；该项需要特别注意，很容易遗漏；这点主要为了防止借单项计提坏账准备进行利润操纵；

（6）临时性征收的水利建设专项资金属于非经常性损益，长期的、根据收入一定比例征收的水利建设专项资金属于经常性损益。

3. 披露

在披露方面，我们需要注意：

（1）非经常性损益项目按税前金额列示；非经常性损失以负数列示；

（2）“除上述各项之外的其他营业外收入和支出”按其他相关营业外收入和支出

相抵后的净额填列；

（3）对单项金额超过归属于母公司股东非经常性损益净额的 10% 或性质特殊的非经常损益项目进行详细说明；

（4）如果存在同一控制下合并，需说明同一控制下合并标的对非经常性损益计算的影响。因为同一控制下企业合并产生的子公司期初至合并日的当期净损益是作为非经常性损益披露，而该部分损益中又会包括各项明细的非经常性损益，因此需要披露该公司期初至合并日的具体每项涉及的非经常性损益；

（5）如果有一般情况下应作为非经常性损益，但未被认定为非经常性损益的政府补助，应逐项披露理由。

4．常见项目

从深层次来解读非经常性损益，需要重点关注非流动性资产处置损益、政府补助、公允价值变动收益等。

（1）非流动资产处置损益。

此处的非流动资产包括固定资产、无形资产、开发支出、在建工程、一年以上的金融资产、长期股权投资等。资产处置时，根据处置对价和处置时资产的账面价值，会有一个差额，如果是利得，就按照正数填列，如果是损失，就按照负数填列。

一家公司如果本期非流动资产处置损益是红字，表明本期公司处置了相关资产后，整体产生的是损失。这其中可能包括多项资产的处置，部分是利得，部分是损失，但整体是亏损的。已计提资产减值准备的冲销部分如何理解？部分资产有可能在处置前，已经计提了资产减值准备。由于资产减值损失是经常性的，当处置的时候，资产的账面价值 = 资产原值 - 折旧或摊销 - 减值准备，意思是说，考虑处置损益时，需要考虑资产减值准备。

如果不考虑已计提资产减值准备的冲销部分，那企业操纵的空间就比较大了。如果当年扣非经常性损益后净利润是足够的，不妨多计提点减值，留给以后年度使用。当然，这只是一种设想。

（2）计入当期损益的政府补助。

政府补助几乎是所有上市公司都有可能的非经项目。绝大部分情况下，政府补助都是属于非经的，只有同时满足：与公司正常经营业务密切相关，符合国家政策规定、按照一定标准定额或定量持续享受的政府补助上述三个条件，才能考虑作为经常性损益。这是因为在满足上述三个条件后，这部分政府补助至少在 5 年这个时间跨度内是基本稳定的收益，因此作为经常性损益也无可厚非。

（3）计入当期损益的对非金融企业收取的资金占用费。

这里一般是指公司资金让渡给他人时所收取的利息收入。上市公司的资金监管是比较严格的，资金占用报告中需要披露关联方资金占用情况，所以实务中这项资金发生实际是比较少的，因为总有点不太合规。

（4）委托他人投资或管理资产的损益。

此处通常是指企业的理财产品等现金管理产品投资收益。只要企业买理财产品，就每年都会有这部分收益，但这部分是投资性的、非经营性的，所以也属于非经常性损益。除同公司正常经营业务相关的有效套期保值业务外，持有以公允价值计量且其变动计入当期损益的金融资产、金融负债产生的公允价值变动收益，以及处置以公允价值计量且其变动计入当期损益的金融资产、金融负债和可供出售金融资产取得的投资收益。

这部分的概念真得很长，但实际是公允价值计量的金融资产负债发生的变动损益和处置损益。这些处置非流动资产类似，通常不是可持续的。

（5）单独进行减值测试的应收款项减值准备转回。

这一项在实务中通常很容易遗漏。我们在复核时会特别关注上期末单项计提的减值准备，本期是否有所转回。这一项之所以作为非经常性损益，是为了防止会计操纵，其实和非流动资产处置时，要考虑计提的减值准备是一样的道理。因为减值损失是经常性损益，如果转回的话，有利于会计操纵各期间的经常性损益。

5. 勾稽关系

在上市公司的年度报告中，首先最重要的当然是如何解读非经常性损益对公司利润的影响，对财务报表整体的影响。从深层次分析非经常性损益的合理性，需要抓取上市公司报告中的数字，去核对非经常性损益是否正确列示，是否存在非经常性损益和经常性损益混淆的情况。

前述也谈到其他收益、资产处置收益、投资收益、公允价值变动收益和营业外收支科目，和经常性损益存在密切关系。我们可以分别勾稽和总数勾稽。

（1）第一项：非流动资产处置收益。

一般情况下：非流动资产处置收益 = 资产处置收益 + 营业外收入非流动资产处置收益 - 营业外支出非流动资产处置收益 + 投资收益中处置长期股权投资收益

（2）第二项：计入当期损益的政府补助 + 税费返还。

一般情况下：非经常性损益中政府补助 + 税费返还 = 其他收益中政府补助 + 营业外收入 - 政府补助 - 符合经常性条件的政府补助。如果公司存在符合经常性条件的政府补助，都是需要在附注中说明判断的理由，所以这个数据肯定能找到。

（3）第三项：计入当期损益的对非金融企业收取的资金占用费。

计入当期损益的对非金融企业收取的资金占用费也比较难找到勾稽的地方，因为财务费用中利息收入金额很大，部分来自金融机构，如果公司没有特别去说明，就很难找到了。

（4）第四项：委托他人投资或管理资产的损益。

同一控制下企业合并产生的子公司期初至合并日的当期净损益，这一项上面我们没有提到，其实实务中不常见，这一项作为非经常性损益的主要原因也是为了防止会计操纵。因为同一控制的原因，企业合并产生的子公司期初至合并日的净损益，是作为公司合并净利润的组成部分的，如果作为经常性损益，则比较容易通过构造交易来操纵利润。这个金额通常在合并利润表的最下方。

除同公司正常经营业务相关的有效套期保值业务外，包括持有以公允价值计量且其变动计入当期损益的金融资产、金融负债产生的公允价值变动收益，以及处置以公允价值计量且其变动计入当期损益的金融资产、金融负债和可供出售金融资产取得的投资收益，名字实在是太长了，这一项目也是比较容易勾稽的。一般情况下：委托他人投资或管理资产的损益 = 公允价值变动收益 + 投资收益中处置可供金融资产收益 + 投资收益中处置以公允价值计量且其变动计入当期损益的金融资产的收益。

（5）第五项：除上述各项之外的其他营业外收入和支出。

顾名思义，这一项就是营业外收支中其他的项目，有些公司会把水利建设基金作为经常性损益，但除此之外，绝大部分营业外收支中的项目都是非经常性损益。

按照上面的逻辑，我们其实发现，只要相关损益计入了其他收益、资产处置收益、投资收益、营业外收支科目，就可以采用总数勾稽。

5.4　利润表相关指标

利润表能够提供许多对企业而言具有参考价值的指标比率，如盈利能力指标、发展能力指标、偿债能力指标、成本费用指标等。分析这些指标，需要结合资产负债表、现金流量表和与表外信息有关的指标比率。企业盈利能力的多少及盈利水平的高低直接关系到投资者的投资回报率。利润表中各项目之间关系的一个重要作用，就是反映公司的盈利能力。

5.4.1　企业总体盈利能力指标分析

各种利润的构成：

营业利润 = 营业收入 - 营业成本 - 税金及附加 - 销售费用 - 管理费用 - 财务费用 - 资产减值损失 +（-）公允价值变动收益 +（-）投资收益

利润总额 = 营业利润 + 营业外收入 - 营业外支出

净利润 = 利润总额 - 所得税费用

1. 主营业务利润率分析

按照企业从事日常活动的重要性收入可分为主营业务收入和其他业务收入。主营业务收入是企业经营活动中确认的销售商品、提供劳务等主营业务的收入，如工业企业生产并销售产品、商业企业销售商品、咨询公司提供咨询服务、软件公司为客户开发软件等实现的收入。其他业务收入是指企业发生的与经常性活动相关的其他活动实现的收入，如工业企业对外出售不需用的原材料、出租固定资产、对外转让无形资产使用权等活动产生的收入。

主营业务利润率是指企业的主营业务利润与主营业务收入的比率。该指标反映企业每百元主营业务收入为企业带来的主营业务利润，说明企业在增加收入、提高经营业绩方面的管理绩效，是企业销售的最终盈利能力指标。该指标越大，说明企业的主营业务盈利能力越强，企业的发展前景越好。计算公式为：

主营业务利润率 =（主营业务利润 ÷ 主营业务收入净额）×100%

2. 毛利率分析

毛利等于收入与成本的差额，也是收益表中最有意义的指标之一。企业的收入包括主营业务收入、其他业务收入、投资收入和营业外收入等，其中，主营业务收入和其他业务收入作为企业生存和发展的基础，其利润率水平直接体现了企业的盈利能力。其计算公式如下：

毛利 = 主营业务利润 + 其他业务利润

毛利率 =（毛利 ÷ 营业收入）×100%

此外，毛利率中最重要的指标，销售毛利率是指毛利占销售收入的百分比，计算公式为：

销售毛利率 =（主营业务收入 - 主营业务成本）÷ 主营业务收入 ×100%

作为利润中心的考核指标，它包含了利润中心管理者所能控制的销售收入和销售产品成本两个因素，满足了责任会计制度的基本要求，有利于各部门进行成本分析与控制。此外，由于这一指标不包含销售费用因素，能促使各部门管理者调整产品结构，以获取最大毛利。但正由于毛利没有包含销售费用的因素，在采用这一考核指标时，必须注意由于毛利增加所引起的销售费用的增加。如果毛利增加导致销售费用的更大增加，从而使企业净收益减少，这就违背了目标一致性原则，是不可取的。

销售毛利率表示每百元销售收入在扣除销售成本之后，有多少钱可以用于弥补各项期间费用和形成盈利。如果企业的毛利率很高，即使净利润很小，但其增长空间却可以通过加强管理，提高利润。

3. 营业利润率分析

营业利润是指企业营业收入与营业成本、期间费用及税金之间的差额，它既包括主营业务利润，又包括其他业务利润，并在两者之和的基础上减去营业费用、管理费用与财务费用。它反映了企业生产经营业务的财务成果。通过计算营业利润的步骤，我们能了解引起企业营业利润增减变动的主要原因。

营业利润率是指企业在一定时期内营业利润与营业收入的比率。通过这一指标可以衡量企业在一定时期内营业收入获取利润的能力，其计算公式为：

营业利润率 =（营业利润 ÷ 营业收入）×100%

4．净利率分析

（1）销售净利率分析。

销售净利率是指净利润与主营业务收入的百分比，表明企业每百元产品或商品销售收入净额带来的净收益。计算公式为：

销售净利率 =（净利润 ÷ 主营业务收入）×100%

销售净利率与净利润成正比关系，与主营业务收入成反比关系。企业在提高销售收入的同时，必须更多地增加净利润，才能提高销售净利率。销售净利率越高，说明企业的活力越强，发展前景越好；反之，若销售净利率降低，说明企业的成本费用支出上升，会影响企业的长期发展。分析销售净利率时，可以将连续几年中企业该项指标的变化进行纵向比较，从而确定销售净利率的发展变化趋势，同时也可以与同行业平均水平进行横向比较，以具体评价企业盈利能力的高低。

（2）总资产净利率。

总资产净利率是指企业利润总额与企业平均资产总额的比率，是反映企业资产综合利用效果的指标，也是衡量企业利用债权人和所有者权益总额所取得盈利的重要指标。该比率越高，表明资产利用的效果越好，整个企业盈利能力越强，经营管理水平越高。计算公式为：

总资产净利率是指净利润与总资产的比率，它反映每 1 元总资产创造的净利润。其计算公式如下：

总资产净利率 =（净利润 ÷ 总资产）×100%

总资产利润率 = 利润总额 ÷ 平均资产总额 ×100%

其中，资产平均总额是资产总额年初与年末数的算术平均数。

总资产净利率是企业盈利能力的关键。虽然股东报酬由总资产净利率和财务杠杆共同决定，但提高财务杠杆会同时增加企业风险，往往并不增加企业价值。此外，财务杠杆的提高有诸多限制，企业经常处于财务杠杆不可能再提高的临界状态。因此，提高权益净利率的基本动力是总资产净利率。

（3）权益净利率。

权益净利率是净利润与股东权益的比率，它反映每 1 元股东权益赚取的净利润，可以衡量企业的总体盈利能力。

权益净利率 =（净利润 ÷ 股东权益）×100%

根据 ABC 公司的财务报表数据：

本年权益净利率 =（136 ÷ 960）×100%=14.17%

上年权益净利率 =（160 ÷ 880）×100%=18.18%

权益净利率的分母是股东的投入，分子是股东的所得。对于股权投资者来说，具有非常好的综合性，概括了企业的全部经营业绩和财务业绩。ABC 公司本年股东的报酬率减少了，总体来讲不如上一年。

5.4.2 与投资相关的盈利能力指标分析

1. 总资产收益率分析

总资产收益率是分析公司盈利能力一个非常有用的比率，是衡量企业收益能力的指标。它的高低直接反映了公司的竞争实力和发展能力，也是决定公司是否应举债经营的重要依据。

总资产收益率的计算公式是：

总资产收益率 = 净利润 ÷ 平均资产总额（平均负债总额 + 平均所有者权益）×100%

其中净利润的计算公式为：

净利润 = 利润总额 ×（1 - 所得税率）

所有者权益是指企业资产扣除负债后由所有者享有的剩余权益。

平均资产总额是指当期期初和期末资产总额的算术平均值，即：平均资产总额 =（期初资产总额 + 期末资产总额）÷2

总资产收益率分析的重要意义体现在：

（1）总资产收益率指标集中体现了资产运用效率和资金利用效果之间的关系。

（2）在企业资产总额一定的情况下，利用总资产收益率指标可以分析企业盈利的稳定性和持久性，确定企业所面临的风险。

（3）总资产收益率指标还可反映企业综合经营管理水平的高低。

总资产收益率与净资产收益率（净利润 / 股东权益 ×100%）一起分析，可以根据两者的差距来说明公司经营的风险程度；对于净资产所剩无几的公司来说，虽然它们的指标数值相对较高，但仍不能说明它们的风险程度较小；而净资产收益率作为配股的必要条件之一，是公司调整利润的重要参考指标。

2. 总资产报酬率分析

总资产报酬率以投资报酬为基础来分析企业获利能力，是企业投资报酬与投资总额之间的比率。企业的投资报酬是指支付利息和缴纳所得税之前的利润之和，投资总额为当期平均资产总额。

总资产报酬率又称资产所得率，是指企业一定时期内获得的报酬总额与资产平均总额的比率。它表示企业包括净资产和负债在内的全部资产的总体获利能力，用以评价企业运用全部资产的总体获利能力，是评价企业资产运营效益的重要指标。

总资产报酬率 =（利润总额 + 利息支出）÷ 平均资产总额 ×100%

平均资产总额是指企业资产总额年初数与年末数的平均值，计算公式为：

平均资产总额 =（资产总额年初数 + 资产总额年末数）÷2

（1）表示企业全部资产获取收益的水平，全面反映了企业的获利能力和投入产出状况。通过对该指标的深入分析，可以增强各方面对企业资产经营的关注，促进企业提高单位资产的收益水平。

（2）一般情况下，企业可据此指标与市场资本利率进行比较，如果该指标大于市场利率，则表明企业可以充分利用财务杠杆，进行负债经营，获取尽可能多的收益。

（3）该指标越高，表明企业投入产出的水平越好，企业的资产运营越有效。

3. 净资产收益率分析

净资产收益率 ROE（Rate of Return on Common Stockholders’ Equity），净资产收益率又称股东权益报酬率 / 净值报酬率 / 权益报酬率 / 权益利润率 / 净资产利润率，是净利润与平均股东权益的百分比，是公司税后利润除以净资产得到的百分比率，该指标反映股东权益的收益水平，用以衡量公司运用自有资本的效率。指标值越高，说明投资带来的收益越高。该指标体现了自有资本获得净收益的能力。其计算公式如下：

$$净资产收益率 = 税后利润 \div 所有者权益$$

一般来说，负债增加会导致净资产收益率的上升。企业资产包括了两部分，一部分是股东的投资，即所有者权益（它是股东投入的股本，企业公积金和留存收益等的总和），另一部分是企业借入和暂时占用的资金。企业适当地运用财务杠杆可以提高资金的使用效率，借入的资金过多会增大企业的财务风险，但一般可以提高盈利，借入的资金过少会降低资金的使用效率。净资产收益率是衡量股东资金使用效率的重要财务指标。

净资产收益率可衡量公司对股东投入资本的利用效率。它弥补了每股税后利润指标的不足。例如：在公司对原有股东送红股后，每股盈利将会下降，从而在投资者中造成错觉，以为公司的获利能力下降了，而事实上，公司的获利能力并没有发生变化，用净资产收益率来分析公司获利能力就比较适宜。

如果说净资产收益率的年度目标值是 2.8%，至 4 月末，净资产收益率为 1.6% 合理；净资产收益率会随着时间的推移而增长（假定各月净利润均为正数）。

5.4.3　与成本费用相关的盈利能力指标分析

1. 成本构成分析

主营业务成本占比与其他业务成本分析：销售成本分析包括全部销售成本分析和单位销售成本分析两部分：

（1）全部销售成本完成情况分析

全部销售成本分析，是根据企业本年度产品生产、销售成本表的相关资料，对企业全部销售商品成本的本年实际完成情况与上年度实际情况进行对比分析，从产品种类角度出发找出各类产品或各主要主营业务成本升降的幅度，以及对全部销售成本的影响程度。全部销售成本分析的一般步骤如下：将本年度全部产品销售总成本与按本年度实际销售量计算的上年实际销售总成本进行对比，求出销售成本的增减额和增减率。计算公式为：

全部销售成本降低额 = 本年度实际销售成本 - 按本年度实际销售量计算的上年实际销售总成本

全部销售成本降低率 = 本年度实际销售成本 ÷ 按本年度实销量计算的上年销售总成本

（2）计算主要产品和非主要产品的销售成本降低额和降低率，以及对全部销售成本降低率的影响。主要产品和非主要主营业务成本降低额和降低率的计算可用上式进行，只是产品的范围不同。它们对全部销售成本降低率影响的计算公式为：

主营业务成本降低对全部销售成本降低的影响 = 主营业务成本降低额 ÷ 按本年度实销量计算的上年销售总成本

非主要主营业务成本降低对全部销售成本降低率的影响 = 非主要主营业务成本降低额 ÷ 按本年度是销量计算的上年度销售成本

通过以上方面的分析，可以对企业的全部成本支出进行全面的了解，分析了企业所有销售成本的本年完成情况，而且从产品类别上找出了销售总成本增减变动的原因，为加强成本管理指明了方向。

2．费用构成分析

（1）三大费用构成分析

与财务成果直接相关的费用有销售费用、管理费用和财务费用等。对各项费用进行分析可采用水平分析法和垂直分析法。

（2）单项费用较大科目分析

财务费用、管理费用、销售费用共同构成企业的期间费用，这三项费用对于衡量企业的日常经营管理的效率是非常重要。企业可以通过加强对日常经营管理，来降低企业的期间费用。对于单项费用较大的科目，企业可以通过加强企业的内部控制，来降低企业的经营成本，企业通过有针对性的专业分析，加强企业的成本管理。

3．成本费用利润率

按照会计核算中配比性原则的基本要求，当企业确认收入时，需要同时结转属于当期的成本和费用，用来衡量企业盈利状态的利润值，也是收入减除各项成本和费用后得来的。所以，通过分析成本费用与利润的关系，也能了解企业的盈利能力。与成本费用相关的盈利能力指标是成本利润率。

成本费用利润率是企业一定期间的利润总额与成本、费用总额的比率，该指标表明每付出一元成本费用可获得多少利润，体现了经营耗费所带来的经营成果。该项指标越高，利润就越大，反映企业的经济效益越好。其计算公式为：

成本费用利润率 = 利润总额 ÷ 成本费用总额 ×100%

从计算公司可以看出，该指标直接体现了净利润对应的成本费用的多少，其比率越高，表明企业定额耗费内所取得的收益越高，企业的盈利能力就越强。

5.4.4　上市公司盈利能力指标分析

1．每股收益指标分析

每股收益即每股盈利（EPS），又称每股税后利润、每股盈余，指税后利润与股本总数的比率，是普通股股东每持有一股所能享有的企业净利润或需承担的企业净亏损。每股收益通常被用来反映企业的经营成果，衡量普通股的获利水平及投资风险，是投资者等信息使用者据以评价企业盈利能力、预测企业成长潜力进而做出相关经济决策的重要财务指标之一。利润表中，第九条列示“基本每股收益”和“稀释每股收益”项目。该比率反映了每股创造的税后利润。比率越高，表明所创造的利润越多。若公司只有普通股时，净收益是税后净利，股份数是指流通在外的普通股股数。如果公司还有优先股，应从税后净利中扣除分派给优先股东的股利。

每股收益是指本年净收益与普通股份总数的比值，根据股数取值的不同，有全面摊薄每股收益和加权平均每股收益。全面摊薄每股收益是指计算时取年度末的普通股份总数，理由是新发行的股份一般是溢价发行的，新老股东共同分享公司发行新股前的收益。加权平均每股收益是指计算时股份数用按月对总股数加权计算的数据，理由是由于公司投入的资本和资产不同，收益产生的基础也不同。

计算每股收益时要注意以下问题。编制合并会计报表的公司，应以合并报表中的数据计算该指标。如果公司发行了不可转换优先股，则计算时要扣除优先股数及其分享的股利，以使每股收益反映普通股的收益状况，已作部分扣除的净利润，通常被称为“盈余”，扣除优先股股利后计算出的每股收益又称为“每股盈余”。有的公司具有复杂的股权结构，除普通股和不可转换优先股以外，还有可转换优先股、可转换债券、购股权证等。可转换债券的持有者，可以通过转换使自己成为普通股股东，从而造成公司普通股总数增加。购股权证持有者，可以按预定价格购买普通股，也会使公司普通股份增加。普通股增加会使每股收益变小，称为“稀释”。计算这种复杂的股权结构的每股收益时，应按照有关部门的规定进行，没有相关规定的，应按国际惯例计算该指标，并说明计算方法和参照依据。

每股收益，是衡量上市公司盈利能力最重要的财务指标。它反映普通股的获利水平。在分析时，可以进行公司间的比较，以评价该公司相对的盈利能力；可以进行不同时期的比较，了解该公司盈利能力的变化趋势；可以进行经营实绩和盈利预测的比较，掌握该公司的管理能力。

2．每股现金股利指标分析

每股股利是股利总额与流通股股数的比值。每股股利是反映股份公司每一普通股获得股利多少的一个指标，指标值越大表明获利能力越强。影响每股股利多少的因素主要是企业股利发放政策与利润分配政策的影响。如果企业为扩大再生产、增强企业后劲而多留利，每股股利就少，反之则多。

其计算公式为：

每股股利 = 股利总额 / 普通股股数 =（现金股利总额 - 优先股股利）÷ 发行在外的普通股股数

股利总额是用于对普通股进行分配的现金股利的总额，普通股股数是企业发行在外的普通股股数（不是加权平均数）。

每股股利反映的是上市公司每一普通股获取股利的大小。每股股利越大，则公司股本获利能力就越强；每股股利越小，则公司股本获利能力就越弱。但须注意，上市公司每股股利发放多少，除了受上市公司获利能力大小影响以外，还取决于公司的股利发放政策。如果公司为了增强公司发展的后劲而增加公司的公积金，则当前的每股股利必然会减少；反之，则当前的每股股利会增加。

反映每股股利和每股收益之间关系的一个重要指标是股利发放率，即每股股利分配额与当期的每股收益之比。借助于该指标，投资者可以了解一家上市公司的股利发放政策。

3．股利支付率指标分析

股利支付率，也称股息发放率，是指净收益中股利所占的比重。它反映公司的股利分配政策和股利支付能力。在美国使用比较多。通常初创公司、小公司的分配比例较低。分配比例高表明公司不需更多的资金进行再投入，公用事业股的分配比例都较高。其计算公式为：

股利支付率 = 每股股利 ÷ 每股净收益 ×100%

或，股利支付率 = 股利总额 ÷ 净利润总额

股利支付率 + 利润留存率 =1

现金股利支付率 = 现金股利或分配的利润 ÷ 经营现金净流量

反映本期经营现金净流量与现金股利的关系，比率越低，企业支付现金股利的能力就越强。这一指标的修改比传统股利支付率更能体现支付股利的现金来源和可靠程度。

4．市盈率指标分析

市盈率是指普通股每股市价与每股收益的比率，它反映普通股股东愿意为每 1 元净利润支付的价格。其中，每股收益是指可分配给普通股股东的净利润与流通在外普通股加权平均股数的比率，它反映每只普通股当年创造的净利润。其计算公式如下：

市盈率 = 每股市价 ÷ 每股收益

每股收益 = 普通股股东净利润 ÷ 流通在外普通股加权平均股数

假设 ABC 公司无优先股，2×19 年 12 月 31 日普通股每股市价 36 元，2×19 年流通在外普通股加权平均股数 100 万股。根据 ABC 公司的财务报表数据：

本年市盈率 =36÷1.36=26.47

本年每股收益 =136 ÷ 100=1.36（元 / 股）

在计算和使用市盈率和每股收益时，应注意以下问题：

（1）每股市价实际上反映了投资者对未来收益的预期。然而，市盈率是基于过去年度的收益。因此，如果投资者预期收益将从当前水平大幅增长，市盈率将会相当高，也许是 20 倍、30 倍或更多。但是，如果投资者预期收益将由当前水平下降，市盈率将会相当低，如 10 倍或更少。成熟市场上的成熟公司有非常稳定的收益，通常其每股市价为每股收益的 10 至 12 倍。因此，市盈率反映了投资者对公司未来前景的预期，相当于每股收益的资本化。

（2）对仅有普通股的公司而言，每股收益的计算相对简单。在这种情况下，计算公式如下所示。

如果公司还有优先股，则计算公式如下：

每股收益 =（净利润 – 优先股股利）÷ 流通在外普通股加权平均股数

由于每股收益的概念仅适用于普通股，优先股股东除规定的优先股股利外，对收益没有要求权。所以用于计算每股收益的分子必须等于可分配给普通股股东的净利润，即以净利润中扣除当年宣告或累积的优先股股利。

5. 每股净资产指标分析

每股净资产是指股东权益与总股数的比率。其计算公式为：每股净资产 – 股东权益 / 总股数。这一指标反映每股股票所拥有的资产现值。每股净资产越高，股东拥有的每股资产价值越多；每股净资产越少，股东拥有的每股资产价值越少。通常每股净资产越高越好。公司净资产代表公司本身拥有的财产，也是股东们在公司中的权益。因此，又叫作股东权益。在会计计算上，相当于资产负债表中的总资产减去全部债务后的余额。公司净资产除以发行总股本，即得到每股净资产。例如，上市公司净资产为 15 亿元，总股本为 10 亿股，它的每股净资产值为 1.5 元（即 15 亿元 /10 亿股）。

每股净资产值反映了每股股票代表的公司净资产价值，为支撑股票市场价格的重要基础。每股净资产值越大，表明公司每股股票代表的财富越雄厚，通常创造利润的能力和抵御外来因素影响的能力越强。净资产收益率是公司税后利润除以所有者权益得到的百分比率，用以衡量公司运用自有资本的效率。还以上述公司为例，其税后利润为 2 亿元，净资产为 15 亿元，净资产收益率为 13.33%。净资产收益率越高，表明股东投入的单位资本所获收益越多。上例 13.33% 表明，股东每投入 1 元钱便有 0.13 元的回报。

6. 市净率指标分析

市净率，是指普通股每股市价与每股净资产的比率，它反映普通股股东愿意为每 1 元净资产支付的价格，说明市场对公司资产质量的评价。其中，每股净资产也称为每股账面价值，是指普通股股东权益与流通在外普通股股数的比率，它反映每股普通股享有的净资产，代表理论上的每股最低价值。其计算公式如下：

市净率 = 每股市价 ÷ 每股净资产

每股净资产 = 普通股股东权益 ÷ 流通在外普通股股数

既有优先股又有普通股的公司，通常只为普通股计算净资产。在这种情况下，普通股每股净资产的计算需要分两步完成。首先，从股东权益总额中减去优先股权益，包括优先股的清算价值及全部拖欠的股利，得出普通股权益。其次，用普通股权益除以流通在外普通股股数，确定普通股每股净资产。该过程反映了普通股股东是公司剩余所有者的事实。

假设ABC公司有优先股10万股，清算价值为每股15元，拖欠股利为每股5元；2×19年12月31日普通股每股市价36元，流通在外普通股股数100万股。根据ABC公司的财务报表数据：

本年市净率 =36 ÷ 7.6=4.74

本年每股净资产 =[960-（15+5）× 10] ÷ 100=7.6（元 / 股）

在计算市净率和每股净资产时，应注意所使用的是资产负债表日流通在外普通股股数，而不是当期流通在外普通股加权平均股数，因为每股净收益资产的分子为时点数，分母应与其口径一致，因此应选取同一时点数。

5.4.5 与利润表相关的长期偿债能力分析

1. 利息保障倍数的含义

利息保障倍数是指息税前利润对利息费用的倍数。其计算公式如下：

利息保障倍数 = 息税前利润 ÷ 利息费用 =（净利润 + 利息费用 + 所得税费用）÷ 利息费用

分母的“利息费用”是指本期的全部应付利息，不仅包括计入利润表财务费用的利息费用，还应包括计入资产负债表固定资产等成本的资本化利息。

长期债务不需要每年还本，却需要每年付息。利息保障倍数表明每1元利息支付有多少倍的息税前利润作保障，它可以反映债务政策的风险大小。如果利息保障倍数小于1，表明自身产生的经营收益不能支持现有的债务规模。利息保障倍数等于1也很危险，因为息税前利润受经营风险的影响，很不稳定，而利息支付却是固定的。利息保障倍数越大，公司拥有的偿还利息的缓冲资金越多。

2. 资本化利息的含义

利息资本化将借款利息支出确认为一项资产。需要相当长时间才能达到可销售状态的存货以及投资性房地产等所发生的借款利息支出，亦是利息资本化的范围。

会计制度规定，当所购建的固定资产达到预定可使用状态时（资产已经达到购买方或建造方预定的可使用状态），应当停止其借款费用的资本化。所购建固定资产是否达到预定可使用状态，可按以下几方面进行判断：

（1）固定资产的实体建造（包括安装）工作已经全部完成或者实质上已经完成；

（2）所购建的固定资产与设计要求或合同要求相符或基本相符，即使有极个别与设计或合同要求不相符的地方，也不影响其正常使用；

（3）继续发生在所购建固定资产上的支出金额很少或几乎不再发生；

（4）如果所购建固定资产需要试运行，则在试生产结果表明资产能够正常生产出合格产品时，或试运行结果表明能够正常运转或营业时，就应当认为资产已经达到预定可使用状态。

3．利息保障倍数指标分析

利息保障倍数是指一个企业每期获得的收益与支付的固定利息费用之间的倍数关系，即从所借款债务中获得的收益是所需支付债务利息费用的倍数，收益是利息的倍数越大，企业偿还债务利息的能力必然越强，通常也就有能力偿还到期的债务本金。所以，利息保障倍数指标可以用来衡量企业所获得的收益承担应支付利息费用的能力，也用以分析企业的长期偿债能力。

企业对外举债的基本目的是取得必要的经营资本。通过企业财务杠杆分析已知，企业负债经营可行性的基本要点是债务所付出的利息费用必须抵于使用这笔资本所获得的利润，否则企业就不该进行负债经营。在企业负债经营中，利息率的高低对经营风险有直接影响。

一般来说，负债的利率越高，借入资本所获得收益少于利息费用的风险也就越大，这种经营风险的程度可以用利息保障倍数指标加以衡量利息保障倍指标在计算中取决于两个基本因素，一是企业所得税前利润，二是企业的利息费用。

利息保障倍数的计算公式如下：

利息保障倍数 =（税前净利润 + 利息费用）÷ 利息费用

公式中的分子是运用资本所获得的收益，也就是没有扣除利息费用的税前利润，包括税前净利于利息费用。

利息保障倍数反映企业的营业收益能够偿付利息的倍数，是衡量长期偿债能力的一个重要指标。这是因为长期债在到期前只需定期支付利息，不需支付本金。况且，对于一般企业来说，只要其资本结构基本上市稳定的，并且经营状况良好，就能够举借新的债务来偿还到期债务的本金。利息保障倍数越高，说明税息前利润相对于利息越多，则债权人的利息收入就越有保障。相反，利息保障倍越低，说明企业负太多或盈利能力不强，对债权人权益保障越小，从而影响长期偿债能力和重新借款能力。正确评价企业的长期债务能力，分析该指标的高与低，应将本年度利息保障倍数同该企业以往年度，以及同一行业的其他企业和该行业平均指标进行对比。此外，每个企业经营的好坏，信用的高低对利息保障倍数的要求也就不同。

5.5 利润表分析实务——H 家电公司利润表解读

在竞争者还囿于家电圈筹划着如何进行产品多元化、打开海外市场、培育新产品时，H 家电公司跳出家电企业的束缚，以逐步显现的海外红利、鹤立鸡群的高端市场以及储备深厚的研发成果，在行业内开辟了全新的商业模式，成为家电行业的新白马。本章将以 H 家电公司作为分析对象，从其利润表及相关指标入手，解读 H 家电公司脱颖而出的秘密。

5.5.1 公司基本情况

H 家电股份有限公司（以下简称 H 家电公司）的前身成立于 1984 年，现今已从负债不堪濒临破产的电冰箱小厂发展成为知名家电企业进而成为家电行业的龙头品牌。近 20 年的发展布局如图 5-2 所示。

截至 2020 年 12 月，H 集团总资产达 2 034 亿元，当年实现收入 2 097.26 亿元，同比增长 4.46%，四季度收入 553.14 亿元，同比增长 9.5%。其中，国内家电业务收入 988.80 亿元，同比增长 6.6%，下半年增长 18.5%；海外市场收入 1 006.22 亿元，同比增长 8.3%，其中下半年增长 15.8%。本报告期内，公司全年实现净利润为 113.23 亿元，同比下降 8.20%，主要受到上年物流业务出表的投资收益影响；全年持续经营净利润 113.22 亿元，同比增长 25.31%，归于母公司净利润 88.77 亿元，同比增长 8.17%；其中四季度净利润增长最为显著，高达 33.04 亿元，创历年同期新高度。全年毛利率 29.68%，同比下降 0.15 百分点；销售及管理费用率合计下降 0.98 个百分点，其中下半年下降 2.8 个百分点；公司全年经营活动现金流量净额为 175.99 亿元，同比增长 16.68%；其中四季度经营活动现金流量净额 118.88 亿元，同比增长 79.9%。

同时，伴随企业转入成熟阶段，财务工作量随之增加，财务部门在工作压力增长的情况下如何稳步前行，完美的解决财务工作，实现降低成本和控制财务风险双重目标是当前十分关键和亟待妥善解决的问题。基于此，企业运营效率提升和企业业绩稳步提高的工作挑战使得财务工作者格外注重对于财务会计报告的分析，从报告中探索和挖掘企业经营的财富密码，能够有效提振企业竞争力和可持续发展能力。

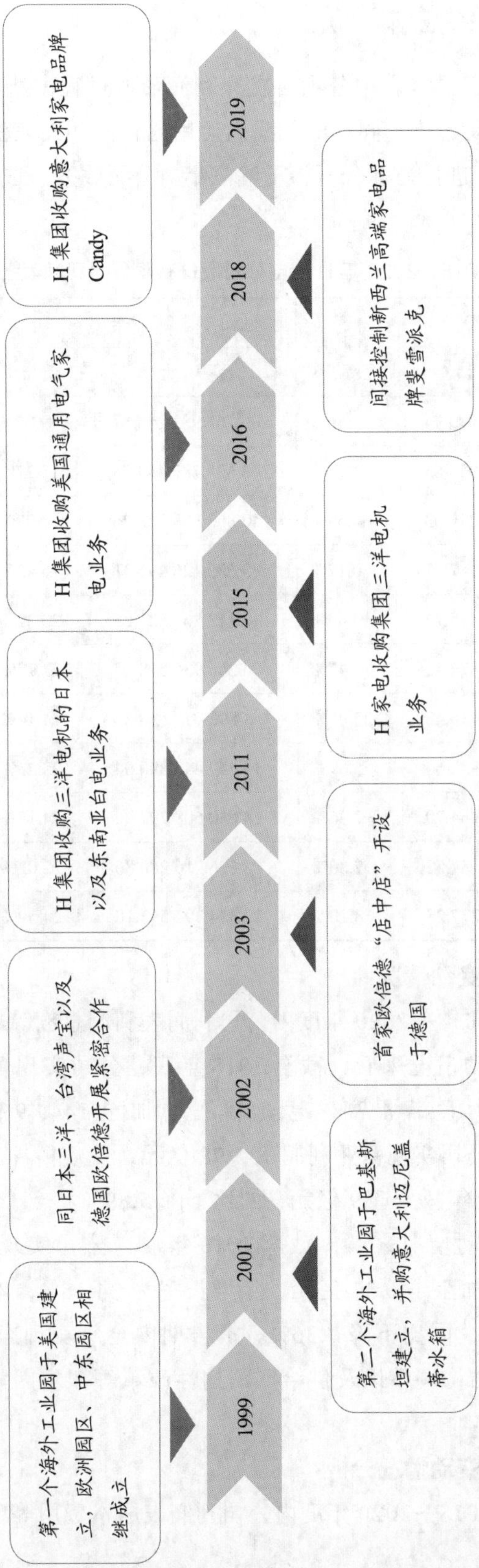

图 5-2　近 20 年来 H 家电公司全球布局战略

5.5.2　公司财务业绩总体评价

对利润表的分析在于了解表中各项目在净利润形成过程中所起的作用大小以及各个项目水平的变动和变动趋势。同样的，我们运用比较法和图表法对公司2018—2020年的利润表（见表5-1）进行指标分析，了解三年内公司收入、成本和费用的构成及变化情况。

表5-1　2018—2020年H家电公司股份有限公司利润表各项目情况

报告期	2020年		2019年		2018年
项目	金额（元）	变动率	金额（元）	增长率	金额（元）
营业收入	209 725 821 099.44	4.46%	200 761 983 256.57	9.05%	184 108 481 959.27
营业总成本	199 886 424 033.65	3.77%	192 625 787 459.73	10.27%	174 687 709 671.51
营业成本	147 475 181 245.03	4.69%	140 868 398 722.26	7.98%	130 455 086 874.95
销售费用	33 641 711 147.72	−0.12%	33 682 126 291.31	16.45%	28 923 144 934.04
管理费用	10 052 645 415.72	−0.60%	10 113 263 329.25	20.32%	8 405 151 809.85
研发费用	6 860 161 572.42	9.47%	6 266 936 518.17	22.77%	5 104 647 278.53
财务费用	1 196 217 735.43	33.95%	893 017 558.86	−4.14%	931 591 642.48
营业利润	13 597 954 952.64	−5.89%	14 449 443 890.04	25.23%	11 538 018 529.33
利润总额	13 554 480 464.79	−7.36%	14 630 608 797.96	24.18%	11 781 495 032.66
所得税费用	2 231 864 187.51	−2.80%	2 296 216 280.86	22.02%	1 881 843 052.56
净利润	11 322 616 277.28	−8.20%	12 334 392 517.10	24.59%	9 899 651 980.10

1. 利润总额等项目变动情况

上表统计数据显示2018—2020年度内公司利润表利润总额等项目变动情况。

从公司营业利润变动情况来看，截至2018年底，公司实现营业利润高达115.38亿元，2019年盈利能力显著提高，营业利润增加至144.49亿元，年增长率为25.23%；本报告期内，公司实现营业利润135.98亿元，受疫情冲击和经济增速放缓影响，本年内营业利润较上年减少近9亿元，同比下降5.89%。

从公司利润总额变动情况来看，截至2018年底，公司实现利润总额117.81亿元，2019年利润总额增加至146.31亿元，年增长率为24.18%；本报告期内，公司实现利润总额135.54亿元，同比下降7.36%。报告期内全年实现净利润高达113.23亿元，受疫情冲击、能源结构调整以及供给侧结构性改革等多重因素的影响，较去年同比下降8.20%。

2. 成本费用等项目变动情况分析

上表统计数据显示2018—2020年度内公司利润表成本费用等项目变动情况。

从公司成本费用变动情况来看，公司本期发生成本费用共计 1 998.86 亿元，其中主营业务成本 1 474.75 亿元，占成本费用总额的 73.78%；销售费用为 336.42 亿元，占成本费用总额的 16.83%；管理费用为 100.53 亿元，占成本费用总额的 5.03%；研发费用为 68.6 亿元，占成本费用总额的 3.43%；财务费用为 11.96 亿元，占成本费用总额的 0.60%。

较上年同期情况来看，本报告期内，公司成本费用总额同比增长 3.77%；主营业务成本较上年同期增长 4.69%；销售费用及管理费用均较上年同期有所下降，分别为 -0.12% 和 -0.60%；研发费用较上年同期增加 9.47%，本期内，公司以用户体验为中心，更加注重聚焦原创科技突破，以技术专利化、专利标准化为主线，同时围绕国家产业战略以及核心物联网技术切入，形成未来智家场景应用技术的持续引领；财务费用较上年同期增加最多，变动比例为 33.95%，主要是本期汇率波动确认汇兑损失所致。

3．基于利润表各项目的综合分析

综合前述分析，主营业务成本攀升，营业利润较上年同期显著下降成为本报告期内利润表值得深入探讨和分析的一环。受新冠疫情、复杂多变的国际环境等因素影响，国内外经济增速放缓甚至增速下降。根据国家统计局数据，2020 年，我国 GDP 总额突破 101 万亿人民币，比上年同比增长 2.3%，增速为近 5 年来最低水平。疫情冲击叠加新能源结构调整和供给侧结构性改革等，对原本就处于波动调整期的家电类行业及一众公司带来巨大挑战。疫情爆发，居民平均收入下降，消费行为趋于谨慎，家电市场遭遇冰点，总体消费需求萎缩。国内白色家电、厨房家电全年零售额市场规模实现人民币 4 487 亿元，较同期下降 11.9%，其中冰箱、洗衣机、空调、厨电等品类零售额分别负增长 3.3%、6.5%、22%、5.4%。但随着国内疫情得到有效控制、行业实现有序复工复产、消费需求得以释放，整体家电市场逐渐摆脱疫情冲击，市场销售有所改善。同时，受到后疫情时代催化，家电市场将持续向健康、智能化升级，并在细分品类和渠道呈现亮点。

5.5.3　利润表比率分析

1．盈利能力指标

盈利能力是指企业获取利润的能力，利润率越高，盈利能力就越强，是反映上市公司价值的一个重要方面。对于经营者来讲，通过对盈利能力的分析，可以发现经营管理环节出现的问题。通过盈利指标在行业内的对比，可以衡量经营者的工作业绩。

盈利能力分析常见的指标有：收益类指标，包括资产收益率、净利润率、毛利率等；成长类指标，包括收入增长率、净利润增长率、资产增长率和每股收益率等；现金流指标，包括净利润现金含金量和每股现金流。本部分就营业利润率、净利润率、毛利率以及总资产报酬率对 2018—2020 年 H 家电公司股份有限公司的盈利能力进行分析。

（1）营业利润率。

营业利润率是指经营所得的营业利润占销货净额的百分比，或占投入资本额的百分比。这种百分比能综合反映一个企业或一个行业的营业效率。营业利润率在各个行业以及同一行业的各个企业之间差异很大，并且不是所有的企业每年都能得到利润。

营业利润率 $=\dfrac{\text{营业利润}}{\text{全部业务收入}}$，是指经营所得的营业利润占销货净额的百分比，或占投入资本额的百分比。

表 5-2　2018—2020 年 H 家电公司股份有限公司营业利润率变动情况

报告期	2020 年	2019 年	2018 年
营业利润率	6.48%	7.20%	6.21%

由表 5-2 可知，H 家电公司股份有限公司近三年来营业利润率平均维持在 6.63%，2018 年营业利润率为 6.21%，截止到 2019 年营业利润率增长至 7.20%，盈利能力有所提升。本报告期内营业利润率相较于上年有所降低，营业利润率为 6.48%，主要是受疫情冲击以及国际环境较为复杂导致的需求有所紧缩所致。

（2）净利润率

净利润率，能综合反映一个企业或一个行业的经营效率。从利润水平的高低情况，可以预测经济的发展趋势，利润增长，就业人数和收入一般也会增加，而利润下降，就业人数和收入也会随之减少。虽然利润的绝对值可能每年达到新的水平，但利润率却不一定随之而不断提高。

净利润率 $=\dfrac{\text{净利润}}{\text{销售净收入}}$，是指经营所得的净利润占销货净额的百分比，或占投入资本额的百分比。

表 5-3　2018—2020 年 H 家电公司股份有限公司净利润率变动情况

报告期	2020 年	2019 年	2018 年
净利润率	4.23%	4.09%	4.06%

由表 5-3 可知，H 家电公司股份有限公司近三年来平均净利润率大致在 4.13%，三年来呈现出稳步上升的局面。相对于 2018 年 4.06% 到 2019 年的 4.09%，本报告期内净利润率增长至 4.23%，增幅较 2019 年大。可以看出，公司近几年盈利能力较为可观，今后很长一段时间里持续增长能力较强，前景较好。

（3）毛利率

毛利率反映的是一个商品经过生产转换内部系统以后增值的那一部分，在分析企业主营业务的盈利空间和变化趋势时，毛利率是一个重要指标。它可以对企业主要业务的盈利状况进行分析，这对于判断企业核心竞争力的变化趋势及其企业成长性极有帮助。

毛利率 $=\frac{毛利}{销售收入}$，即毛利与销售收入（或营业收入）的百分比。

表 5-4　2018—2020 年 H 家电公司股份有限公司毛利率变动情况

报告期	2020 年	2019 年	2018 年
毛利率	29.68%	29.83%	29.00%

由表 5-4 可知，H 家电公司股份有限公司近三年来毛利率较稳定，变动幅度不大，年平均毛利率接近 30%。说明公司经营业绩较突出，市场竞争能力强，就家电制造行业来看，H 家电公司股份有限公司处于行业领先水平。

2. 发展能力指标

（1）营业收入增长率

表 5-5　2018—2020 年 H 家电公司股份有限公司营业收入增长率变动情况

报告期	2020 年	2019 年	2018 年
营业收入增长率	4.46%	9.04%	12.17%

营业收入增长率，是本期的主营业务收入增加额与上期主营业务收入的比值，用于衡量公司产品的市场需求增长程度，该指标越高，表明公司产品的市场前景越看好，公司的成长性越好。由表 5-5 可知，近三年来营业收入增长率平均在 8.56%，2020 年营业收入增长率较以前年份有较大幅度下降，究其原因，主要是疫情冲击等因素所致。

（2）营业利润增长率

表 5-6　2018—2020 年 H 家电公司股份有限公司营业利润增长率变动情况

报告期	2020 年	2019 年	2018 年
营业利润增长率	−5.89%	25.23%	13.05%

营业利润增长率又称销售利润增长率，是企业本年营业利润增长额与上年营业利润总额的比率，它反映企业营业利润的增减变动情况。由表 5-6 可知，按照近三年 H 家电公司股份有限公司营业利润增长率情况来看，2018 年为 13.05%，截至 2019 年底，营业利润增长率提高至 25.23%，增幅较大，说明公司经营状况较好，业务扩张能力维持较高水平。但 2020 年营业利润增长率为 -5.89%，较前两年有大幅下降，主要是疫情冲击叠加能源结构调整等因素导致。

（3）净利润增长率

表 5-7　2018—2020 年 H 家电公司股份有限公司净利润增长率变动情况

报告期	2020 年	2019 年	2018 年
净利润增长率	8.17%	9.66%	7.71%

净利润增长率，即本年净利润增长额与上期净利润的比值，净利润增幅越大，表明公司业绩越突出，其成长性越好。由表 5-7 可知，近三年内，H 家电公司股份有限公司的净利润增长率大致维持在 8.51%，可以看出公司获利能力尚可，公司经营较为稳定可观。

5.5.4 基于利润表进行分析的结论

1. 发展前景分析

近年来，国家明确要求扩展国内需求来刺激经济发展，提出了要进一步建立扩大内需的有效体系，加强需求侧的完善和管理，扩大国内居民消费，提高消费水平，有助于刺激家电需求。H 家电公司要把握住这次契机，加快发展进程，成为行业领军企业之一。

受疫情冲击、复杂多变的国际环境等诸多因素影响，中国经济发展增速明显下滑，家电市场需求萎缩。在这样的时代背景下，2019 年已经完成了 H 电器民营化并成功在全球的“A+D+H”三地上市的 H 家电公司，在国内业务和海外业务上都实现了逆势上扬。根据 H 家电公司发布的 2020 年报数据显示，公司全年在营业收入方面实现 2 097.26 亿元，同比增长 4.46%；归属于上市公司主要股东的净利润 88.77 亿元，同比 2019 年增长 8.17%。同时，在 2020 年“全球智慧家庭发明专利排行榜”中，H 家电公司以 2 034 件排名榜首，连续四次排名全球第一；在第 21 届中国专利金奖评奖中，H 家电公司再拿 2 金，行业第一；累计获得 9 项国家专利金奖，占行业一半。作为家电领域国际标准引领者，H 家电公司正加速驱动中国标准“走出去”。中国家电行业 80% 的国际标准均来自 H 集团。随着 H 家电公司完成资源配置、业务架构、财务优化等多方面的布局，公司将成为一个更具竞争力的全品类大白电平台，创收及盈利能力将提升，股东回报预期上升，投资价值凸显。

2. 发展战略分析

2020 年，H 家电公司的收入、业绩长期保持稳定增长，在整个产品行业中发挥强势的市场竞争力。同时，借助公司拥有的出色并购整合业绩：于 2015 年收购 H 集团的海外白色家电业务；于 2016 年收购 GE Appliances；于 2018 年收购新西兰 Fisher&Paykel 公司；于 2019 年收购意大利公司 Candy 等，能够助力公司全面而更加的深入全球协同能力的提升。未来公司应着力优化经营流程，加强降低企业成本，提高公司业务运营效率；积极拓展中国高端企业品牌市场份额继续深化数字化转型和变革，促使公司业务实现快速成长；充分利用普通仓库的配置和易于管理的信息工具，优化库存，提高渠道效率。

2020 年，公司全年实现毛利率 29.68%，同比下降 0.15 百分点，主要是上半年毛利率受疫情影响下降 1.03 个百分点；随着下半年收入规模持续快速增长、卡萨帝收入占比持续提升以及海外市场结构优化等因素，下半年毛利率提升 0.46 个百分点。销售及管理费用率合计下降 0.98 个百分点，其中下半年下降 2.8 个百分点；根据浙商证券测算，目前我国高端技术产品在国内家电行业市场中经济渗透率仅为 2%，对比海外发达国家家电行业市场 10% 以上高端品牌经济文化渗透率，未来中国国内高端家电行业市场还是会有很大的增长空间，作为国内高端家电行业市场的引领者和龙头品牌，未来卡萨帝的发展应用前景值得期待，有望拉动 H 家电公司国内各项主营业务规模实现快速成长，其较强的盈利能力也会在近几年内持续地提升自己的市场份额，从而改善 H 家电公司的收入和利润结构。

H 家电公司应该在物联网的场景营销与生态创新上下功夫，继续加大对 AI、5G、IOT 等技术的研发投入，取得更多的研究成果。公司应该紧紧聚焦高端品牌、智慧家庭品牌、生态品牌的建设，持续发挥在成套引领产品、全球经济协同、智家体验云平台管理等方面的优势，推进智慧家庭全流程数字化变革，不断开拓智慧家庭生活场景的解决方案，从而不断保持良好的发展态势。

第6章

探索企业的日子——现金流量表

现金流量决定着企业的存亡。因为企业可以没有利润，但是不能没有现金，没有利润只是证明企业的产品暂时没有市场，但是没有现金时，企业马上面临倒闭风险。另外，在很多利益相关者眼中，利润是基于财务报表的，不是真实的现金，现金才是真正用来运作和经营的唯一保障。而现金流量表就是用来看清楚企业现金的重要报表，这张报表会反映出企业的现金从何而来，用在何处，所剩几何。

从本质上来说，现金流量表的编制基础是收付实现制，而利润表和资产负债表都是权责发生制。这其中的区别就在于本期列报的利润表和资产负债表相对有更多职业判断的空间，可能会有资产、利润被提前或者延期确认；但是现金流量表是真实的本期的现金流动情况，可以真实地反映企业到底经营的怎么样，也可以用来证伪利润表和资产负债表的质量。

6.1 认识现金流量表

本章将从现金流量表的结构出发，对其进行深入解读，并结合现金流量表重要科目和财务分析指标，指出对现金流量表进行财务分析的关键所在。

6.1.1 现金流量表概述

现金流量表是反映企业在一定会计期间现金和现金等价物流入和流出的报表。我国企业现金流量表采用报告式结构，分类反映经营活动产生的现金流量、投资活动产生的现金流量和筹资活动产生的现金流量，最后汇总反映企业某一期间现金及现金等价物的净增加额。

其中，经营活动产生的现金流量主要包括销售商品或提供劳务、购买商品、接受劳务、支付工资和交纳税款等流入和流出的现金和现金等价物；投资活动产生的现金流量主要包括购建固定资产、处置子公司及其他营业单位等流入和流出的现金和现金等价物；筹资活动产生的主要包括吸收投资、发行股票、分配利润、发行债券、偿还债务等流入和流出的现金和现金等价物。偿付应付账款、应付票据等商业应付款等属于经营活动，不属于筹资活动。

6.1.2 现金流量表的结构

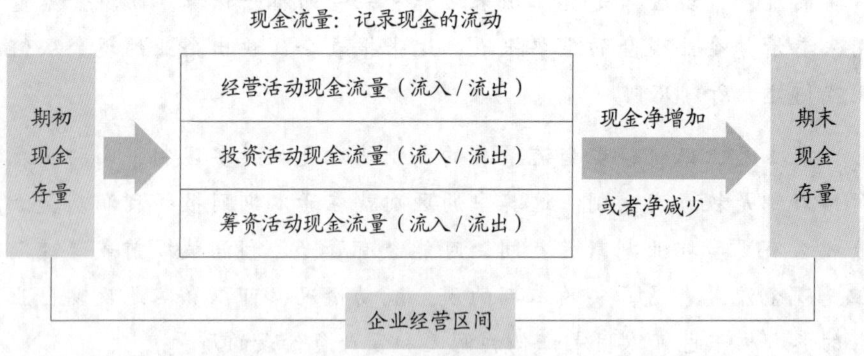

图 6-1 现金流量表结构

现金流量表本身的结构暗含了对现金流量表进行分析最好的模式。它一共可以划分为三个方面，其中经营方面对应经营活动现金流，投资方面对应投资活动现金流，筹款方面对应筹资活动现金流。对于企业而言，最重要的一定是经营活动，因为投资、筹资的最终目的都是为了企业更好地经营。经营活动现金流只要越来越好，企业基本上可以认为良性增长。增长的现金流可以用来偿还债务，也可以用于继续投资扩大生产。

6.1.3　现金流量表的编制原理

财务报表由两套体系组成：资产负债表和利润表，以权责发生制为基础，通过等式“资产 + 费用（成本）= 负债 + 所有者权益 + 收入”紧密连接起来；现金流量表，以收付实现制为基础，通过逐笔调整资产负债表和利润表的发生额，将涉及现金及现金等价物的项目转化为现金流量表对应的类别，对不涉及现金及现金等价物的项目不在现金流量表中反映。

也就是说，现金流量表的编制，并不是很多人认为的，采用流水账的方式逐笔记录现金流入流出状况，而是以资产负债表和利润表为基础，将权责发生制调整为收付实现制的过程。

现金流量表的分析至关重要，但要真正理解现金流量表的分析逻辑，就要从现金流量表的编制原理开始。

从两个著名的会计恒等式：资产 = 负债 + 所有者权益、收入 - 费用 = 利润中，我们可以进行以下分析：

由于，利润归股东所有，净利润需在会计期末转入未分配利润，进入所有者权益项目；因此：资产 = 负债 + 所有者权益 + 收入 - 费用。

而资产又可以划分为现金资产和非现金资产两类，因此：现金 + 非现金资产 = 负债 + 所有者权益 + 收入 - 费用。

通过移项可以得到：现金 = 负债 + 所有者权益 + 收入 - 费用 - 非现金资产。

由于现金流量表和利润表反映期间数据，资产负债表是一个时点数值，因此通过资产负债表（期末 - 期初）及利润表（本期 - 上期），可以得出期间现金增加额：（期末 - 期初）现金 =（期末 - 期初）负债 +（期末 - 期初）所有者权益 +（本期 - 上期）收入 -（本期 - 上期）费用 -（期末 - 期初）非现金资产

即：现金净增加额 = 负债净增加额 + 所有者权益净增加额 + 收入本年发生额 - 费用本年发生额 - 非现金资产净增加额。

等式右方，正项为现金流入，负项为现金流出，其数额通过资产负债表和利润表相关项目的逐项分析，计算得出。

也就是说，采用工作底稿法，用调整分录编制现金流量表的过程，就是逐笔调整资产负债表及利润表的发生额，将涉及现金及现金等价物的项目转入现金流量表的对应类别，不涉及现金及现金等价物的项目，不在现金流量表中反映。如果只涉及现金项目之间的变动（如银行存款转为货币资金）或者只涉及非现金各项的变动（如折旧计入管理费用），不会产生现金流量，不会影响现金流量表。

现金流量表主表（直接法）将现金及现金等价物流入流出情况，按照经营、投资、筹资三类经济活动，进行明细填列；现金流量表附表（间接法）主要展示了将净利润调节为经营活动现金流量的过程，两种方法得出的经营活动现金净额应该是相等的，可以相互验证。

6.2 现金流量表分析思路

6.2.1 企业现金流量的 8 种情况

从现金流量表列示的三种现金流量净额的正负情况入手，可以形成对一家企业现金流量结构的大致判断，具体包括以下八种情况，如表 6-1 所示。

表 6-1 现金流量表结构分析

编号	经营活动现金流量净额	投资活动现金流量净额	筹资活动现金流量净额
1	正	正	正
2	正	正	负
3	正	负	负
4	正	负	正
5	负	负	负
6	负	负	正
7	负	正	正
8	负	正	负

一般认为，优秀企业的现金流量情况呈现为第三种正负负结构，也就是说这家企业经营活动赚到的现金既可以拿来投资，还有剩余用于偿还借款利息等融资的成本。对于其他企业，经营性现金流净额虽然短期内为负可以接受，因为可能存在行业特征，例如第一季度赊销为负，第四季度回款后为正；但是长期来看，经营性现金流持续为正是非常重要的。

从现金流量表的结构出发，通过分析三种不同类型的现金净流量的符号，可以形成对企业现金质量的基本判断，这是现金流量表分析的第一步。对以上八种现金流结构具体的分析思路如下：

（1）经营活动现金净流入 +、投资活动现金净流入 +、融资活动现金净流入 +

这种情况说明企业现金流充足。一方面，企业的经营是盈利的，投资、融资都有收益。但是不能被数据迷惑双眼，要分析数据表象下面潜在的问题，企业既然经营可以赚钱，投资又有收益，为什么还需要融资呢？可能只有两种解释，其一是这家企业可能即将开展大规模的对内对外投资，并且投资的金额是巨大的，这种情况下需要去关注它的投资项目是否靠谱。其二就是这家企业的大股东或者管理者将上市公司看做是一个圈钱的工具，准备将资金随时转做他用，甚至他的经营活动现金流是通过关联交易虚构的。如果一家企业出现这样的现金流量情况，那就需要关注企业是否隐藏了经营的真实情况，掩盖了企业缺钱的事实。

（2）经营活动现金净流入 +、投资活动现金净流入 +、融资活动现金净流出 -

这种情况说明企业经营是可以赚钱的，投资也有收益流入，但是有融资活动现金净流出证明企业在还债。对于这样的企业需要关注其偿债来源，是在变卖资产还是正常的经营现金还债？如果企业是通过正常的经营活动获得的现金还债，投资现金流的流入是利息收入，那就可以认为企业在正常的还债；需要关注的是，企业投资现金流为正说明了企业的投资进程迟缓，不再招兵买马扩大经营，同时还在还债。这证明企业目前发展到了瓶颈，未来业绩可能很难增长。

（3）经营活动现金净流入 +、投资活动现金净流出 -、融资活动现金净流出 -

这种情况说明企业经营可以赚钱，也在投资项目，同时还在还债。这种企业算是最优秀的企业，经营活动带来的现金不仅可以用于扩张，还可以用于还债。这侧面说明企业通过经营赚到的钱非常充足，这种企业也算是最健康，财务最安全的企业。

（4）经营活动现金净流入 +、投资活动现金净流出 -、融资活动现金净流入 +

这种情况说明企业经营赚到的钱以及融资活动现金流入都投入到了投资当中，所以投资现金流是负的。这种企业一般处于扩张期，企业需要投资，需要用钱，并且经营获得的钱不够，所以还要借钱来投资。财务人员需要着重分析的是企业借钱的利息是否合理，投资于何种项目。如果投资项目未来有巨大的盈利潜力，那么可以认为企业当前的现金流量结构是合理的。

（5）经营活动现金净流出 -、投资活动现金净流出 -、融资活动现金净流出 -

这种情况说明企业经营不赚钱，但是投资还在扩大，并且有债务的压力。对于企业而言，这种现金流量结构并不乐观，因为一方面企业经营没有获利，但是还要继续投资，并且还有债务的负担。如果一家企业呈现出这种情况，那么很可能离破产倒闭就一步之遥。

（6）经营活动现金净流出 -、投资活动现金净流出 -、融资活动现金净流入 +

这种情况说明企业经营不赚钱，投资仍在继续，但是能够筹到钱。一般而言，这种情况会出现在成长期的企业中，企业有一定的发展前景因此能够吸引到投资，然而市场暂时没有打开，尚未通过经营活动赚到钱，但是又面临发展投资的需要。这种企业其实存在较大的风险，如果资金流断裂，可能立刻就会破产倒闭。

（7）经营活动现金净流出 -、投资活动现金净流入 +、融资活动现金净流入 +

这种情况说明企业的经营不赚钱，投资方面在卖家产或者是利息收入，并且还在借钱。这种企业不缺钱，因为不仅仅有投资现金流还有融资渠道，可以借到钱。但是问题在于企业的经营情况并不好，需要关注企业经营是否能够改善，并同时注意企业的投资现金流到底是怎么来的。如果是这个阶段的企业需要变卖资产来获得投资活动现金流，那企业的未来前景也并不乐观。

（8）经营活动现金净流出 -、投资活动现金净流入 +、融资活动现金净流出 -

这种情况说明企业经营不赚钱，只能通过变卖资产来偿还债务。因为经营活动现金流量为负的企业也很难靠利息使得投资活动现金净流量为正，那么只能说明这种企业在通过变卖资产偿还债务。这显示出企业面临的巨大风险，一旦没有资产可卖，经营又不能改善，那债务压力很可能导致企业破产。

6.2.2 企业不同生命周期的现金流特征

除此以外，在进行现金流量表结构分析的同时，还需要关注企业的所在的生命周期。在不同的生命周期，企业的现金流量呈现出不同的特点。根据企业的生命周期理论，可以把一家企业划分为初创期、成长期、成熟期和衰退期，这里的纵轴通常设置为企业的净利润或者市场份额等指标，并分别对应不同的现金流量特征。

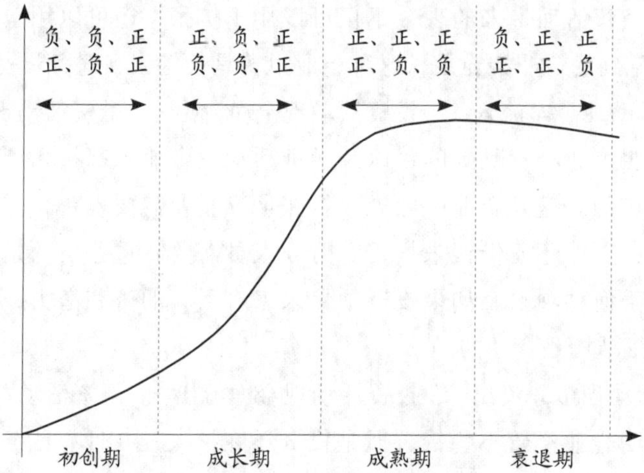

图 6-2 企业不同生命周期的现金流特征

1. 初创期

初创企业不同于一般企业，它们的现金流通常呈现为第六种负 - 负 - 正结构。大多是这种公司看好一个项目前景，从风险投资或者战略投资等融资途径筹措一笔资金大举进行投资，但是暂时没有产生经营性现金流。

2. 成长期

当企业进入快速成长阶段后，经营活动现金流净额可正可负。这个时候有梦想的老板都会开始计划登录到资本市场，为社会分享公司成长带来的收益。这个时候企业对资金的需求仍然很大，但是市场份额没有完全打开，因此经营活动现金流量并不一定为正。

3. 成熟期

到了成熟期的企业，经营发展良好运行，已占据市场一定的份额，经营活动源源不断地产生正的现金流入，如大家都知道的一些蓝筹股，除了正常的再生产投资，企业开始享受前期投资的回报，投资活动现金流可正可负，这与管理层的决策相关。成熟期的企业已被市场认可，投资者更倾向于获得回报从而去寻找更佳的投资对象。再加上前期的现金流积累，企业已能够分享自身的经营成果给投资者或者债务人，使用的方式包括分红和偿还债务本息，该阶段筹资活动现金流量净额为负。

4．衰退期

等一家企业到了衰退期，销售收入出现严重萎缩，经营上可能出现亏损；经营现金流流出可能大于流入，净额呈现为负值。企业战略开始收缩，前期投资开始收回，经营问题严重的企业可能出现减少或变卖生产设备等，所以投资活动现金流金额为正。该阶段的企业还可能面临债权人或者股东的还款压力，因此筹资活动现金流净额为负。

6.2.3　现金收入比率分析

在了解企业现金流的大致结构之后，现金流量表分析进入第二步：分析现金收入比率。其中：

现金收入比率 = 销售商品、提供劳务收到的现金 ÷ 营业收入。

该比率是在剔除了应收账款对公司带来的风险的情况下，从现金流入的角度反映销售收入的实际情况，能够从现金收回的角度反映企业营业收入的质量。该比率如果大于 1，说明不仅当期收入全部收到现金，而且还收回以前期间的应收账款，盈利质量较好；如果该比率小于 1，说明当期有部分收入没有收现，盈利质量不容乐观。

6.2.4　现金净利润比率分析

最后，对现金流量表进行分析时还需要关注净利润中的现金含量，即现金净利润比率或者现金经营利润比率。其中：

现金净利润比率 = 经营性现金流净额 ÷ 净利润

现金经营利润比率 = 经营性现金流净额 ÷ 经营利润

对企业而言，形成营业收入并不等于实际收到了赚到的钱。现金净利润比率关心的是企业净利润的先进质量，相当于对营业收入现金含量的再次确认。理论上，一家优秀的成熟企业现金净利润比率应该要大于 1，并同时大于前面的现金收入比。

6.3　现金流量表重点科目说明

由于现金流量表与银行（现金）日记账相匹配，而银行日记账伪造的难度和风险极大，因此现金流量表属于财务报告中最接近“真实”的一张表。在对其进行分析时需要重点关注三块内容：

6.3.1　生意的好坏——经营活动产生的现金流量

销售商品、提供劳务等和经营有关的现金流入，被称作经营活动产生的现金流入；购买商品、劳务等和经营有关的现金流出，被称作经营活动产生的现金流出。经营活动产生的现金流入减去经营活动产生的现金流出，叫做经营活动产生的现金流量净额。

1. 经营活动产生的现金流入

现金流量表的销售商品、提供劳务收到的现金项目，要和利润表的营业收入项目进行对比分析。企业为了做大利润，利用非常规手段进行赊销，会导致收入与销售商品、提供劳务收到的现金严重不匹配，这种收入的风险比较大。

除了销售商品、提供劳务收到的现金外，经营活动产生的现金流入还有税费返还、其他与经营活动有关的现金流入等项目，后者主要包括押金、政府补助、往来款项、银行利息等等。

2. 经营活动产生的现金流出

现金流量表的购买商品、接受劳务支付的现金项目，要和利润表的营业成本项目进行对比分析。二者的数值不应有过大差距，如果营业成本远远大于购买商品、接受劳务支付的现金，那就存在着较大的偿债压力。反之，说明在完成今年生产经营任务的同时，还偿还了一部分往年的采购货款。

除了购买商品、接受劳务支付的现金，经营活动产生的现金流出还包括支付给职工以及为职工支付的现金—主要是指人工成本、支付的各项税费以及支付的其他与经营活动有关的现金—如押金、往来款、罚款、银行手续费等。

3. 经营活动产生的现金流量净额

经营活动产生的现金流入减去经营活动产生的现金流出，就是经营活动产生的现金流量净额。该指标体现了这家公司的“真实”盈利能力，也就是当前赚到钱的情况。有些公司虽然营收很高，利润不错，但经营性现金流为负，说明这一年实际上没有赚到钱，由于赊销等原因，只是账面上赚钱，并非真正的现金流入。

因此，衡量一家企业的优劣，经营性现金流量净额是非常关键的一个指标。为了体现更好的成长性，许多上市公司会不同程度的修饰财务报告，调节净利润等指标，但相对来说，现金流量的指标很难调节，因此在进行短期投资的时候，该指标往往要比净利润更重要。

6.3.2 资产的多寡——投资活动产生的现金流量

在现金流量表的第二部分是投资活动产生的现金流量，投资活动是指什么呢？在会计上，通常把购建或处置固定资产、无形资产和其他长期资产等经济活动定义为投资活动，因此产生的现金流入流出就是投资活动产生的现金流量。

1. 投资活动现金流入

包括收回投资收到的现金；取得投资收益收到的现金；处置固定资产、无形资产和其他长期资产收到的现金净额；处置子公司及其他营业单位收到的现金净额；收到的其他与投资活动有关的现金等项目。

其中收回投资收到的现金和取得投资收益收到的现金有关联也有区别，前者反映企业出售、转让或到期收回除现金等价物以外的交易性金融资产、持有至到期投资、可供出售金融资产、长期股权投资等而收到的现金；后者反映企业因

收回投资收到的现金流入、取得投资收益收到的现金流入代表着该公司有稳定的投资收益模式，如果大于对应的投资活动产生的现金流出，则说明该公司的现金流非常充裕。

处置固定资产、子公司等实现的现金流入，通常是非经常性的，某一年度的突然增加不能说明该公司现金流变好。相反，很可能是因为经营形式太差，不得不靠出售资产来弥补亏损。许多 ST 的公司会在报告期末出售房产、子公司、部分股权等方式来勉强实现利润，确保不被退市。

2. 投资活动现金流出

该项目主要包括构建固定资产、无形资产和其他长期资产以及收购子公司产生的现金流出，对于成长性的企业，该项投资通常数额巨大，对应着资产负债表的固定资产、在建工程、无形资产、长期股权投资等项目也会有增加。

成长型企业的投资活动现金流出是比较大的，相应的数据变化可以与资产负债表的项目进行比对。

3. 投资活动产生的现金流量净额

据 2016 年年度财务报表数据显示，3 000 多支 A 股上市公司股票中，超过 85% 的投资活动产生的现金净额为负数。这说明上市公司整体来看，在购置固定资产和企业并购方面处于扩张阶段。

从投资活动产生的现金净额为正数的个股来看，一部分企业是因为没有更好的投资手段而去购买基金等理财产品导致。

6.3.3　借钱的能力——筹资活动产生的现金流量

企业上市最大的动力之一就是可以更加容易地融资，上市公司有比非上市公司更多的融资渠道。而等企业开始五花八门的融资的时候，现金流量表的融资活动产生的现金流量部分就会密密麻麻了。

除了普通的银行贷款、借贷、信托等常规融资渠道外，上市公司可以进行的融资方式主要包括增发、配股和可转债，另外，由于上市公司的特殊性，还可以进行股权质押借贷。

即便是增长性良好的企业，业绩也很难做到火箭发射式暴增，因此当一个企业的筹资活动产生的现金流量远远高于往年水平，并且没有杀手锏式的全新业务出现时，就需要警惕了。

6.4 现金流量表比率分析

现金流量表比率分析，是以经营活动现金净流量与资产负债表和利润表等财务报表中的相关项目进行对比分析，以便全面揭示企业的经营水平，测定企业的偿债能力，反映企业的支付能力等。该部分分析可以分为偿债能力分析、盈利能力分析、股利支付能力分析和企业发展潜力分析。

6.4.1 现金流量表偿债能力分析

前文已述及利用资产负债表中的项目对企业的偿债能力进行分析，如流动比率、速动比率等。但这些比率包含了一些流动性不强的项目，如可能无法收回的应收账款、滞销的存货等。它们虽然属于企业的资产，但实际却不能转化为现金，不具备偿还债务的能力。同时，不同企业流动资产结构具有差异性，资产质量也各有千秋。现金及其等价物作为一个质量均等的指标，有助于补充分析企业的真实偿债能力，增加不同企业之间的可比性。根据债务的存续期，可以将企业的偿债能力分为短期偿债能力和长期偿债能力。其中，短期偿债能力指标一般包括：现金比率、现金流量比率，长期偿债能力指标一般包括：现金流量利息保障倍数、现金流量债务比。

1. 现金比率

企业真正能提供现金偿还负债的是企业的现金资产，包括货币资金、交易性金融资产等。与其他速动资产不同，它们本身就是可以直接偿债的资产，而其他速动资产需要等待不确定的时间，才能转换为不确定金额的现金。

现金资产与流动负债的比值称为现金比率，其计算公式如下：

$$现金比率 = (货币资金 + 有价证券) \div 流动负债$$

一般来讲，该比率中的流动负债采用期末数而非平均数，因为实际需要偿还的是期末金额，而非平均金额。

由于流动负债将在一年以内到期，很快就需要用现金进行偿还。如果企业的现金储备不足，等债务到期，临时筹资偿还债务，则存在较高的风险。因此，如果现金比率偏低，说明企业依靠目前现金偿还短期债务的压力较大；反之，则短期偿债能力较强。

如果现金比率达到1，即现金余额等于或大于流动负债总额，意味着企业仅靠现金就足以偿还流动负债，对于债权人而言，这是最安全的。但对于企业而言，现金比率并非越高越好。资产的流动性与盈利能力成反比，流动性越差的盈利能力越强，而流动性越好的盈利能力越差。在企业所有资产中，现金是流动性最好的资产，同时也是盈利能力最差的资产。保持过高的现金比率，就会使得资产过多地滞留在盈利能力最差的现金上，虽然提高了企业的偿债能力，但降低了企业的获利能力。因此企业应当保持适度的现金比率。同时，可结合流动比率与速动比率对现金比率进行分析。

2. 现金流量比率

经营活动现金流量净额与流动负债的比值，称为现金流量比率。其计算公式如下：

现金流量比率 = 经营活动现金流量净额 ÷ 流动负债

公式中的“经营活动现金流量净额”，通常使用现金流量表中的“经营活动产生的现金流量净额”。经营活动是企业主要且稳定的现金来源，它代表企业创造现金的能力，已经扣除了经营活动自身所需的现金流出，是可以用来偿债的现金流量。

一般来讲，该比率中的流动负债采用期末数而非平均数，因为实际需要偿还的是期末金额，而非平均金额。

现金流量比率表明每 1 元流动负债的经营活动现金流量保障程度。该比率越高，偿债能力越强。

3. 现金到期债务比

对于企业而言，全面考核其偿债能力非常有意义，但燃眉之急却是本期到期的债务。现金到期债务比就是衡量属于自己可用的钱是否足以偿付即将到期的债务的指标，即经营活动现金流量与本期到期的债务的比率。其计算公式如下：

现金到期债务比 = 经营活动现金流量净额 ÷ 本期到期债务

其中，本期到期债务是指即将到期的长期债务和应付票据，不包括短期借款和应付账款。对这一指标进行考察时，可根据其大小直接判断企业的即期偿债能力，可帮助报表使用人对企业即将到期又不能展期的债务偿还能力加以衡量。

4. 现金流量利息保障倍数

现金流量利息保障倍数，是指经营活动现金流量净额对利息费用的倍数。其计算公式如下：

现金流量利息保障倍数 = 经营现金活动流量净额 ÷ 利息费用

分母的“利息费用”是指本期的全部应付利息，不仅包括计入利润表财务费用的利息费用，还应包括计入资产负债表固定资产等成本的资本化利息。

现金流量利息保障倍数是现金基础的利息保障倍数，表明每 1 元利息费用有多少倍的经营活动现金净流量净额作保障。它比利润基础的利息保障倍数更可靠，因为实际用以支付利息的是现金，而不是利润。

5. 现金流量债务比

现金流量债务比，是指经营活动现金流量净额与债务总额的比率。其计算公式如下：

经营活动现金流量净额债务比 =（经营活动现金流量净额 ÷ 债务总额）×100%

一般来讲，该比率中的债务总额采用期末数而非平均数，因为实际需要偿还的是期末金额，而非平均金额。

该比率表明企业用经营活动现金流量净额偿付全部债务的能力。比率越高，偿还债务总额的能力越强。

通过对上述指标的分析可以看出，对于企业的债权人而言，企业体现出的与现金相关的偿债能力，是影响其决定作出贷款决策或收回贷款的依据；对企业投资者而言，通过现金流量与企业负债的比较分析，可以更准确真实地测定出企业的偿债能力，帮助其作出扩大融资或者缩减融资、归还借款或者申请展期等决策。

6.4.2　现金流量表盈利能力分析

在对企业利润表指标分析时的介绍，忽略了企业的变现能力，实打实的现金流入在一定程度上也能避免企业利用会计政策调节利润。对于企业而言，评价盈利能力需要落实到现金流入能力的保证上。利用现金流量表分析企业的盈利能力，即把经营活动产生的现金净流量与净利润、企业总资本等进行比较，以分析企业保持现有经营水平、创造未来利润的能力。与现金流量表项目相关，用于反映企业盈利能力的指标主要有：盈利现金比率、销售现金比率、总资产净现率、现金获利指数。

1. 盈利现金比率

盈利现金比率主要反映经营活动产生的现金净流量与当期净利润的差异程度，即当期实现的净利润中，从经营活动中获得了多少可以随时使用的现金。其计算公式如下：

盈利现金比率 = 经营活动产生的现金净流量 ÷ 净利润

如果仅考虑一个会计期间，那么企业当期产生的利润可能无法完全收回现金，则该比率小于1；但企业往往处于持续经营中，本期的销售收入有部分需要下期才能收到现金，而本期则能收到部分上期收入，如果企业经营没有巨大波动，那么该指标应当基本和1持平。同时，经营活动产生的现金净流量中包括了必须要由销售收入来弥补的固定资产折旧额，因此，在企业持续经营且业务活动稳定的情况下，该比率应当大于1。

总的说来，盈利现金比率是从现金流入流出的动态角度去评价企业盈利的质量。一般来说，盈利现金比率越高，企业盈利能力和盈利质量越好。只有盈利现金比率大于1，才能说明企业的利润变现能力强，盈利质量好。如果要对不同企业进行横向比较时，由于受到不同的固定资产折旧政策、无形资产摊销政策的影响，该比率可比性下降，财务报表使用者可以考虑在经营活动现金净流量中扣除固定资产折旧额及无形资产摊销额。

2. 销售现金比率

销售现金比率是经营活动净现金流量与销售收入的比值，反映企业每100元销售收入通过经营净收到的现金是多少。其计算公式如下：

销售现金比率＝（经营活动现金净流量 ÷ 销售收入总额）×100%

销售现金比率指标越大，说明企业货款回笼越及时，销售品质越好；反之，则说明企业销售品质差，应收账款比重大，坏账发生的可能性也大。

3．总资产净现率

总资产净现率是经营活动产生的现金净流量与企业年度平均资产总额的比值。它是对资产利用效率的一种评价，反映了每100元资产，通过一个会计年度的经营，能为企业带来多少的现金净流量。其计算公式如下：

总资产净现率＝（经营活动现金净流量 ÷ 年度平均资产总额）×100%

其中，年度平均资产总额＝（期初资产总额＋期末资产总额）÷2

总资产净现率越大，说明企业运用资产获取经营现金净流量的能力越强，那么企业的盈利能力就越强，盈利质量也越高。但如果对不同企业进行横向比较，那么需要考虑到行业的特殊性，不能简单使用该指标进行评判。如在相同的经营活动现金净流量的情况下，传统工业企业的经营需要依靠大量资产进行运营，而一些轻资产企业则对资产的依赖性较小，直接对这两个行业进行比较，缺乏可比性。

从理论上讲，在各期销售收入基本相当、应收账款均衡周转的情况下，该指标应大致与总资产周转率（销售收入 ÷ 年度平均资产总额）相等。如果实际计算出的指标低于总资产周转率，说明销售收入中有较大比重被现金以外的其他资产占用，如大量应收账款且可能存在大量坏账损失。上述情况如长期存在，也会对企业经营成果产生不良影响。

4．现金获利指数

现金获利指数实际上是盈利现金比率的倒数，同样反映企业经营活动净现金流量与企业当期净利润的关系。其计算公式如下：

现金获利指数＝净利润 ÷ 经营活动产生的现金净流量

上文叙述了根据现金流量表，利用比率分析法对企业盈利能力进行简要分析。可以看出，充足的经营活动现金净流量是企业盈利质量的一个保证。为了更全面地了解企业在一定期间的现金流动状况及其他信息，财务报告使用者还可以将现金流量表同其他财务报表联系起来，将本企业的财务比率与同行业平均水平或者标准比率相比较，从而挖掘出更多与企业财务状况和经营水平相关的信息，从而帮助自己做出决策。

6.4.3　现金流量表发展能力分析

企业的发展能力，是指企业未来的发展趋势和发展速度，包括资产、利润和所有者权益的增长趋势和速度，其核心为企业盈利能力的增长。企业盈利能力的增长，可以从两个基本角度进行分析：一是企业在现有经营规模条件下，通过内部挖潜而使盈利增加；二是企业通过生产规模的扩张，即企业通过扩大投资来增加盈利，反映在现金流量表上则为投资活动中的现金流出量的大幅增加。一般来说，企业盈利增长主要是通过扩大投资来完成的，因此，企业发展能力分析重点在于分析企业再投资能力。

在对企业的发展能力进行分析时，需要将投资活动与筹资活动产生的现金流量结合起来。如果企业本期投资活动现金净流出量与筹资活动现金净流入量均很大时，说明企业在保持内部经营稳定的情况下，还从外部筹集大量资金用于扩大再生产，企业未来发展能力强。如果企业本期投资活动现金净流入量与筹资活动现金净流出量在数额上接近且较大时，说明企业在保护内部稳定经营的情况下，将对外投资资金收回，此时企业难以进行对外扩张，未来发展能力较弱。

6.5　现金流量表分析实务——S 超市现金流量表解读

2013 年以来，国内超市行业纷纷迎来渠道变革。在此进程中，线上零售逐步崛起对行业造成持续冲击。随着“新零售”变革的持续，超市也必将以攻代守，主动拥抱线上线下一体化。在供应链管控逐渐成为超市行业竞争的核心要素的关键时刻，具备供应链端极大先发优势的 S 超市前景光明。

本节将以 S 超市为例，从现金流量表入手，解读新零售行业快速发展的秘密。

6.5.1　公司概况

S 超市股份有限公司（简称“S 超市”），成立于 2001 年，于 2010 年在上海证券交易所挂牌上市，总部位于福州市，是中国企业 500 强之一，主营生鲜产品、食品用品和服装类产品。

6.5.2　现金流量表分析

表 6-2　S 超市 2018—2020 年度现金流量表

报告期	2020 年		2019 年		2018 年
项目	金额（亿元）	增长率	金额（亿元）	增长率	金额（亿元）
一、经营活动产生的现金流量:					
销售商品、提供劳务收到的现金	1 079.22	8.93%	990.71	17.59%	842.48
收到的税费返还					0.29
收到其他与经营活动有关的现金	8.80	58.94%	5.54	18.81%	4.66
经营活动现金流入小计	1 088.03	9.21%	996.25	17.56%	847.44
购入商品、接受劳务支付的现金	848.07	4.95%	808.09	18.68%	680.89
支付给职工及为职工支付的现金	74.84	12.92%	66.27	9.04%	60.78

续表

报告期	2020 年		2019 年		2018 年
项目	金额（亿元）	增长率	金额（亿元）	增长率	金额（亿元）
支付的各项税费	16.16	−5.30%	17.06	−8.98%	18.75
支付其他与经营活动有关的现金	87.57	−13.01%	100.66	45.02%	69.41
经营活动现金流出小计	1 026.63	3.48%	992.08	19.55%	829.83
经营活动产生的现金流量净额	61.40	1 374.73%	4.16	−76.36%	17.61
二、投资活动产生的现金流量：					
收回投资收到的现金	1.22	1 183.14%	0.09		—
取得投资收到的现金	0.93	221.49%	0.29	5.95%	0.27
处置固定资产、无形资产和其他长期资产收回的现金净额	0.06	−38.56%	0.10	95.52%	0.05
处置子公司及其他营业单位收到的现金净额					1.04
收到其他与投资活动有关的现金	58.27	24.76%	46.70	−12.23%	53.21
投资活动现金流入小计	60.47	28.16%	47.19	−13.54%	54.58
购建固定资产、无形资产和其他长期资产支付的现金	20.87	−32.89%	31.09	2.63%	30.29
投资支付的现金	7.45	−83.57%	45.35	179.84%	16.20
支付其他与投资活动有关的现金	53.87	241.88%	15.76	−64.80%	44.77
投资活动现金流出小计	82.19	−10.85%	92.19	1.02%	91.26
投资活动产生的现金流量净额	−21.71	51.75%	-45.01	−22.68%	-36.69
三、筹资活动产生的现金流量：					
吸收投资收到的现金	3.54	121.23%	1.60	−83.60%	9.76
其中：子公司吸收少数股东投资收到的现金	3.54	121.23%	1.60	−83.60%	9.76
取得借款收到的现金	156.31	30.29%	119.97	216.53%	37.90
收到其他与筹资活动有关的现金					7.61
筹资活动现金流入小计	159.85	31.49%	121.57	119.96%	55.27
偿还债务支付的现金	125.47	156.58%	48.90	4 790.00%	1.00
分配股利、利润或偿付利息支付的现金	15.62	16.76%	13.38	−9.80%	14.83

续表

报告期	2020 年		2019 年		2018 年
项目	金额（亿元）	增长率	金额（亿元）	增长率	金额（亿元）
其中：子公司支付给少数股东的股利、利润	0.12	-30.93%	0.17	179.38%	0.06
支付其他与筹资活动有关的现金	17.70	6 056.26%	0.29	-98.25%	16.39
筹资活动现金流出小计	158.79	153.79%	62.57	94.18%	32.22
筹资活动产生的现金流量净额	1.06	-98.20%	59.00	156.00%	23.05
四、汇率变动对现金及现金等价物的影响	-0.01	-141.60%	0.03	-70.29%	0.09
五、现金及现金等价物净增加额	40.73	124.05%	18.18	348.19%	4.06
加：期初现金及现金等价物余额	65.15	38.71%	46.97	9.45%	42.91
六、期末现金及现金等价物余额	105.88	62.53%	65.15	38.71%	46.97

1. 现金流入结构分析

从表 6-2 中可以看出，S 超市 2019 年现金等价物增加额为 18.18 亿元，较 2018 年增加 348.19%。其中，经营活动产生的现金流量净额为 4.16 亿元，较 2018 年下降了 76.36%；投资活动产生的现金流量净额下降为 -45.01 亿元，较 2018 年下降了 22.68%；筹资活动产生的现金流量净额下降为 59 亿元，较 2018 年上涨了 156%。2020 年与 2019 年相比，在经营活动产生的现金流量净额和投资活动产生的现金流量净额方面均有较大程度的增长，增长比例分别为 1 374.73% 和 51.75%，而在筹资活动产生的现金流量净额方面与 2019 年相比则下降了 98.20%。可见 S 超市经营活动创造现金的能力持续增加，在一定程度上弥补了筹资活动所减少的现金流量。

2020 年现金流量流入流出比显示，经营活动现金流量流入流出比 1.06，高于 2019 年的 1.004 2，表明公司经营活动现金流量净额还为现金净增加额贡献了一小部分现金；另一方面，也说明公司经营活动创造现金的能力有减弱了。投资活动现金流量流入流出比，2020 年为 0.735 8，2019 年为 0.511 8，原因是企业投资活动中收到其他与投资活动有关的现金增多以及投资支付现金的减少，因此增加了现金净增加额。筹资活动现金流量流入流出比 2020 年为 0.790 15，2019 年为 1.942 98，表明 2020 年度公司筹资活动还是有贡献了一部分现金，说明公司的借款能力及商业信用在 2020 年较 2019 年有所好转；但公司将来偿债压力相对大，会面临着一定的短期偿债风险。

在 S 超市 2020 年度，经营活动现金流入中，销售商品提供劳务收到的现金上涨了 8.93%，收到其他与经营活动有关的现金较去年增长了 58.94%，总体上经营活动现金流入上涨 9.21%。投资活动产生的现金流入在 2020 年度整体均有所上升，但是大多金额较小，“收到其他与投资活动有关的现金”在投资活动产生的现金流入中占比高达 96.36%。筹资活动产生的现金流入较之 2019 年增长了 31.49%，其中吸收投资收到的现金占比仅为 2.21%，而取得借款收到的现金在其中占比高达 97.79%。取得借款收到的现金增长了 30.29%，结合资产负债表分析，虽然短期借款较 2019 年增长了 28.45%，但是股东权益中少数股东权益上升了 199.05%，表明公司信用较好、筹资能力强，因此加大了融资力度。2018—2020 年，经营活动、投资活动以及筹资活动产生的现金流入整体呈现增长的趋势。此外，期末现金及现金等价物余额也呈现逐年递增的趋势。

2．现金流出结构分析

2020 年度，经营活动产生的现金流出中支付给职工及为职工支付的现金为 74.92 亿元，占比为 12.92%，较 2019 年相比有所下降，支付的各项税费以及支付其他与经营活动有关的现金为 16.16 亿元和 87.57 亿元，占比分别为 1.57% 和 8.53%，而购入商品、接受劳务支付的现金占比则高达 82.61%，在 2018—2020 年期间，购入商品、接受劳务支付的现金始终在经营活动产生的现金流出中占最高比重，且呈现逐年递增的趋势。投资活动产生的现金流出中，购建固定资产、无形资产和其他方面的支出虽然 2020 年度下降了 32.89%，但是总体较为稳定。另外，投资支付的现金以及支付其他与投资活动有关的现金三年内波动幅度较大，但是投资活动产生的现金流出总体波动幅度较小，较为稳定。2020 年度筹资活动产生的现金流量净额大幅下降，与 2019 年相比下降 98.20%，且金额为 1.06 亿元，是由于筹资活动中偿还债务支付的现金以及支付其他与筹资活动有关的现金大幅增长导致的，这与 2020 年筹资活动现金流出总量的大幅攀升存在密切联系，增长率分别为 153.79% 和 6 056.26%。2018—2020 年期间，股利分配较为稳定，虽然子公司支付给少数股东的股利波动较大，但是由于其基数较小，因此不会对母公司及其生产经营产生影响。支付其他与筹资活动有关的现金近三年来波动幅度较大，与投资活动中支付其他与投资活动有关的现金趋势类似。总体来说，筹资活动产生的现金流出总额逐年递增，2019 年较 2018 年增加 94.18%，2020 年在 2019 年的基础上再次增加 153.79%，最终从 32.22 亿元增长至 158.79 亿元。

3．现金流量表分析小结

综上分析，可以看出公司经营活动现金流量基本充裕，公司应该调整其投资与筹资行为，即要不断提高公司经营活动的现金流入，才能弥补公司正常运营，增加企业的偿还债务能力；这与资产负债表的分析基本一致。总的来说，经营状况总体良好，经营活动产生现金能力较强的情况下，通过筹资活动来偿还旧债务，其经营活动产生的现金净额不能抵偿债务。结合 S 超市的整体情况，公司今后工作的重点，是必须持续稳定地提高公司获取经营活动现金的能力，其要调整内部结构，调整对外投资方向，避免公司财务状况会在将来出现不良的状况。

第 7 章

看好股东的家产——所有者权益变动表

7.1 认识所有者权益变动表

所有者权益项目也是投资者关注的重点，因为当投资者购入一家企业的股票，实际上投资者就成为所有者的一员，该企业的所有者权益质量与投资者息息相关。本章将结合所有者权益表重要科目和财务分析指标，指出对所有者权益表进行财务分析的关键所在。

7.1.1 所有者权益表概述

所有者权益变动表反映了构成所有者权益的各组成部分当期的增减变动情况。它解释了在某一特定时间内，股东权益如何因企业经营的盈亏，及现金股利的发放而发生的变化，是说明管理阶层是否公平对待股东最重要的信息。

在财务报告中的报表中，所有者权益变动表是最没有存在感的一张表，很多分析师在快速看年报的时候，甚至不看这张表。与资产负债表、利润表、现金流量表不同，所有者权益变动表的所有项目都不是“独一无二”的，而是散落在其他表的项目中，站在一个报表工作者的角度，感觉是为了单独体现所有者权益而拼凑出的一张表。

从会计准则的要求来看，所有者权益变动表是为了保护投资者利益给专门设立的一张表，非常清晰明了的展现所有者权益的情况，本表主要包括以下三个部分：

（1）所有者权益总量的增减变动。

（2）所有者权益增减变动的重要结构性信息。

（3）直接计入所有者权益的利得和损失。在资产负债表、利润表部分，我们了解到了所有者权益的构成，只不过在资产负债表中，所有者权益虽然比较明细，但是只有期初数和期末数，没有变动的数据，不能够直观地反映出本年度变化情况。

7.1.2 所有者权益表的编制

这张表的编制也很有意思，在广泛应用了财务信息系统、ERP 的时代，大部分会计报表尤其是主表，都是从账务系统中自动取数而来，而所有者权益变动表却不是从账务系统中取数，是唯一一张从表间取数的报表。

具体来说，所有者权益变动表各项目均需填列“本年金额”和“上年金额”两栏。所有者权益表变动表“上年金额”栏内各项数字，应根据上年度所有者权益变动表“本年金额”内所列数字填列。所有者权益变动表“本年金额”栏内各项数字一般应根据“实收资本（或股本）”“资本公积”“盈余公积”“利润分配”“库存股”“以前年度损益调整”科目的发生额分析填列。

7.2　所有者权益表分析思路

7.2.1　所有者权益的分类

所有者权益变动表中，将所有者权益划分两大部分：归属于母公司的所有者权益和少数股东权益。简单理解的话，所有者权益合计就是上市公司所有的子公司打包在一起后的净资产，而归属母公司的所有者权益就是属于上市公司自己的净资产，少数股东权益就是子公司中除了上市公司这个大股东之外的其他小股东的净资产，这部分净资产实际上和上市公司无关。

在归属于母公司所有者权益中，包括股本、其他权益工具（优先股、永续股、其他）、资本公积、库存股、其他综合收益、专项储备、盈余公积、一般风险准备和未分配利润。这些项目全部对应着资产负债表的所有者权益部分，如果资产负债表看的足够仔细，此处并无新意。

7.2.2　所有者权益表的关注事项

尽管大部分数据来自其他报表，但是所有者权益变动表中还是有自己特别的部分，也就是所有者权益变动部分。所有者权益变动表和所有者（股东）的权益直接挂钩，从保护所有者权益角度出发，列示权益变动情况：权益总量的增减变动，变动的重要交易和事项等。

在阅读所有者权益变动表时，值得重点关注的是其中的所有者投入和减少资本，纵向栏则关注其他资本公积的变化；然后单独看一下股份支付计入所有者权益的金额，本表中的其余项目只需要了解资产负债表相关内容就足够了。其他资本公积在年报中的变化情况至关重要，代表着可能实现但尚未实现的盈利，比如可供出售的金融资产的公允价值和账面价值的差额。因此，关注所有者权益变动情况，可以了解到上市公司为了可能的盈利情况。

通常情况下，对于所有者权益变动表会关注以下这几个点：

1. 股本的变动情况

通过股本的变动情况可以判断企业的财务状况，是正向的变动还是负向的变动。如果股本呈正向变动，说明企业财务状况良好，发展规模在不断地扩大。如果股本呈负向变动，通常表明企业财务状况恶化，比如上市公司通过减资以弥补累积亏损。但也有的是因为公司成立初期需巨额资金，步入正轨后，资本则有可能过剩，因此需要减资来调整财务结构。

2. 资本公积的累计情况

资本公积主要是企业和股东之间有关股本交易所产生的溢价，可以用作转增资本。虽然资本公积转增资本并不能导致所有者权益总额的增加，但资本公积转增资本，一方面可以改变企业投入资本结构，体现企业稳健、持续发展的潜力。另一方面，对股份有限公司而言，它会增加投资者持有的股份，从而增加公司股票的流通量，进而激活股价，提高股票的交易量和资本的流动性。此外，对于债权人来说，实收资本是所有者权益最本质的体现，是其考虑投资风险的重要影响因素。所以，将资本公积转增资本不仅可以更好地反映投资者的权益，也会影响到债权人的信贷决策。

3. 保留盈余的变动情况

保留盈余，是指企业从历年实现的净利润中提取或形成的留置于企业内部的积累，包括盈余公积和未分配利润两个组成部分。保留盈余 = 净利润 +（或净亏损减）期初保留盈利 - 向股东派发的股息。保留盈余可以用作扩充营运规模、投资于新的企业、回购股票等。

4. 股东权益其他调整项目的影响

分析造成股东权益增加或减少的其他调整项目，可以了解长期股权投资是否低于账面值、外币交易或外币财务报表换算的差额、未认定退休金成本的净损失及库藏股票的买入与处分等情形。

5. 股东权益总额的变动

最后，对股东权益总额的变动进行分析，可以了解其变动的趋势及影响因素。此外，股东权益变动表所列的期初及期末股东权益总额必定等于前后两期资产负债表上的股东权益总额。

7.3 所有者权益变动表指标分析

所有者权益变动表的指标分析主要是通过报表本身期末与期初的比较，或本报表项目与利润表项目等的比较分析，来确认企业对股东权益的保值、增值的保障情况，同时了解企业的盈利水平。

本章对所有者权益变动表进行指标分析的指标主要包括资本保值增值率、所有者财富增长率、利润分配率和留存收益率。

7.3.1 资本保值和增值绩效的指标分析

所有者权益变动表用来考核企业的资本保值和增值绩效的主要指标是资本保值增值率和所有者财富增长率。

1. 资本保值增值率

资本保值增值率是指企业期末所有者权益与期初所有者权益的比率，是财政部制定的评价企业经济效益的十大指标之一，反映了企业资本的运营效益与安全状况。

其计算公式为：

资本保值增值率 =（所有者权益年末数 ÷ 所有者权益年初数）×100%

该指标表示企业当年资本在企业自身的努力下的实际增减变动情况，是评价企业财务效益状况的辅助指标。该指标越高，表明企业的资本保全状况越好，所有者权益增长越快，债权人的债务越有保障，企业发展后劲越强。对于一个正常经营的企业，此比率应该大于 1。也就是说，企业的所有者权益每年都应有适当的增长，企业才能不断发展。

2. 所有者财富增长率

所有者（即股东）财富增长率是指在企业实收资本或股本一定的情况下，附加资本的增长水平。

其计算公式为：

所有者财富增长率 =[（每元实收资本净资产年末数－每元实收资本净资产年初数）÷ 每元实收资本净资产年初数] ×100%

其中，每元实收资本净资产 = 当期企业净资产 ÷ 股本总额

所有者财富增长率是企业投资者或潜在投资者最为关心的指标，与每股收益一样，该指标集中体现了所有者的投资效益，也可作为对经营者的考核指标。

7.3.2 企业股利分配指标分析

企业在获得了净利润后，就需要向其所有者分配股利，这也是所有者为什么会投资企业的原因。但是，到底应该向所有者分配多少股利，或者对于报表使用者而言，企业的股利分配政策怎么样？股利分配率和留存收益比率是衡量企业股利分配政策的常用指标。

1. 股利分配率

要评价一个企业的利润分配水平和利润分配策略，就要看企业实现的净利润中，有多大比例用于分配给股东，通常用股利分配率指标来反映。股利分配率是指普通股每股现金股利与每股收益额的比率。它是反映公司的股利政策的指标，表示公司分派的股利在净收益中所占的比重。

其计算公式为：

股利分配率 =（普通股每股股利 ÷ 普通股每股净收益）×100%

在股利的分配上，通常有以下五种分配政策：

（1）剩余股利政策，指公司在有良好投资机会时，根据目标资本结构，测算出投资所需的权益资本额，先从盈余中留用，然后将剩余的盈余作为股利来分配，即净利润首先满足公司的资金需求，如果有剩余，就派发股利；如果没有，则不派发股利。

奉行剩余股利政策，意味着公司只将剩余的盈余用于发放股利。这样做的根本理

由是为了保持理想的资本结构，使加权平均资本成本最低。

（2）固定股利政策，即每年支付给股东的股利是一个固定值。

这种股利分配政策不利于企业按其盈利的多少来派发股利，当企业处于亏损状态时，其股利分配压力比较大。但是对于投资者而言，因为每年都能得到固定的胜利，所以比较受欢迎。

（3）固定股利增长率政策，即在一定股利支付基数上，每年适量增加股利的分派。

如第一年派发 10 万元股利，并且每年保持 10% 的增长，那么第 2 年起，以后每年需要派发的股利就分别是 11 万元（10 × 110%）、12.1 万元（11 × 110%）、13.31 万元（12.1 × 110%）等。

这样的好处是，给投资者传递的信息是企业盈利似乎是连年增长的，有利于股价的稳定和增长。由于企业各年的盈利水平是波动的，而股利增长率却并不随之作调整，在盈利较少或亏损时，企业派发股利的压力就会比较大。

（4）固定股利支付率政策，是指公司将每年净利润的某一固定百分比作为股利分配给股东。

比如固定股利支付率为 10%，则在企业盈利 1 000 万元时，其可以用于派发股利的金额为 100 万元（1 000 × 10%），当企业盈利 500 万元时，其可以用来派发股利的金额就是 50 万元（500 × 10%）。

主张实行固定股利支付率的人认为，这样做能使股利与公司盈余紧密地配合，以体现多赢多分、少盈少分、无盈不分的原则，才算真正公平地对待了每一位股东。但是，在这种政策下各年的股利变动较大，极易造成公司不稳定的感觉，对于稳定股票价格不利。

（5）低正常股利加额外股利政策，是公司一般情况下每年只支付固定的、数额较低的股利，在盈余多的年份，再根据实际情况向股东发放额外股利。但额外股利并不固定化，不意味着公司永久地提高了规定的股利率。

这种股利政策使公司具有较大的灵活性。当公司盈余较少或投资需用较多资金时，可维持设定的较低但正常的股利，股东不会有股利跌落感；而当盈余有较大幅度增加时，则可适度增发股利，把经济繁荣的部分利益分配给股东，使他们增强对公司的信心，这有利于稳定股票的价格。这种股利政策可使那些依靠股利度日的股东每年至少可以得到虽然较低但比较稳定的股利收入，从而吸引住这部分股东。

不管企业采用什么样的股利分配政策，只要有股利支付，企业的所有者权益就会减少。

2. 留存收益率

一个企业的资本积累水平如何，要看其利润中有多大的比例用于扩大再生产，我们通常使用留存收益率指标进行反映。留存收益率（retention ratio），是指公司税后盈利减去应发现金股利的差额和税后盈利的比率。它表明公司的税后利润有多少用于发放股利，多少用于保留盈余和扩展经营。

其计算公式为：

留存收益率 =（留存收益 ÷ 净利润）×100%

该指标反映了企业盈利积累的水平和由此产生的发展后劲。从公式我们也能看出来，留存收益率 + 股利分配率 =1，因为企业的净利润只有两种去向：要么以股利形式分配给股东，要么以留存收益形式留在企业内部。

一般对于初创期的企业而言，为了满足扩大生产规模的需要，考虑到外部融资的成本和风险，企业可能会多留存收益少分派股利，所以其留存收益比率会比较高；对于发展稳定的企业而言，该比例维持在 50% 左右；而对于处于衰退期的企业而言，由于没有好的项目可以投资，故其留存收益率可能会比较低，企业可能会倾向于把大部分的净利润直接分配给股东。此外，行业的特点也会影响留存收益率，例如公用事业收入稳定，举债容易，能获得低息举债经营的利益，所以留存收益率通常较低。

注意：

一个企业决定其股利分配政策（也就是留存收益政策）时，需要考虑企业的经营业绩、财务状况、权益结构、公司现有资产结构、公司近期发展度其对资金的需要以及股东（特别是持有非上市交易股股东）利益等。

7.4　所有者权益表分析实务

7.4.1　所有者权益变动表编制逻辑分析

所有者权益变动表属于动态报表，如表 7-1 为 N 酒店 2018 年的所有者权益变动表，从表的整体格式不难看出，从左到右列示了所有者权益的组成项目，自上而下反映了各项目年初至年末的增减变动过程。

【例 7–1】以 N 酒店为例

表 7-1　N 酒店 2018 年所有者权益变动表

编制单位：N 酒店　　　　时间：2018 年 12 月 31 日　　　　（单位：万元）

项目	本年金额											上年金额										
	实收资本（或股本	其他权益工具			资本公积	减：库存股	其他综合收益	专项储备	盈余公积	未分配利润	所有者权益合计	实收资本（或股本	其他权益工具			资本公积	减：库存股	其他综合收益	专项储备	盈余公积	未分配利润	所有者权益合计
		优先股	永续债	其他									优先股	永续债	其他							
一、上年年末余额	400									44.3	444.3	300										300
加：会计政策变更																						
前期差错更正																						
其他																						
二、本年年初余额	400									44.3	444.3	300										300
三、本年增减变动金额（减少以“-”号填列）																						
（一）综合收益总额										710.4	710.4										44.3	44.3

续表

项目	本年金额											上年金额										
	实收资本（或股本	其他权益工具			资本公积	减：库存股	其他综合收益	专项储备	盈余公积	未分配利润	所有者权益合计	实收资本（或股本	其他权益工具			资本公积	减：库存股	其他综合收益	专项储备	盈余公积	未分配利润	所有者权益合计
		优先股	永续债	其他									优先股	永续债	其他							
（二）所有者投入和减少资本																						
1. 所有者投入的普通股												100										100
2. 其他权益工具持有者投入资本																						
3. 股份支付计入所有者权益的金额																						
4. 其他																						
（三）利润分配																						
1. 提取盈余公积									71.04	−71.04												

续表

项目	本年金额												上年金额											
	实收资本（或股本	其他权益工具			资本公积	减：库存股	其他综合收益	专项储备	盈余公积	未分配利润	所有者权益合计	实收资本（或股本	其他权益工具			资本公积	减：库存股	其他综合收益	专项储备	盈余公积	未分配利润	所有者权益合计
		优先股	永续债	其他									优先股	永续债	其他							
2. 对所有者（或股东）的分配										−200	−200											
3. 其他																						
（四）所有者权益内部结转																						
1. 资本公积转增资本（或股本																						
2. 盈余公积转增资本（或股本）																						
3. 盈余公积弥补亏损																						

续表

项目	本年金额											上年金额										
	实收资本（或股本	其他权益工具			资本公积	减：库存股	其他综合收益	专项储备	盈余公积	未分配利润	所有者权益合计	实收资本（或股本	其他权益工具			资本公积	减：库存股	其他综合收益	专项储备	盈余公积	未分配利润	所有者权益合计
		优先股	永续债	其他									优先股	永续债	其他							
4. 设定受益计划变动额结转留存收益																						
5. 其他综合收益结转留存收益																						
6. 其他																						
四、本年年末余额	400								71.04	483.66	954.7	400									44.3	444.3

通过表 7-1 可以看出，所有者权益变动表属于动态报表。

（1）从报表反应的时间来看，为了便于报表使用者对所有者权益总额和各组成项目进行纵向对比动态分析，所有者权益变动表列示了两个会计年度所有者权益各项目的变动情况。

（2）从反映的项目来看，所有者权益变动表反映的内容包括：所有者权益各项目本年年初余额的确定，本年度取得的、影响所有者权益增减变动的收益、利得和损失，所有者投入和减少资本引起的所有者权益的增减变化，利润分配引起的所有者权益的增减变化，所有者权益内部项目之间的相互转化等。

7.4.2　所有者变动表变动分析

通过阅读和分析所有者权益变动表可以发现，最重要的关注对象是本年增减变动金额：

（1）股本变动情况的分析。

增加股本有多种渠道，包括资本公积转增、盈余公积转增、利润分配转增和发行新股等，前三种增股方式会对股价造成稀释，而发行新股可增加注册资本和股东权益，同时增加公司的资产，对于公司来说应该是最有利的增股方式。

比如，东信和平（002017）于 2019 年通过配股方式募集资金，配股价格 4.04 元，实际募资总额 4.05 亿元。

（2）资本公积变动情况的分析。

资本公积增加的原因包括资本（股本）溢价和其他资本公积的增加，资本公积减少的原因主要是转增资本。从资本公积增加的原因可知，由于资本公积增加时其资金来源与公司经营成果无关，所以资本公积转增资本不属于对利润的分配。因此，认为企业用资本公积转增资本经营业绩就好的观点是错误的。

以万科集团（000002）为例，2018 年其他资本公积增加 4.34 亿元，减少 7.58 亿元，本年变动主要包括本集团购买子公司少数股权、出售子公司少数股权等形成的资本公积。

（3）盈余公积变动情况的分析。

盈余公积的增减变动情况可以直接反映出企业利润积累程度。

一般盈余公积分为两种：一是法定盈余公积，上市公司的法定盈余公积按照税后利润的 10% 提取，法定盈余公积累计额已达注册资本的 50% 时可以不再提取；二是任意盈余公积，任意盈余公积主要是上市公司按照股东大会的决议提取。法定盈余公积和任意盈余公积的区别就在于其各自计提的依据不同。前者以国家的法律或行政规章为依据提取，后者则由公司自行决定提取。

留存收益包括盈余公积和未分配利润，两者之间是此消彼长的关系，盈余公积提取多，可供分配的利润就少，因此，报表使用者在评价盈余公积变化情况时应保持客观。

例如，万科集团（000002）2018 年年度财务报表显示，万科于 2018 年提取了 114.93 亿元任意盈余公积。而同类地产上市公司在近十年基本没有计提过任意盈余公积。该行为被认为是万科集团减少向投资者分配利润的一种策略。

注意：

企业将盈余公积转增资本时，必须经股东大会决议批准。在实际将盈余公积转增资本时，要按股东原有持股比例结转。盈余公积转增资本时，转增后留存的盈余公积的数额不得少于注册资本的 25%。

（4）利润分配的分析。

利润分配实际上体现的是企业资金积累与消费的比例关系。

仍以万科集团（000002）为例，经 2018 年 6 月 30 日股东大会的批准，向普通股股东派发现金股利，每股人民币 0.90 元（2017 年：每股人民币 0.79 元），共人民币 99.35 亿元（2017 年：人民币 87.20 亿元），说明该企业有较强的继续分红的能力。

注意：

企业盈利时，其净资产增加，相应的，其所有者权益也随之增加；如果企业亏损，或者在盈利时有向股东分配利润的话，企业净资产减少，其所有者权益也相应地减少。

第8章

财务报表附注有“话”讲

8.1 认识财务报表附注

8.1.1 财务报表附注基本概念

财务报表附注是对资产负债表、利润表、现金流量表和所有者权益变动表等报表中列示项目的文字描述或明细资料，以及对未能在这些报表中列示项目的说明等。附注可以使报表使用者全面了解企业的财务状况、经营成果和现金流量。

它是对财务报表的补充说明，是财务会计报告体系的重要组成部分。随着经济环境的复杂化以及人们对相关信息要求的提高，附注在整个报告体系中的地位日益突出。但在我国，对报表附注的重视性却不令人满意，其编制和使用状况也存在着局限性。

8.1.2 财务报表附注特点分析

基于其与财务报表的不同属性，因此财务报表附注具有附属性、解释性、补充性以及建设性四方面的特点。

1. 附属性

财务报表与附注之间存在一个主次关系：财务报表是根，附注处于从属地位。没有财务报表的存在，附注就失去了依靠，其功能也就无处发挥；而没有附注恰当的延伸、说明，财务报表的功能就难以有效地实现。两者相辅相成，形成一个完善的有机整体。

2. 解释性

财务报表项目是被高度浓缩的会计信息，且由于经济业务的复杂性和企业在编制财务报表时可能选择了不同的会计政策，企业需要通过财务报表附注对财务报表的编制基础、编制依据、编制原则和方法及主要事项等进行解释，以此增进会计信息的可理解性，同时使不同企业的会计信息的差异更具可比性，便于进行对比分析。

3. 补充性

财务报表附注拓展了企业会计信息的内容。打破了三张主要报表内容必须符合会计要素的定义，又必须同时满足相关性和可比性的限制，突破了揭示项目必须用货币加以计量的局限性。通过报表附注的文字说明，辅以某些统计资料或定性信息，可弥补财务信息的不足，从而能全面反映企业面临的机会与风险，将企业价值充分体现出来，保证了信息的完整性，从而有助于信息使用者做出最佳的决策。

4. 建设性

财务报表附注除了解释和补充说明财务报表内容外，还要对其加以分析、评价，并有针对性地提出一些改进工作的建议、措施。如通过市场占有率、投入产出等信息，管理当局可以了解本企业在同行中的地位。发现自己的优势与不足，从而采取措施改进企业经营管理，提高生产效率和产品质量，扩大产品的市场占有率。此外，在附注中通过自愿披露企业在安排就业、员工培训、社区服务、环境治理等方面信息，有助于树立企业良好形象．促进企业健康发展。

8.1.3　财务报表附注重要性与必要性分析

1．重要性

财务报表附注重要性主要体现在以下几个方面：

（1）提高会计信息的相关性和可靠性。

会计信息既要相关又要可靠，相关性和可靠性是会计信息的两个基本质量特征。由于财务会计本身的局限，相关性和可靠性的选择犹如鱼与熊掌的选择，很多时候都是不可兼得的。但是，财务报表附注披露可以在不降低会计信息可靠性的前提下提高信息的相关性，如或有事项的处理。或有事项由于发生的不确定性而不能直接在主表中进行确认，但等到完全可靠或基本能够预期的时候，又可能因为及时性的丧失而损伤了信息的相关性。为此，可以通过在财务报表附注中进行披露，揭示或有事项的类型和影响，以此来提高信息的相关性。

（2）增强不同行业和行业内部不同企业之间信息的可比性。

会计信息是由多种因素综合促成的，经济环境的不确定性，不同行业的不同特点，以及各个企业前后各期情况的变化，都会降低不同企业之间会计信息的可比性，以及企业前后各期会计信息的一贯性。财务报表附注可以通过披露企业的会计政策和会计估计的变更等情况，向投资者传递相关信息，使投资者能够“看透”会计方法的实质，而不被会计方法所误导。

（3）与财务报表主表的不可分割性。

财务报表主表与财务报表附注的关系可概括为：主表是根，附注是补充。没有主表的存在，附注就失去了依靠；而没有附注恰当的补充，财务报表主表的功能就难以有效地实现。

2．必要性

（1）使用者更全面了解企业状况的要求。

会计信息应全面充分地反映企业的财务状况、经营成果及现金流量，不得有意忽略或隐瞒重要的财务数据，以免使用者发生误解，这就是所谓的充分披露原则。作为会计信息的使用者，由于外部与企业的信息不对称，想要对企业有所了解，就必须依赖于其所提供的各项资料。因此就对披露的充分性提出了较高的要求：从横向来看，只要是反映企业生产经营全貌的信息，不论有利或不利的都应该予以披露；从纵向来看，不应只停留在披露对象的表面，而要进行深层次地揭示。由于成本等多种因素的限制，这些要求财务报表可能无法实现，而对于附注信息的披露就显得尤为重要。

（2）基于缓解财务报表信息披露压力的考虑。

信息需求方总是希望企业提供尽可能多的信息，以便他们据以做出各项正确决策，这无形当中增加了财务报表披露信息的压力。但信息的披露应当是有一定限度的，过多的披露可能会适得其反。这主要基于两点考虑：第一，成本效益原则的考虑。只有披露的效益大于成本，企业才有披露信息的动力，过多的披露信息一方面势必增加企业的披露成本，另一方面会有损企业的商业秘密，在竞争中处于劣势，不利于企业的经营运作；第二，重要性原则的考虑。重要性是指当某一项会计信息不加以说明，即可能使财务报表使用者发生误解，从而足以影响或改变其决策。因此从披露目的出发，只有重要性的信息对于需求者来说才是有用的。信息需求者依赖重要性的信息了解企业的财务状况、经营成果等情况，从而为其所用做出合理判断。而过多地披露信息不仅不会起到决策有用的目的，反而会影响使用者的理解、判断和掌握，使其无所适从，甚至产生误导作用，造成使用者的利益受损。报表附注将那些不符合成本效益原则和重要性原则的信息收纳其中，缓解了财务报表信息披露的压力，解决了企业和使用者对于信息提供和需求之间的矛盾和冲突。

（3）增强财务报告体系的灵活性。

财务报表由于其固有的格式、项目和填列方法，使得表内信息并不能完整地反映一个企业的综合素质。而报表附注相对来说比较灵活，可以弥补表内信息的局限性，使表内信息更容易理解，更加相关。具体说来，由于财务会计在确认计量上有严格的标准，使得一些与决策相关的信息不能进入财务报表，忽视它们的存在，势必影响到使用者做出正确的决策。而对报表附注尚无统一的规范，其可以借助于多种计量手段、计量属性及不同的格式，将那些无法进入表内的信息加以适当的披露，这有利于完整反映企业生产经营的全貌，提高了财务报告体系的总体水平和层次。

（4）保持原有报告模式的需要。

经济环境的日新月异，使得会计标准的制定往往落后于会计实务的发展，原有的财务报表模式也不免过时。为满足人们对决策有用信息的需求，就需要不断对财务报表的内容和体系进行相应的变革。这可以依靠新会计制度和会计准则的出台予以重新规范和指导，但这一过程往往费时费力，而且不利于保证财务信息的一贯性和可靠性。因此，借助财务报表附注和其他报告形式，增加表外信息披露，可以在保持原有报告模式的基础上对其进行完善和改进，已成为人们普遍愿意接受的一种改革方式。

8.1.4 财务报表附注的主要内容

（1）不符合基本会计假设的说明；

（2）重要会计政策和会计估计的说明，以及重大会计差错更正的说明。

会计报表附注应披露的重要会计政策主要包括：

①编制会计合并报表所采纳的原则；
②外币折算时所采用的方法；
③收入的确认原则；
④所得税的会计处理方法；
⑤短期投资的期末计价方法；
⑥存货的计价方法；
⑦长期股权投资的核算方法；
⑧长期债权投资的溢折价的摊销方法；
⑨坏账损失的具体会计处理方法；
⑩借款费用的处理方法；
⑪无形资产的计价及摊销方法；
⑫应付债券的溢折价的摊销方法。
（3）或有事项的说明；
（4）资产负债表日后事项的说明；
（5）关联方关系及其交易的说明；
（6）会计报表中重要项目的说明；
会计报表中重大项目主要有：
应收款项（不包括应收票据）及计提坏账准备的方法；
存货、投资核算的方法；
固定资产计价和折旧方法；
无形资产计价和摊销的方法；
长期待摊费用的摊销方法；
收入的分类及金额；
所得税的会计处理方法。
（7）其他重大会计事项的说明：
①企业合并、分立；
②重要资产的转让或出售情况；
③重大投资、融资活动；
④合并会计报表的说明；
⑤其他有助于理解和分析会计报表的事项。

8.2 财务报表附注质量分析

8.2.1 财务报表附注质量分析的概念

财务报表附注质量分析是财务报表分析的重要组成部分。它主要关注附注信息的真实性、完整性、准确性和及时性等方面，以评估附注信息的质量。

具体来说，财务报表附注质量分析包括以下几个方面：

附注信息披露的真实性：分析附注信息是否真实反映了企业的财务状况、经营成果和现金流量等情况，是否存在虚假记载、误导性陈述或重大遗漏等问题。

附注信息披露的完整性：分析附注信息是否充分披露了与理解财务报表密切相关的重要信息，如会计政策变更、会计估计变更、关联方交易、或有事项等。

附注信息披露的准确性：分析附注信息中的数据和文字表述是否准确，是否存在计算错误、逻辑错误或表述不清等问题。

附注信息披露的及时性：分析附注信息是否在规定的时间内及时披露，是否能够及时反映企业财务状况和经营成果的变化情况。

通过对财务报表附注进行质量分析，可以帮助投资者、债权人和其他利益相关者更好地了解企业的财务状况和经营成果，评估企业的偿债能力和盈利能力，从而做出更明智的决策。同时，也有助于规范企业的信息披露行为，提高企业的透明度和公信力。

8.2.2 财务报表附注分析的主要内容

对于投资者来说，财报附注里的关于会计政策、会计估计等概念性的内容是可以忽略不计的，推荐着重关注以下几点：一是企业基本情况，这一部分内容重点看企业的行业、经营范围、规模，以及合并范围的变化。有些上市公司为了把报表变得好看，会剥离一部分业务，可以从合并范围体现出来。

比如2016年的乐视网，相对于2015年，剥离了亏损严重的乐视商城。同样也有上市公司会通过并购增加合并范围，在此都能一目了然。

一是会计政策和会计评估变更情况。除了营改增这类大范围的会计政策变更或者准则修订后要求必须修订外，有部分企业会通过会计评估的变更来实现利润的修饰，而这类企业最常用的会计估计变动是固定资产折旧和应收账款坏账准备。

二是应收款项的大客户清单。根据规定，上市公司需要披露前五大客户，有些公司会实名披露，也有部分公司会匿名披露。对比来讲，实名披露的往往要比匿名披露的靠谱。如果该公司的前几大客户长期固定，并且销售收入占比很高，则说明这家公司的抗风险能力比较弱。在该公司所服务的行业不景气的时候，将面临把所有鸡蛋放在同一个篮子里的风险。比如为电力、钢铁、石油化工或者大型汽车公司提供零部件的上市公司。

三是应付款项的供应商清单。

四是金融资产。关注购买理财情况，长期、大量购买理财的公司是效益比较好的公司。

五是关联交易。许多上市公司通过关联交易进行利益输送，实现高额利润，因此关联交易的必要性和合理性需要格外关注。

六是固定资产和在建工程。重资产（固定资产占比例较高的）企业为了盈余管理，有可能会在在建工程转资的环节做一些手脚，通过延迟转资实现少提折旧，调剂利润的效果。

七是投资收益。众多 ST 企业已经把投资收益用烂了，正是这些非经常性的投资收益，让这些公司一次次保壳成功。

第 9 章

企业经营如何，财务指标助你一探究竟

9.1 财务报表的“晴雨表”——必学的财务指标

9.1.1 偿债能力分析

企业偿债能力，静态地讲，就是用企业资产清偿企业债务的能力；动态地讲，就是用企业资产和经营过程创造的收益偿还债务的能力。企业有无现金支付能力和偿债能力是企业能否健康发展的关键。企业偿债能力分析是企业财务分析的重要组成部分。

企业的偿债能力是指企业用其资产偿还长期债务与短期债务的能力。企业有无支付现金的能力和偿还债务能力，是企业能否健康生存和发展的关键。

企业偿债能力是反映企业财务状况和经营能力的重要标志。偿债能力是企业偿还到期债务的承受能力或保证程度，包括偿还短期债务和长期债务的能力。

偿债能力分析反映上市公司偿债能力的指标，主要有流动比率、速动比率、现金比率、资本周转率、清算价值比率和利息支付倍数等。

1. 流动比率

流动比率，表示每1元流动负债有多少流动资产作为偿还的保证。它反映公司流动资产对流动负债的保障程度。

流动比率＝流动资产合计 ÷ 流动负债合计

一般情况下，该指标越大，表明公司短期偿债能力强。通常，该指标在200%左右较好。在运用该指标分析公司短期偿债能力时，还应结合存货的规模大小，周转速度、变现能力和变现价值等指标进行综合分析。如果某一公司虽然比率很高，但其存货规模大，周转速度慢，有可能造成存货变现能力弱，变现价值低。那么，该公司的实际短期偿债能力就要比指标反映的弱。

2. 速动比率

速动比率表示每1元流动负债有多少速动资产作为偿还的保证，进一步反映流动负债的保障程度。

速动比率＝（流动资产合计－存货净额）÷ 流动负债合计

一般情况下，该指标越大，表明公司短期偿债能力越强，通常该指标在100%左右较好。在运用该指标分析公司短期偿债能力时，应结合应收账款的规模、周转速度和其他应收款的规模，以及它们的变现能力进行综合分析。如果某公司速动比率虽然很高，但应收账款周转速度慢，且它与其他应收款的规模大，变现能力差，那么该公司较为真实的短期偿债能力要比该指标反映的差。

由于预付账款、待摊费用、其他流动资产等指标的变现能力差或无法变现，所以，如果这些指标规模过大，那么在运用流动比率和速动比率分析公司短期偿债能力时，还应扣除这些项目的影响。

3．现金比率

现金比率，表示每 1 元流动负债有多少现金及现金等价物作为偿还的保证，反映公司可用现金及变现方式清偿流动负债的能力。

现金比率 =（货币资金 + 短期投资）÷ 流动负债合计

该指标能真实地反映公司实际的短期偿债能力，该指标值越大，反映公司的短期偿债能力越强。

4．资本周转率

资本周转率，表示可变现的流动资产与长期负债的比例，反映公司清偿长期债务的能力。

资本周转率 =（货币资金 + 短期投资 + 应收票据）÷ 长期负债合计

一般情况下，该指标值越大，表明公司近期的长期偿债能力越强，债权的安全性越好。由于长期负债的偿还期限较长，所以在运用该指标分析公司的长期偿债能力时，还应充分考虑公司未来的现金流入量、经营获利能力和盈利规模的大小，如果公司的资本周转率很高，但未来的发展前景不乐观，即未来可能的现金流入量少，经营获利能力弱，且盈利规模小，那么公司实际的长期偿债能力将变弱。

9.1.2　营运能力分析

营运能力指的是企业的经营运行能力，即企业运用各项资产以赚取利润的能力。企业营运能力的财务分析比率有：存货周转率、应收账款周转率、营业周期、流动资产周转率和总资产周转率等。这些比率揭示了企业资金运营周转的情况，反映了企业对经济资源管理、运用的效率高低。

营运能力分析包括流动资产周转情况分析、固定资产周转情况分析和总资产周转情况分析。

1．流动资产周转情况分析

反映流动资产周转情况的指标主要有应收账款周转率、存货周转率和流动资产周转率。

（1）应收账款周转率。

应收账款周转率是反映应收账款周转速度的指标，它是一定时期内赊销收入净额与应收账款平均余额的比率。应收账款周转率有两种表示方法。一种是应收账款在一定时期内（通常为一年）的周转次数，另一种是应收账款的周转天数即所谓应收账款账龄。

在一定时期内应收账款周转的次数越多，表明应收账款回收速度越快，企业管理工作的效率越高。这不仅有利于企业及时收回贷款，减少或避免发生坏账损失的可能性而且有利于提高企业资产的流动性，提高企业短期债务的偿还能力。

（2）存货周转率。

存货周转率是一定时期内企业销货成本与存货平均余额间的比率。它是反映企业销售能力和流动资产流动性的一个指标，也是衡量企业生产经营各个环节中存货运营效率的一个综合性指标。

在一般情况下，存货周转率越高越好。在存货平均水平一定的条件下，存货周转率越高好。在存货平均水平一定的条件下，存货周转率越高，表明企业的销货成本数额增多，产品销售的数量增长，企业的销售能力加强。反之，则销售能力不强。企业要扩大产品销售数量，增强销售能力，就必须在原材料购进、生产过程中的投入、产品的销售、现金的收回等方面做到协调和衔接。因此，存货周转率不仅可以反映企业的销售能力，而且能用以衡量企业生产经营中的各有关方面运用和管理存货的工作水平。

（3）流动资产周转率。

流动资产周转率是反映企业流动资产周转速度的指标。它是流动资产的平均占用额与流动资产在一定时期所完成的周转额之间的比率。

在一定时期内，流动资产周转次数越多，表明以相同的流动资产完成的周转额越多，流动资产利用的效果越好。流动资产周转率用周转天数表示时，周转一次所需要的天数越少，表明流动资产在经历生产和销售各阶段时占用的时间越短，周转越快。生产经营任何一个环节上的工作得到改善，都会反映到周转天数的缩短上来。按天数表示的流动资产周转率能更直接地反映生产经营状况的改善。便于比较不同时期的流动资产周转率，应用较为普遍。

2. 固定资产周转情况分析

固定资产周转率是指企业年销售收入净额与固定资产平均净值的比率。它是反映企业固定资产周转情况，从而衡量固定资产利用效率的一项指标。

固定资产周转率高，表明企业固定资产利用充分，同时也能表明企业固定资产投资得当，固定资产结构合理，能够充分发挥效率。反之，如果固定资产周转率不高，则表明固定资产使用效率不高，提供的生产成果不多，企业的营运能力不强。

3. 总资产周转情况的分析

反映总资产周转情况的指标是总资产周转率是企业销售收入净额与资产总额的比率。

这一比率可用来分析企业全部资产的使用效率。如果这个比率较低，则说明企业利用全部资产进行经营的效率较差，最终会影响企业的获利能力。这样，企业就应该采取措施提高各项资产的利用程度从而提高销售收入或处理多余资产。

9.1.3 盈利能力分析

盈利能力是指企业获取利润的能力。利润是企业内外有关各方都关心的中心问题。利润是投资者取得投资收益、债权人收取本息的资金来源，是经营者经营业绩和管理效能的集中表现，也是职工集体福利设施不断完善的重要保障。因此，企业盈利能力分析十分重要，主要使用企业资金利润率、销售利润率、成本费用利润率进行评价。

盈利能力通常是指企业在一定时期内赚取利润的能力。盈利能力的大小是一个相对的概念，即利润相对于一定的资源投入、一定的收入而言。利润率越高，盈利能力越强；利润率越低，盈利能力越差。企业经营业绩的好坏最终可通过企业的盈利能力来反映。无论是企业的经理人员、债权人还是股东（投资人）都非常关心企业的盈利能力，并重视对利润率及其变动趋势的分析与预测。

从企业的角度来看，企业从事经营活动其直接目的是最大限度地赚取利润并维持企业持续稳定地经营和发展，持续稳定地经营和发展是获取利润的基础，而最大限度地获取利润又是企业持续稳定发展的目标和保证。只有在不断地获取利润的基础上，企业才可能发展。同样，盈利能力较高的企业比盈利能力较弱的企业具有更大的活力和更好的发展前景。因此盈利能力是企业经营人员最重要的业绩衡量标准和发现问题、改进企业管理的突破口。对企业经理人员来说，进行企业盈利能力分析的目的具体表现在以下两个方面：

第一，利用盈利能力的有关指标反映和衡量企业经营业绩。企业经理人员的根本任务就是通过自己的努力使企业赚取更多的利润。各项收益数据反映着企业的盈利能力也表现了经理人员工作业绩的大小，使用已达到的盈利能力指标与标准、基期、同行业平均水平、其他企业相比较则可以衡量经理人员工作业绩的优劣。

第二，通过盈利能力分析发现经营管理中存在的问题，盈利能力是企业各环节经营活动的具体表现，企业经营的好坏都会通过盈利能力表现出来。通过对盈利能力的深入分析可以发现经营管理中的重大问题，进而采取措施解决问题，提高企业收益水平。

对于债权人来讲，利润是企业偿债的重要来源，特别是对长期债务而言。盈利能力的强弱直接影响企业的偿债能力。企业举债时债权人势必审查企业的偿债能力，而偿债能力的强弱最终取决于企业的盈利能力。因此，分析企业的盈利能力对债权人也是非常重要的。

对于股东、投资人而言，企业盈利能力的强弱更是至关重要的。在市场经济下股东往往会认为企业的盈利能力比财务状况、营运能力更重要。股东们的直接目的就是获得更多的利润。因为对于信用相同或相近的几个企业，人们总是将资金投向盈利能力强的企业，股东们关心企业赚取利润的多少并重视对利润率的分析，是因为他们的股息与企业的盈利能力是紧密相关的。此外企业盈利能力增加还会使股票价格上升，从而使股东们获得资本收益。

盈利能力的分析是企业财务分析的重点财务结构分析、偿债能力分析等，其根本目的是通过分析及时发现问题，改善企业财务结构，提高企业偿债能力、经营能力，最终提高企业的盈利能力，促进企业持续稳定地发展。对企业盈利能力的分析主要指对利润率的分析，因为尽管利润额的分析可以说明企业财务成果的增减变动状况及其原因，为改善企业经营管理指明了方向。但是，由于利润额受企业规模或投入总量的影响较大，一方面使不同规模的企业之间不便于对比；另一方面它也不能准确地反映企业的盈利能力和盈利水平。因此，仅进行利润额分析一般不能满足各方面对财务信息的要求，还必须对利润率进行分析。

利润率指标从不同角度或从不同的分析目的看，可有多种形式。在不同的所有制企业中，反映企业盈利能力的指标形式也不同。在这里，我们对企业盈利能力的分析将从以下几方面进行：

1．与投资有关的盈利能力分析

与投资有关的盈利能力分析主要对总资产报酬率、净资产收益率指标进行分析与评价。

2．与销售有关盈利能力分析

商品经营盈利能力分析即利用损益表资料进行利润率分析包括收入利润率分析和成本利润率分析两方面内容。而为了搞好利润率因素分析，有必要对销售利润进行因素分析。

3．上市公司盈利能力分析

上市公司盈利能力分析即对每股收益指标、普通股权益报酬率指标、股利发放率指标以及价格与收益比率指标进行分析。

企业盈利能力分析可从企业盈利能力一般分析和股份公司税后利润分析两方面来研究。

（1）企业盈利能力一般分析。

一般分析中，反映企业盈利能力的指标，主要有销售利润率、成本费用利润率，资产总额利润率、资本金利润率、股东权益利润率。

①销售利润率。

销售利润率（Rate of Return on Sale）是企业利润总额与企业销售收入净额达比率。它反映企业销售收入中职工为社会劳动新创价值所占的份额。其计算公式为：

$$销售利润率 = 利润总额 \div 销售收入净额 \times 100\%$$

该项比率越高，表明企业为社会新创造的价值越多，贡献越大，也反映企业在增产的同时，为企业多创造了利润，实现了增产增收。

②成本费用利润率。

成本费用利润率是指企业利润总额与成本费用总额的比率。它是反映企业生产经营过程中发生的耗费与获得的收益之间关系的指标。计算公式为：

成本费用利润率 = 利润总额 ÷ 成本费用总额 ×100%

该比率越高表明企业耗费所取得的收益越高，这是一个能直接反映增收节支、增产节约效益的指标。企业生产销售的增加和费用开支的节约都能使这一比率提高。

③总资产利润率。

总资产利润率（Rate of Return on Total Assets）是企业利润总额与企业资产平均总额的比率即过去所说的资金利润率。它是反映企业资产综合利用效果的指标也是衡量企业利用债权人和所有者权益总额所取得盈利的重要指标。其计算公式为：

总资产利润率 = 利润总量 ÷ 资产平均总额 ×100%

资产平均总额为年初资产总额与年末资产总额的平均数。此项比率越高，表明资产利用的效益越好，整个企业获利能力越强，经营管理水平越高。

④资本金利润率和权益利润率。

资本金利润率是企业的利润总额与资本金总额的比率，是反映投资者投入企业资本金的获利能力的指标。计算公式为：

资本金利润率 = 利润总额 ÷ 资本金总额 ×100%

这一比率越高，说明企业资本金的利用效果越好，反之则说明资本金的利用效果不佳。企业资本金是所有者投入的主权资金，资本金利润率的高低直接关系到投资者的权益是投资者最关心的问题。当企业以资本金为基础吸收一部分负债资金进行生产经营时，资本金利润率就会因财务杠杆原理的利用而得到提高，提高的利润部分虽然不是资本金直接带来的，但也可视为资本金有效利用的结果。它还表明企业经营者精明能干善于利用他人资金为本企业增加盈利。反之如果负债资金利息太高，使资本金利润率降低，则应视为财务杠杆原理利用不善的表现。

资本金和利润率指标中的资本金是指资产负债表中的实收资本，但是用来作为实现利润的垫支资本中还包括资本公积、盈余公积、未分配利润等留用利润（保留盈余），这些也都属于所有者权益。为了反映全部垫支资本的使用效益并满足投资者对盈利信息的关心，更有必要计算权益利润率。

⑤权益利润率。

权益利润率（Rate of Return on Equity）是企业利润总额与平均股东权益的比率。它是反映股东投资收益水平的指标。计算公式为：

权益利润 = 利润总额 ÷ 平均股东权益 ×100%

股东权益是股东对企业净资产所拥有的权益净资产，是企业全部资产减去全部负债后的余额。股东权益包括实收资本、资本公积、盈余公积和未分配利润。平均股东权益为年初股东权益额与年末股东权益额的平均数。

该项比率越高，表明股东投资的收益水平越高，获利能力越强。反之则收益水平不高，获利能力不强。

权益利润率指标具有很强的综合性，它包含了总资产和净权益比率、总资产周转率和按利润总额计算的销售收入利润率这三个指标所反映的内容。各指标的关系可用公式表示如下：

股东权益利润率 = 利润总额 ÷ 平均股东权益

=（总资产 ÷ 平均股东权益）×（销售收入 ÷ 总资产）×（利润总额 ÷ 销售收入）

为了反映投资者可以获得的利润，上述资本金利润率和股东权益利润率指标中的利润额也可按税后利润计算。

（2）股份公司税后利润分析。

股份公司税后利润分析所用的指标很多，主要有每股利润、每股股利和市盈率。

①每股利润。

股份公司中的每股利润（Earnings Per Share，缩写 EPS）是指普通股每股税后利润。该指标中的利润是利润总额应缴所得税的税后利润。如果发行了优先股还要扣除优先股应分的股利，然后除以流通股数，即发行在外的普通股平均股数。其计算公式：

普通股每股利润 =（税后利润 - 优先股股利）÷ 流通股数

②每股股利。

每股股利（Dividends Per Share，缩写 DPS）是企业股利总额与流通股数的比率。股利总额是用于对普通股分配现金股利的总额，流通股数是企业发行在外的普通股股份平均数。计算公式如下：

每股股利 = 股利总额 ÷ 流通股数

每股股利是反映股份公司每一普通股获得股利多少的一个指标。每股股利的高低一方面取决于企业获利能力的强弱，同时还受企业股利发放政策与利润分配需要的影响。如果企业为扩大再生产增强企业的后劲而多留，则每股股利就少，反之则多。

③市盈率。

市盈率又称价格 - 盈余比率（Price-Earning Ratio，简写 P/E）是普通股每股市场价格与每股利润的比率。它是反映股票盈利状况的重要指标，也是投资者对从某种股票获得 1 元利润所愿支付的价格。计算公式如下：

市盈率 = 普通股每股市场价格 ÷ 普通股每股利润

该项比率越高，表明企业获利的潜力越大，反之则表明企业的前景并不乐观。股票投资者通过对市盈率的比较，用作投资选择的参考。

9.1.4 发展能力分析

企业的发展能力，也称企业的成长性，它是企业通过自身的生产经营活动，不断扩大积累而形成的发展潜能。企业能否健康发展取决于多种因素，包括外部经营环境、企业内在素质及资源条件等。

企业发展能力衡量的核心是企业价值增长率。通常用净收益增长率来近似地描述企业价值的增长，并将其作为企业发展能力分析的重要指标。净收益增长率是指当年留存收益增长额与年初净资产的比率。净收益增长率的因素分析：

净收益增长率 = 留存收益增加额 + 年初净资产

= 当年净利润 ×（1- 股利支付比率）+ 年初净资产

= 年初净资产收益率 ×（1- 股利支付比率）

= 年初净资产收益率 × 留存比率

该公式表示企业在不发行新的权益资本并维持一个目标资本结构和固定股利政策条件下，企业未来净收益增长率是年初净资产收益率和股利支付率的函数表达式。企业未来净收益增长率不可能大于期初净资产收益率。

从上式可以看出，企业净资产收益率和留存比率是影响企业净收益增长的两个主要因素。净资产收益率越高，净收益增长率也越高。企业留存比率越高，净收益增长率也越高。

由于净资产收益率的重要作用，在实际运用中经常把净收益增长率扩展成包括多个变量的表达式，其扩展式为：

净收益增长率（g）= 年初净资产收益率 × 留存比率

= 年初总资产净利率 ×（总资产 + 净资产） × 留存比率

= 年初总资产周转率 × 销售净利率 × 年初权益乘数 × 留存比率

综上，企业在各方面保持不变的情况下，只能以 g 的速度每年增长（该增长率是可持续增长率），当企业增长速度超过 g 时，上述四个比率必须改变，也就是企业要超速发展，就必须要么提高企业的经营效率（总资产周转率），要么增强企业的获利能力（销售净利率），或者改变企业的财务政策（股利政策和财务杠杆），也就是说企业可以调整经营效率、获利能力及财务政策来改变或适应自己的增长水平。

企业发展能力分析指标有销售增长率、内含增长率以及可持续增长率。

1. 销售增长率

销售增长率是指企业本年销售增长额与上年销售额之间的比率，反映销售的增减变动情况，是评价企业成长状况和发展能力的重要指标。其计算公式为：

销售增长率 = 本年销售增长额 ÷ 上年销售额

=（本年销售额 - 上年销售额）÷ 上年销售额

销售增长率是衡量企业经营状况和市场占有能力、预测企业经营业务拓展趋势的重要指标，也是企业扩张增量资本和存量资本的重要前提。该指标越大，表明其增长速度越快，企业市场前景越好。

2. 内含增长率

内含增长率是不从外部融资，仅靠内部积累所能达到的增长率。

销售额增加引起的资金需求增长有两种途径来满足：一是内部保留盈余的增加，二是外部融资包括借款和股权融资，不包括负债的自然增长。如果不能或不打算从外部融资，则只能靠内部积累，从而限制了销售的增长。此时的销售增长率称为“内含增长率”。

3. 可持续增长率

于企业要以发展求生存，销售增长是任何企业都无法回避的问题。企业增长的财务意义是资金增长。在销售增长时企业往往需要补充资金，这主要是因为销售增加通常会引起存货和应收账款等资产的增加。销售增长的越多，需要的资金越多。

从资金来源上看，企业增长的实现方式有三种：一是完全依靠内部资金增长。有些小企业无法取得借款，有些大企业不愿意借款。它们主要是靠内部积累实现增长。完全依靠内部来源支持的增长率，就是前面提到的“内含增长率”。内部的财务资源是有限的，往往会限制企业的发展，无法充分利用扩大企业财富的机会。二是主要依靠外部资金增长。从外部来源筹资，包括增加债务和股东投资，也可以提高增长率。但主要依靠外部资金实现增长是不能持久的。增加负债会使企业的财务风险增加，筹资能力下降，最终会使借款能力完全丧失；增加股东投入资本，不仅会分散控制权，而且会稀释每股盈余，除非追加投资有更高的回报率，否则不能增加股东财富。三是平衡增长。平衡增长，就是保持目前的财务结构和与此有关的财务风险，按照股东权益的增长比例增加借款，以此支持销售增长。这种增长率，一般不会消耗企业的财务资源，是一种可持续的增长速度。

9.2 企业财务状况的综合研判

9.2.1 杜邦分析法

杜邦分析法是一种最经典的财务指标分析方法，具体来说，它是一种用来评价企业盈利能力和股东权益回报水平，从财务角度评价企业绩效的一种方法。

杜邦分析公式：ROE（净资产收益率）= 销售净利率 × 资产周转率 × 权益乘数

1. 杜邦分析法概述

ROE 是杜邦分析系统的顶层，也是我们分析的最终目的，它用来反映投入资本的盈利能力。

（1）销售净利率 = 净利润 ÷ 销售收入——表明企业的盈利能力；

（2）资产周转率 = 销售收入 ÷ 总资产——表明企业资金周转的能力；

（3）权益乘数 = 总资产 ÷ 净资产（权益）——反映企业的负债程度。

总的来说，杜邦分析法其实就是以 ROE 为核心，自上而下拆分的一个金字塔结构：

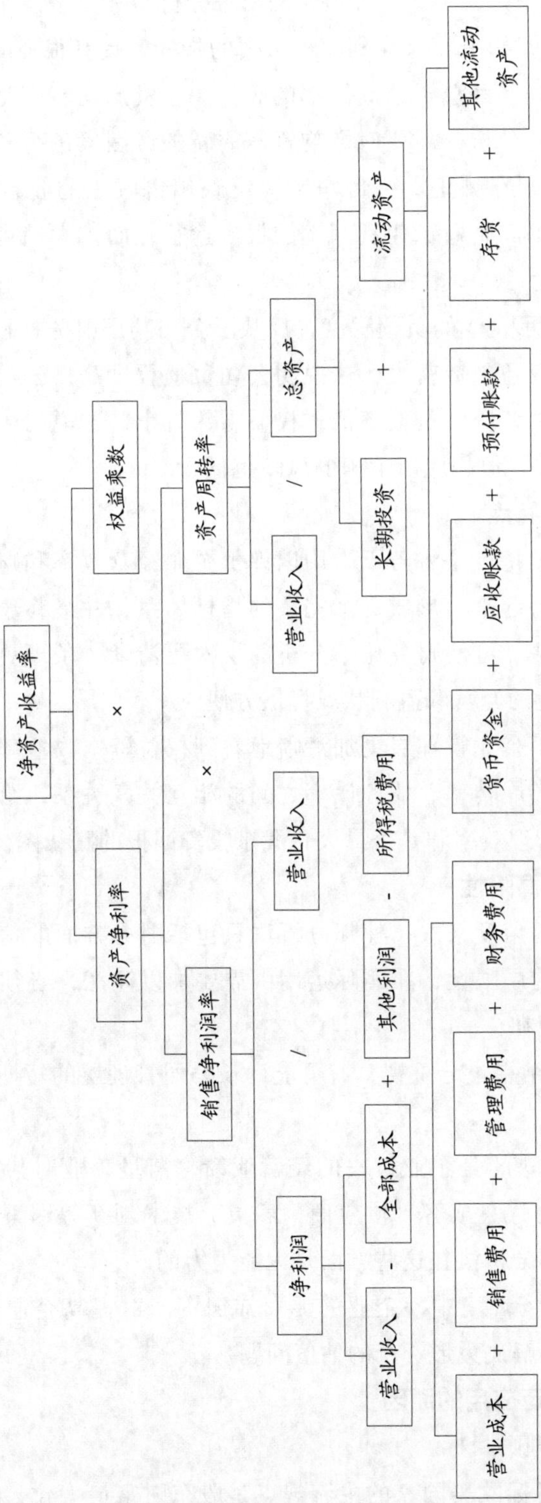
净资产收益率
资产净利率
权益乘数
销售净利润率
资产周转率
净利润
营业收入
营业收入
总资产
营业收入
全部成本
其他利润
所得税费用
长期投资
流动资产
营业成本
销售费用
管理费用
财务费用
货币资金
应收账款
预付账款
存货
其他流动资产

图 9-1 杜邦分析法框架

2．杜邦分析法思路

（1）净资产收益率是一个综合性最强的财务分析指标，是杜邦分析系统的核心。

（2）资产净利率是影响权益净利率最重要的指标，具有很强的综合性，而资产净利率又取决于销售净利率和总资产周转率的高低。总资产周转率是反映总资产的周转速度。对资产周转率的分析，需要对影响资产周转的各因素进行分析，以判断影响公司资产周转的主要问题在哪里。销售净利率反映销售收入的收益水平。扩大销售收入，降低成本费用是提高企业销售利润率的根本途径，而扩大销售同时也是提高资产周转率的必要条件和途径。

（3）权益乘数表示企业的负债程度，反映了公司利用财务杠杆进行经营活动的程度。资产负债率高，权益乘数就大，这说明公司负债程度高，公司会有较多的杠杆利益，但风险也高；反之，资产负债率低，权益乘数就小，这说明公司负债程度低，公司会有较少的杠杆利益，但相应所承担的风险也低。

3．杜邦分析法的特点

杜邦模型最显著的特点是将若干个用以评价企业经营效率和财务状况的比率按其内在联系有机比地结合起来，形成一个完整的指标体系，并最终通过权益收益率来综合反映。采用这一方法、可使财务比率分析的层次更清晰、条理更突出，为报表分析者全面仔细地了解企业的经营和盈利状况提供方便。

杜邦分析法有助于企业管理层更加清晰地看到权益资本收益率的决定因素，以及销售净利润率与总资产周转率、债务比率之间的相互关联关系，给管理层提供了一张明晰的考察公司资产管理效率和是否最大化股东投资回报的路线图。

4．杜邦分析法的局限性

从企业绩效评价的角度来看，杜邦分析法只包括财务方面的信息，不能全面反映企业的实力，有很大的局限性，在实际运用中需要加以注意，必须结合企业的其他信息加以分析。主要表现在：

（1）对短期财务结果过分重视，有可能助长公司管理层的短期行为，忽略企业长期的价值创造。

（2）财务指标反映的是企业过去的经营业绩，衡量工业时代的企业能够满足要求。但在目前的信息时代，成客、供应商、雇员、技术创新等因素对企业经营业绩的影响越来越大，而杜邦分析法在这些方面是无能为力的。

（3）在目前的市场环境中，企业的无形知识资产对提高企业长期竞争力至关重要，杜邦分析法却不能解决无形资产的估值问题。

5．杜邦分析法广泛应用的原因

（1）符合公司的理财目标。

关于公司的理财目标欧美国家的主流观点是股东财富最大化，日本等亚洲国家的主流观点是公司各个利益群体的利益有效兼顾。在我国公司的经营管理目标经历了几个发展时期每一个时期都有它的主流观点。计划经济时期产值最大化是公司的理财目标，改革开放初期利润最大化是公司的理财目标，由计划经济向市场经济转轨时期有人坚持认为利润最大化仍然是公司的理想目标，有人则提出所有者权益最大化是公司的理财目标，但也有人提出公司价值最大化才是公司的理财目标，至今还没有形成主流现点。

本书认为我国公司的理财目标应该是投资人、债权人、经营者、政府和社会公众这五个利益群体的利益互相兼顾。在法律和道德的框架内使各方利益共同达到最大化，任何一方的利益遭到损害都不利于公司的可持续发展，也不利于最终实现股东财富的最大化。只有各方利益部能够得到有效兼顾，公司才能经济持续稳定协调地发展，最终才能实现包括股东财富在内的各方利益最大化。这是一种很严密的逻辑关系，它反映了各方利益与公司发展之间相互促进、相互制约的相辅相成的内在联系。

从股东财富最大化这个理财目标我们不难看出，杜邦公司把股东权益收益率作为杜邦分析核心指标的原因所在。在美国股东财富最大化是公司的理财目标，而股东权益收益率又是反映股东财富增值水平最为敏感的内部财务指标，所以杜邦公司在设计和运用这种分析方法时就把股东权益收益率作为分析的核心指标。

（2）有利于委托代理关系。

广义的委托代理关系是指财产拥有人，包括投资人和债权人等，将自己合法拥有的财产委托给经营者，依法经营而形成的，包含双方权责利关系在内的一种法律关系。狭义的委托代理关系仅指投资人与经营者之间的权责利关系。

从狭义的委托代理关系来解释经营者为什么也青睐杜邦分析法，首先由于存在委托代理关系，无论是在法律上还是在道义上，经营者都应该优先考虑股东的利益这一点与股东的立场是一致的，其次由于存在委托代理关系，委托人、投资人、股东和代理人、经营者之间就必然会发生一定程度的委托代理冲突。为了尽量缓解这种委托代理冲突，委托人和代理人之间就会建立起一种有效的激励与约束的机制，将经营者的收入与股东利益挂起钩来，在股东利益最大化的同时也能实现经营者的利益最大化。在这种机制的影响下经营者必然会主动地去关心股东权益收益率及其相关的财务指标。

6．运用杜邦分析法的建议

（1）首先深刻理解杜邦分析法与公司理财目标公司代理关系以及公司金字塔风险之间的内在联系，充分认识杜邦分析法对实现公司理财目标，对于缓解公司代理冲突、化解公司金字塔风险具有重要作用。只有深刻理解这种内在联系并充分认识这种重要作用，公司才有可能会想方设法去用足用好杜邦分析法。

（2）其次完善财务与会计的各项基础工作，建立健全财务与会计的各种规章制度，保证财务与会计信息的真实性、完整性、可靠性、及时性的提高。财务与会计信息的质量再次加强杜邦分析法与公司长期战略目标以及近期目标责任之间的沟通和联系，把杜邦分析法的功能从事后财务分析延伸到事前战略规划和事前目标责任，管理最大限度地用足用好杜邦分析法。

（3）最后注意杜邦分析系统中各项财务指标的递进影响关系和动态发展趋势，根据这种递进影响关系来平衡影响某一财务指标变动的各个要素之间的关系，使之协调发展同时根据这种动态发展趋势来观测公司近期目标责任的落实情况和长期战略目标的实施情况，并适时对之进行合理的调整，使近期目标责任和长期战略目标之间形成一个和谐统一、相互支持、相互促进、共同实现的经营管理目标体系。

9.2.2 哈佛财务报表分析法

哈佛分析框架，包括战略分析、会计分析、财务分析、前景分析。这几个分析不是孤立的，相互联系，层层递进。它们的关系大概如图 9-2 所示：

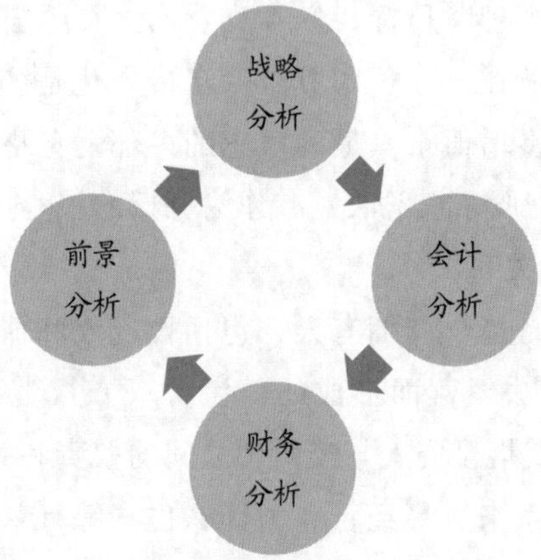

图 9-2 哈佛框架内容

1. 战略分析

从整体上分析公司采用的战略，比如成本领先、差异化、集中化战略。分析公司在这些战略的指引下做的成绩如何，即做了哪些事、怎么做的、做到什么样的结果以及与预期有没有差距。

接下来的分析就是寻找差距的原因，出现了什么问题、未来该如何调整。

2. 会计分析

分析问题的原因，最直接的方式是从财务数据出发，毕竟财务数据反映的是企业经营状况。在财务分析之前，先进行会计分析。会计分析的目的是确定财务数据是完整的、准确的。

数据完整而准确，是财务分析的前提。数据的完整性，就是保证所有应该入账的数据已经入账，没有遗漏的；具体来说，看看有没有跨期确认收入成本费用的，有没有少计提的（还有多计提的），有没有漏掉没有入账（还有多入账的）等等。

数据的准确性，就是数据来源问题，数据来源可不可靠。财务数据是直接来自业务系统的数据，还是手工处理过的数据；是经核对过的数据，还是原始数据等。

会计分析，更多讲的是内部控制方面，即有没有相关的流程和制度保证数据完整而准确；这些制度有没有发挥作用，有没有被正确的执行。

3. 财务分析

经过会计分析的确认，财务数据是完整和准确的，接下来可以放心地做财务分析，即通过一些财务指标分析企业的实际经营状况，发现企业出现的问题，这些问题应该是导致战略目标达成或者没有达成的原因。

（1）财务分析思考方法。

①关注市场行情。

所谓市场行情，就是企业所在行业的整体行情、发展趋势、方针政策等外在的影响因素；企业业绩表现好与坏，是与身处的市场环境密切相关，特别是金融行业，受政策的影响较大，做财务分析的时候，要关注政策的影响。

②站在业务视角。

发掘财务数据背后影响的业务问题，把财务数据还原到业务场景中，知道财务数据是怎么产生的，哪些业务会影响到财务数据，同时财务数据的变化会影响哪些业务。

③划分管理维度。

从多个维度分析问题，就是把某项指标不断地分解下去，层层剖析，直到无法再继续分解为止。比如，看到一个指标，考虑影响这个指标的因素有哪些或者这个指标可以分解为哪几个构成部分，分解后的指标是否可以进一步分解下去。

④趋势对比分析。

做两方面的比较，一是跟自己比，与自己公司历史数据比较，看看自己的状况是变好了还是变坏了；二是跟行业平均水平或行业优秀企业比较，如果行业数据能够获得的话，看看自己位于行业中的水平如何，跟优秀企业比较还有哪些差距。

（2）财务分析框架。

①成长性分析。

主要分析“收入”的成长性和可持续性，包括以下模块：

a. 收入增速分析。

分析连续几个会计期间的增长变化，看看收入增速是变快还是变慢，是变好还是变坏。

b. 收入结构分析。

上面是对收入做的整体的分析，接下来把收入分解成不同的维度，分析一下收入的构成。

产品维度。企业有多个类别产品，每个产品对收入的贡献是不一样的。按照产品结构的不同，分析探究一下哪类产品带来的收入更多，哪类产品带来的收入最少。

地域维度。如果企业规模比较大，全国各地都有分支机构，那么可以按照地域进行划分，看看哪个地域带来更多的收入。

客户维度。研究目标客户群体，看看是什么样的客户贡献的收入最大。

c. 收入驱动因素分析。

通过上面的分析，可以进一步研究到底是什么因素导致了收入的增长或衰退。将收入指标进行分解，找到影响收入的因素，分析这些因素的变化。

d. 业务政策评估。

如果企业实施了某项促进业务增长的策略，那么还要对该策略进行评估，看看收入的变化有没有达到预期。比如分析运营推广策略是否有成效，可以采用“每投入 1 元推广，可以带来多少的点击率、认证率等指标”分析。

②现金流分析。

现金流分析方法和指标很多。这里的现金流分析目的是预计未来 1~3 个月资金的需求状况。

可以将现金流分成两类，一类是跟业务相关的现金流，包括业务端收入能够带来的现金流以及支付成本所付出的现金，这类现金流的特点是随着业务的变化而变化。具体的方法是，统计以往月份现金回收与支出占当月收入的比例，加权平均，测算未来 1~3 个月收入状况，相应的计算现金流入与流出状况。

另一类是日常运营消耗的现金流，相对于第一类来说比较稳定。可以比较最近几个月日常消耗类现金的增长状况，据此测算未来 1~3 个月的现金流。

财务分析不能漫无目的，它的目的是找到战略发展中遇到的问题，到底是什么问题导致了战略目标有偏差？一定要与战略目标结合起来。

③前景分析。

前景分析就是在上面财务分析的基础上，针对出现的问题进行调整，制定接下来的战略规划，形成一个新的战略循环。

总之，哈佛分析框架是一个分析逻辑，既然是一个逻辑，就有弹性，就是说它不是本本主义，只能在这个框里面分析。应该结合企业的实际，与其他分析方法进行结合。这个框架里面只有 4 个方面的分析，其实根据需要可以加入其他方面分析，比如人力资源方面的分析。因为企业出现的种种问题，归根到底就是人的问题和钱的问题。人的问题是最主要的。企业战略目标为什么没达成，十有八九是用人不当。因此，人力资源部门也要适时做个管理层胜任能力分析。

9.3　示例

9.3.1　杜邦分析法在企业财务分析中的应用——以 S 超市（2018—2020 年）为例

1. 公司概况

S 超市股份有限公司（简称“S 超市”），成立于 2001 年，于 2010 年在上海证券交易所挂牌上市，总部位于福州市，是中国企业 500 强之一，是国家级“流通”及“农业产业化”双龙头企业。S 超市作为中国大陆首批将生鲜产品引进现代超市的流通企业之一，主营生鲜产品、食品用品和服装类产品。

2. 公司财务业绩总体评价

（1）资产负债表分析。

①资产状况及变化。

表 9-1　S 超市 2018—2020 年资产项目情况

报告期	2020 年		2019 年		2018 年
项目	金额（亿元）	增长率	金额（亿元）	增长率	金额（亿元）
货币资金	120.05	68.41%	71.29	50.63%	47.33
发放给贷款及垫款（短期）	13.94	-22.34%	17.95	241.70%	5.25
交易性金融资产	2.41	-76.42%	10.24	—	—
以公允价值计量且其变动计入当期损益的金融资产	—	—	—	—	31.57
应收保理款	27.10	7.47%	25.22	—	—
应收账款及应收票据	4.47	-54.96%	9.93	-52.36%	20.85
预付款项	24.68	2.91%	23.98	13.92%	21.05
其他应收款	9.38	-1.46%	9.52	14.09%	8.35
存货	108.82	-11.77%	123.33	51.91%	81.19
其他流动资产	20.93	8.97%	19.20	-19.81%	23.95
流动资产合计	331.78	6.80%	310.66	29.70%	239.53
发放贷款和垫款	2.02	134.95%	0.86	193.17%	0.29
可供出售金融资产	—	—	—	—	6.57

续表

报告期	2020 年		2019 年		2018 年
项目	金额（亿元）	增长率	金额（亿元）	增长率	金额（亿元）
债权投资	0.38	—	—	—	—
长期股权投资	54.10	−8.09%	58.86	3.25%	57.01
其他非流动金融资产	56.18	29.01%	43.55	—	—
投资性房地产	3.33	−3.07%	3.43	−0.88%	3.46
固定资产	53.10	3.55%	51.28	13.68%	45.12
在建工程	1.94	11.38%	1.74	−40.22%	2.92
无形资产	16.17	99.04%	8.12	29.96%	6.25
商誉	1.21	−60.75%	3.09	8 342.67%	0.04
长期待摊费用	37.01	−0.85%	37.33	12.93%	33.06
递延所得税资产	4.73	12.34%	4.21	107.55%	2.03
非流动资产合计	229.79	7.95%	212.87	35.81%	156.74
资产总计	561.58	7.27%	523.53	32.11%	396.27

上表统计数据表明，从公司资产总规模来看，2018 年 12 月 31 日，公司资产总值 396.27 亿元；2019 年 12 月 31 日的资产总值是 523.53 亿元，比上年增加了 127.26 亿元，增长 32.11%；2020 年 12 月 31 日，公司资产总值 561.58 亿元，比上年增加了 38.05 亿元，增长 7.27%。2018—2020 年，公司的资产规模以年均 19.5% 的速度稳步增长。

2018—2020 年，S 超市资产的变化中非流动资产增幅较高，尤其是 2019 年，增幅高达 35.81%。其中虽然其他非流动金融资产的比重最大，2020 年其在非流动资产中占比为 24.45%，要增长还是来源于两年内商誉的大幅增长。商誉的大幅增长主要原因在于 2020 年合并多家子（孙）公司。截至 2020 年 12 月 31 日，公司拥有 123 家下属公司，合并范围数量较上年增加 43 家。2020 年流动资产的增长幅度为 6.80%，其中增长率最大的为货币资金，为 68.41%，而交易性金融资产与应收账款及应收票据的负向增长是流动资产增长率仅为 6.80% 的重要原因。

②负债及所有者权益状况及变化。

表 9-2　2018—2020 年 S 超市负债及所有者权益项目情况

报告期	2020 年		2019 年		2018 年
项目	金额（亿元）	增长率	金额（亿元）	增长率	金额（亿元）
流动负债：	—	—	—	—	—
短期借款	138.90	28.45%	108.13	193.05%	36.90
应付票据及应付账款	125.14	-3.62%	129.83	33.63%	97.16
预收款项	1.97	-93.85%	32.06	35.50%	23.66
合同负债	34.72	—	—	—	—
应付职工薪酬	7.22	13.15%	6.38	31.16%	4.86
应交税费	2.66	-32.74%	3.96	18.33%	3.35
其他应付款	35.10	1.73%	34.51	2.77%	33.58
其中：应付利息	—	—	—	-100.00%	0.05
应付股利	0.12	-3.56%	0.12	—	—
其他流动负债	3.22	—	—	—	—
流动负债合计	348.93	10.82%	314.87	57.83%	199.51
非流动负债：	—	—	—	—	—
预计负债	1.24	1 718.55%	0.07	6.94%	0.06
递延收益	1.31	6.43%	1.23	11.11%	1.11
递延所得税负债	6.17	118.96%	2.82	121.67%	1.27
非流动负债合计	8.71	111.75%	4.12	68.54%	2.44
负债合计	357.65	12.12%	318.99	57.96%	201.95
所有者权益（或股东权益）：	—	—	—	—	—
实收资本（或股本）	95.16	-0.57%	95.70	0.00%	95.70
资本公积	69.27	-3.50%	71.78	-5.02%	75.57
减：库存股	20.09	101.27%	9.98	-38.72%	16.29
其他综合收益	-0.01	-138.89%	0.02	9.97%	0.01
盈余公积	10.31	25.42%	8.22	28.76%	6.38
未分配利润	38.87	10.03%	35.32	9.82%	32.16

续表

报告期	2020 年		2019 年		2018 年
项目	金额（亿元）	增长率	金额（亿元）	增长率	金额（亿元）
归属于母公司所有者权益（或股东权益）合计	193.51	-3.75%	201.06	3.88%	193.55
少数股东权益	10.42	199.05%	3.48	350.70%	0.77
所有者权益（或股东权益）合计	203.93	-0.30%	204.54	5.26%	194.32
负债和所有者权益（或股东权益）总计	561.58	7.27%	523.53	32.11%	396.27

根据上表统计数据显示，S 超市在 2018—2020 年间，负债总额持续增长，2020 年以来开始放缓，非流动负债虽然增长较快但是总体数额较小，流动负债依旧是负债中的主要部分。从表中数据我们可以看出，2020 年流动负债占负债总额的比例高达 97.56%，且呈现出逐年攀升的趋势，流动负债占资本总额的 62.13%，非流动负债仅占资本总额的 1.55%，所有者权益占资产总额的 36.31%，且近几年来维持在较为稳定的状态，波动幅度较小。在数额较为庞大的流动负债中，主要部分是短期借款与应付账款及应收票据，占比分别为 39.80% 和 35.86%，说明 S 超市面临较重的债务负担。由此我们可以看出，公司的债务资本比例为 63.69%，权益资本比例为 36.31%，公司权益资本较低，负债资本较高，虽然发生债务危机的概率较高，但是可以有效降低企业资本成本，充分发挥债务资本的财务杠杆效益。

（2）利润表分析。

①利润总额增长及构成情况。

表 9-3　2018—2020 年 S 超市利润总额及相关项目情况

报告期	2020 年		2019 年		2018 年
项目	金额（亿元）	增长率	金额（亿元）	增长率	金额（亿元）
营业总收入	931.99	9.80%	848.77	20.36%	705.17
营业收入	931.99	9.80%	848.77	20.36%	705.17
营业总成本	914.55	10.23%	829.67	18.66%	699.21
营业成本	732.81	10.07%	665.74	21.26%	549.00
税金及附加	2.20	-11.11%	2.47	4.10%	2.37
销售费用	154.39	12.02%	137.82	19.22%	115.60
管理费用	22.93	13.89%	20.13	-33.05%	30.07
财务费用	2.23	-36.36%	3.51	138.01%	1.48

续表

报告期	2020 年		2019 年		2018 年
项目	金额（亿元）	增长率	金额（亿元）	增长率	金额（亿元）
其中：利息费用	3.14	7.81%	2.92	309.14%	0.71
利息收入	2.52	201.76%	0.83	-344.20%	-0.34
资产减值损失	—	—	—	—	0.69
加：其他收益	3.16	108.67%	1.52	26.51%	1.20
投资收益（损失以“-”号填列）	-1.43	108.13%	-0.69	-112.53%	5.48
其中：对联营企业和合营企业的投资收益	-2.73	-35.25%	-4.22	-424.00%	1.30
公允价值变动损益（损失以“-”号填列）	11.52	1 274.62%	0.84	152.74%	0.33
资产减值损失（损失以“-”号填列）	-6.92	112.68%	-3.26	—	—
资产处置收益（损失以“-”号填列	-0.08	-82.18%	-0.46	40.57%	-0.33
营业利润	22.85	39.31%	16.40	29.70%	12.64
加：营业外收入	2.90	30.51%	2.23	-4.41%	2.33
减：营业外支出	4.01	369.45%	0.85	77.12%	0.48
利润总额（亏损总额以“-”号填列	21.74	22.34%	17.77	22.64%	14.49
减：所得税费用	5.21	60.67%	3.24	-28.20%	4.52
净利润（净亏损以“-”号填列）	16.53	13.79%	14.53	45.66%	9.97
其他综合收益的税后净额	-0.02	-1 631.30%	0.001 4	-86.32%	0.01
综合收益总额	16.51	13.64%	14.53	45.53%	9.98
归属于母公司所有者的综合收益总额	17.92	14.61%	15.64	5.57%	14.81
归属于少数股东的综合收益总额	-1.41	27.41%	-1.11	-77.04%	-4.83

表 9-4　2018—2020 年 S 超市每股收益及其增长率

报告期	2020 年		2019 年		2018 年
项目	金额（元）	增长率	金额（元）	增长率	金额
每股收益	0.19	18.75%	0.16	6.67%	0.15

根据表 9-3 以及表 9-4 统计数据显示，S 超市 2019 年实现净利润 14.53 亿元，较 2018 年增长了 4.56 亿元，增长率为 45.66%，2020 年净利润在 2019 年的基础上有一次实现净增长，增长率为 13.79%。站在水平角度分析，S 超市净利润增长的主要来源还是营业收入的连续增长，其次财务费用、管理费用的下降也抵消了投资收益下降带来的影响。

从上表还可以看出 S 超市 2018—2020 年度各项财务成果的构成情况。其中，2020 年度营业利润占营业收入的比重为 2.45%，与上年度相比增长了 0.52%；本年度利润总额的构成为 22.34%，比上年度的 22.64% 减少了 0.3%；本年度净利润的构成为 13.79%，比上年的 45.66% 减少了 31.87%

②成本费用分析。

表 9-5　2016—2020 年 S 超市期间费用

报告期	2020	2019	2018	2017	2016
项目	金额（亿元）	金额（亿元）	金额（亿元）	金额（亿元）	金额（亿元）
销售费用	154.39	137.82	115.60	84.52	71.65
管理费用	22.93	20.13	30.07	17.81	12.89
财务费用	2.23	3.51	1.48	-0.83	-0.74
其中：利息费用	3.14	2.92	0.71	—	—
利息收入	2.52	0.83	-0.34	—	—

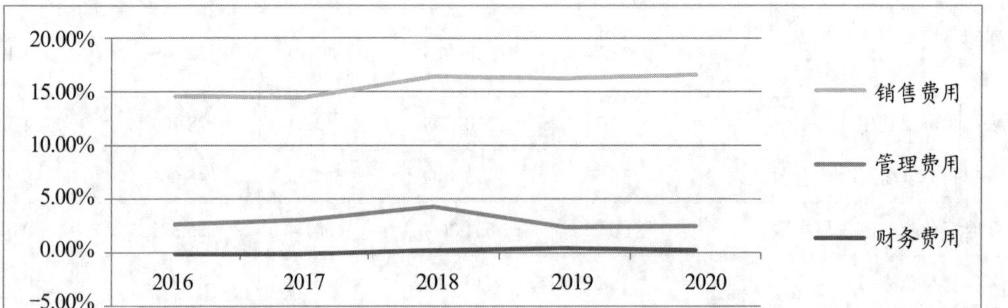

图 9-3　2016—2020 年 S 超市营业收入中期间费用占比

从表 9-5 与图 9-3 中数据可以看出，S 超市 2016—2020 年度期间费用虽然呈现逐年增长的态势，但是其在营业收入中所占比重连续五年波动幅度较小，基本持平。这说明 2016—2020 年期间营业收入出现逐年增长的趋势。在销售费用、管理费用以及财务费用中，销售费用占比最高，2020 年占比高达 17%，销售费用常年居高不下与 S 超市的“新零售模式”密不可分。相对于销售费用来说，财务费用的主要部分来源于利息费用，这与表 1-2S 超市负债与所有者权益项目情况中高负债资本、低权益资本的特点相吻合，管理费用、财务费用涉及金额较小，不会对 S 超市的经营管理产生重要影响。

（3）现金流量表分析。

表 9-6　S 超市 2018—2020 年度现金流量表

报告期	2020 年		2019 年		2018 年
项目	金额（亿元）	增长率	金额（亿元）	增长率	金额（亿元）
一、经营活动产生的现金流量：	—	—	—	—	—
销售商品、提供劳务收到的现金	1 079.22	8.93%	990.71	17.59%	842.48
收到的税费返还	—	—	—	—	0.29
收到其他与经营活动有关的现金	8.80	58.94%	5.54	18.81%	4.66
经营活动现金流入小计	1 088.03	9.21%	996.25	17.56%	847.44
购入商品、接受劳务支付的现金	848.07	4.95%	808.09	18.68%	680.89
支付给职工及为职工支付的现金	74.84	12.92%	66.27	9.04%	60.78
支付的各项税费	16.16	−5.30%	17.06	−8.98%	18.75
支付其他与经营活动有关的现金	87.57	−13.01%	100.66	45.02%	69.41
经营活动现金流出小计	1 026.63	3.48%	992.08	19.55%	829.83
经营活动产生的现金流量净额	61.40	1 374.73%	4.16	−76.36%	17.61
二、投资活动产生的现金流量：	—	—	—	—	—
收回投资收到的现金	1.22	1 183.14%	0.09	—	—
取得投资收到的现金	0.93	221.49%	0.29	5.95%	0.27
处置固定资产、无形资产和其他长期资产收回的现金净额	0.06	−38.56%	0.10	95.52%	0.05
处置子公司及其他营业单位收到的现金净额	—	—	—	—	1.04
收到其他与投资活动有关的现金	58.27	24.76%	46.70	−12.23%	53.21
投资活动现金流入小计	60.47	28.16%	47.19	−13.54%	54.58
购建固定资产、无形资产和其他长期资产支付的现金	20.87	−32.89%	31.09	2.63%	30.29
投资支付的现金	7.45	−83.57%	45.35	179.84%	16.20
支付其他与投资活动有关的现金	53.87	241.88%	15.76	−64.80%	44.77
投资活动现金流出小计	82.19	−10.85%	92.19	1.02%	91.26
投资活动产生的现金流量净额	−21.71	51.75%	−45.01	−22.68%	−36.69
三、筹资活动产生的现金流量：	—	—	—	—	—

续表

报告期	2020 年		2019 年		2018 年
项目	金额（亿元）	增长率	金额（亿元）	增长率	金额（亿元）
吸收投资收到的现金	3.54	121.23%	1.60	-83.60%	9.76
其中：子公司吸收少数股东投资收到的现金	3.54	121.23%	1.60	-83.60%	9.76
取得借款收到的现金	156.31	30.29%	119.97	216.53%	37.90
收到其他与筹资活动有关的现金	—	—	—	—	7.61
筹资活动现金流入小计	159.85	31.49%	121.57	119.96%	55.27
偿还债务支付的现金	125.47	156.58%	48.90	4 790.00%	1.00
分配股利、利润或偿付利息支付的现金	15.62	16.76%	13.38	-9.80%	14.83
其中：子公司支付给少数股东的股利、利润	0.12	-30.93%	0.17	179.38%	0.06
支付其他与筹资活动有关的现金	17.70	6 056.26%	0.29	-98.25%	16.39
筹资活动现金流出小计	158.79	153.79%	62.57	94.18%	32.22
筹资活动产生的现金流量净额	1.06	-98.20%	59.00	156.00%	23.05
四、汇率变动对现金及现金等价物的影响	-0.01	-141.60%	0.03	-70.29%	0.09
五、现金及现金等价物净增加额	40.73	124.05%	18.18	348.19%	4.06
加：期初现金及现金等价物余额	65.15	38.71%	46.97	9.45%	42.91
六、期末现金及现金等价物余额	105.88	62.53%	65.15	38.71%	46.97

①现金流入结构分析。

从上表中可以看出，S 超市 2019 年现金等价物增加额为 18.18 亿元，较 2018 年增加 348.19%。其中，经营活动产生的现金流量净额为 4.16 亿元，较 2018 年下降了 76.36%；投资活动产生的现金流量净额下降为 -45.01 亿元，较 2018 年下降了 22.68%；筹资活动产生的现金流量净额下降为 59 亿元，较 2018 年上涨了 156%。2020 年与 2019 年相比，在经营活动产生的现金流量净额和投资活动产生的现金流量净额方面均有较大程度的增长，增长比例分别为 1 374.73% 和 51.75%，而在筹资活动产生的现金流量净额方面与 2019 年相比则下降了 98.20%。可见 S 超市经营活动创造现金的能力持续增加，在一定程度上弥补了筹资活动所减少的现金流量。

2020 年现金流量流入流出比显示，经营活动现金流量流入流出比 1.06，高于 2019 年的 1.004 2，表明公司经营活动现金流量净额还为现金净增加额贡献了一小部分现金；另一方面，也说明公司经营活动创造现金的能力有减弱了。投资活动现金流量流入流出比，2020 年为 0.735 8，2019 年为 0.511 8，原因是企业投资活动中收到其他与投资活动有关的现金增多以及投资支付现金的减少，因此增加了现金净增加额。筹资活动现金流量流入流出比 2020 年为 0.790 15，2019 年为 1.942 98，表明 2020 年度公司筹资活动还是有贡献了一部分现金，说明公司的借款能力及商业信用在 2020 年较 2019 年有所好转；但公司将来偿债压力相对大，会面临着一定的短期偿债风险。

在 S 超市 2020 年度，经营活动现金流入中，销售商品提供劳务收到的现金上涨了 8.93%，收到其他与经营活动有关的现金较去年增长了 58.94%，总体上经营活动现金流入上涨 9.21%。投资活动产生的现金流入在 2020 年度整体均有所上升，但是大多金额较小，“收到其他与投资活动有关的现金”在投资活动产生的现金流入中占比高达 96.36%。筹资活动产生的现金流入较之 2019 年增长了 31.49%，其中吸收投资收到的现金占比仅为 2.21%，而取得借款收到的现金在其中占比高达 97.79%。取得借款收到的现金增长了 30.29%，结合资产负债表分析，虽然短期借款较 2019 年增长了 28.45%，但是股东权益中少数股东权益上升了 199.05%，表明公司信用较好、筹资能力强，因此加大了融资力度。2018—2020 年，经营活动、投资活动以及筹资活动产生的现金流入整体呈现增长的趋势。此外，期末现金及现金等价物余额也呈现逐年递增的趋势。

②现金流出结构分析。

2020 年度，经营活动产生的现金流出中支付给职工及为职工支付的现金为 74.92 亿元，占比为 12.92%，较 2019 年相比有所下降，支付的各项税费以及支付其他与经营活动有关的现金为 16.16 亿元和 87.57 亿元，占比分别为 1.57% 和 8.53%，而购入商品、接受劳务支付的现金占比则高达 82.61%。在 2018—2020 年期间，购入商品、接受劳务支付的现金始终在经营活动产生的现金流出中占最高比重，且呈现逐年递增的趋势。投资活动产生的现金流出中，购建固定资产、无形资产和其他方面的支出虽然 2020 年度下降了 32.89%，但是总体较为稳定。另外，投资支付的现金以及支付其他与投资活动有关的现金三年内波动幅度较大，但是投资活动产生的现金流出总体波动幅度较小，较为稳定。2020 年度筹资活动产生的现金流量净额大幅下降，与 2019 年相比下降 98.20%，且金额为 1.06 亿元，是由于筹资活动中偿还债务支付的现金以及支付其他与筹资活动有关的现金大幅增长导致的，这与 2020 年筹资活动现金流出总量的大幅攀升存在密切联系，增长率分别为 153.79% 和 6 056.26%。2018—2020 年期间，股利分配较为稳定，虽然子公司支付给少数股东的股利波动较大，但是由于其基数较小，因此不会对母公司及其生产经营产生影响。支付其他与筹资活动有关的现金近三年来波动幅度较大，与投资活动中支付其他与投资活动有关的现金趋势类似。总体来说，筹资活动产生的现金流出总额逐年递增，2019 年较 2018 年增加 94.18%，2020 年在 2019 年的基础上再次增加 153.79%，最终从 32.22 亿元增长至 158.79 亿元。

综上分析，可以看出公司经营活动现金流量基本充裕，公司应该调整其投资与筹资行为，即要不断提高公司经营活动的现金流入，才能弥补公司正常运营，增加企业的偿还债务能力；这与资产负债表的分析基本一致。总的来说，经营状况总体良好，经营活动产生现金能力较强的情况下，通过筹资活动来偿还旧债务，其经营活动产生的现金净额不能抵偿债务。结合S超市的整体情况，公司今后工作的重点，是必须持续稳定地提高公司获取经营活动现金的能力，其要调整内部结构，调整对外投资方向，避免公司财务状况会在将来出现不良的状况。

（4）财务业绩总体评价。

S超市以生鲜、食品作为核心优势，平均门店生鲜经营面积可达40%以上。由表9-7可见，S超市的生鲜、食品类销售占全部营业收入的90%以上。尽管服装类业务的毛利率较生鲜及食品加工的毛利率更高，但可见S超市仍然坚持以生鲜食品作为主打产品。相比其他零售企业，S超市的不同之处正是在于其形成了以“生鲜”为特色的经营模式，生鲜采用“直采+基地专供”的形式，直采比例可达77%。这一经营模式不仅具有价格优势，且形成了技术壁垒，构成了S超市独特的竞争优势。

表9-7　S超市营业收入构成情况

项目	2018年	2019年	2020年
生鲜及加工	47.34%	46.50%	44.51%
食品用品	50.66%	51.39%	48.61%
其他	2.00%	1.56%	6.88%

S超市将全国门店布局划分为七大战区，根据各区域2020年营业收入状况（表9-8）可知，S超市的市场强势区域主要集中于南方沿海经济强省。S超市开始新零售转型后，已开始积极布局下沉市场，中西部省份的门店营收也在稳步增长，尤其是川渝地区，营业收入占比已达到全区的35%。

表9-8　S超市2020年各区营收情况

区域	营收
一区（闽、赣）	145.63亿
二区（京、津、黑、吉、辽、蒙）	92.56亿
三区（江、浙、沪、徽）	192.70亿
四区（渝、鄂、湘、黔、滇）	190.71亿
五区（川、陕、甘、宁、藏、青）	129.11亿
六区（粤、桂）	47.82亿
七区（豫、晋、冀、鲁）	69.30亿

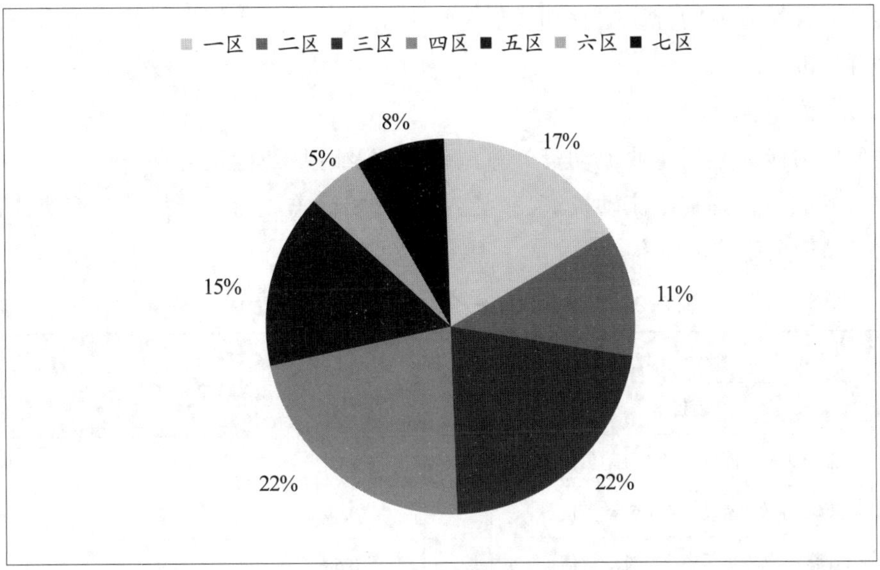

图 9-4　S 超市 2020 年各区营业收入占比

此外，新冠疫情的爆发加速了用户线上购物心智的养成，也加速了市场下沉、数字化转型及业态演进等市场变化。在高竞争的市场环境下，公司坚定不移地加速全渠道业务战略转型推进，全面引进数字化运营人才，沉淀业务可复制的中台能力，加强用户、商品及仓配运营核心能力的提升。2020 年线上销售额达 104.5 亿元，同比增长 198%，占比 10%。2020 年度，“S 生活”自营到家业务已覆盖 1 000 家门店，实现销售额 59.1 亿元，同比增长 147%，日均单量 23 万单，月平均复购率为 49.1%；京东到家累计销售占 34.7 亿元，占公司线上 35.3%，覆盖公司门店 865 家，同比增加 380 家。在用户运营上，运用门店禀赋稳步推进用户数字化，搭建全渠道用户权益及会员运营体系，建立用户数据中心，赋能精准投放、优化营销投入。截至 2020 年 12 月 31 日，“S 生活”会员数已突破 4 933 万户，新增总注册用户数 2 830 万户，同比提升 250%，其中 900 万来源于线下门店转化，年底月活数 1 861 万户，同比增长 268%。在商品运营上，充分发挥生鲜经营优势，线上 SKU 数覆盖 465 个生鲜品类。在仓配运营上，建立仓端运营及配送管理标准，完成以标准统一、数字化管理及工具赋能为核心的“二代仓”复制，优化服务体验，大幅提升履约准时率至 93% 以上。

3．公司综合财务能力

（1）偿债能力分析。

众所周知，一个公司的偿债能力是十分重要的，优秀的偿债能力可以为公司带来更多的钱款以支持公司进行更大规模的运营，而偿债能力是否足够强大具体要看两个方面的能力，即公司对负债的承担能力，它最多可以承担多少负债，另一个则是公司是否能够在负债到期日来临之前及时清偿自己所负债款的能力。负债大体可以分成两种即短期与长期，偿债能力亦是。偿债能力的高低体现了企业偿还债务的承受能力或保证程度，关乎企业的健康生存和发展。接下来将对S超市短期偿债能力和长期偿债能力进行分析。

①短期偿债能力。

短期偿债能力是指企业流动资产对流动负债及时足额偿还的保证程度，是衡量企业当前财务能力，特别是流动资产变现能力的重要标志。衡量指标通常有流动比率、速动比率和现金流动负债率。

表9-9　S超市2018—2020年短期偿债能力指标分析

短期偿债能力指标			
项目	2018	2019	2020
流动比率（流动资产/流动负债）	1.20	0.99	0.95
速动比率（速动资产/流动负债）	0.69	0.52	0.57
现金比率（货币资金/流动负债）	0.58	0.49	0.56

由表9-9可知，在短期偿债能力指标中，对于零售行业来说，流动比率范围在2左右比较可靠。在2018—2020年期间，S超市流动比率均在1.5以下，远低于2，说明S超市偿债能力较弱。此外还能发现近几年来S超市的流动比率呈现逐年下降的趋势，说明S超市的短期偿债能力有所下降且低于行业平均水平。

速动比率由于剔除了存货的影响，可以反映企业支付能力的迅速性，相对于流动比率可以更准确地衡量S超市的短期偿债能力。从表9-9中可以看出，2018—2020年间S超市速动比率总体略微下降，虽然整体商保持在0.5以上的水平，但都低于1，通常而言结果为1较为正常，因此速动比率长期低于1说明S超市支付的迅速性较低，偿还负债能力较弱且与同期的同行业平均水平相对比存在有很大差距的。S超市自2015年进入新零售时期后存货占比较大，此外2018年还激进地采取了一种极速扩张的战略，在此期间迅猛扩张其线下门店数量，导致其流动资产需要源源不断地投入到门店新增这一业务扩张之中，与此同时2018年S超市结构性存款的大量减少，也使得其速动速率在一定程度上持续下跌，但其流动比率仍高于新零售探索之前即传统零售时期企业的流动比率。

现金比率则是在速动比率的基础上扣除应收账款的影响，更直接地反映了企业对流动负债的偿付能力。通常该指标在0.2左右为佳，从表9-9中可以看出2018—2020年期间S超市的现金比率均高于0.2且略有下降的趋势，反映了S超市对流动资产的利用率较低，说明S超市的短期偿债能力保持高水平但有所下降。

总体来说，S超市在新零售商业模式创新这一阶段中企业的经营状况表现较为良好，但也同时反映出了企业之中存在着不小的问题，比如在战略的选择与实施上过于冒进，急于求成，后续需要做出改变并及时止损，选择更适合企业发展的战略与道路。总体来看，企业对于新零售的初步探索还是使企业的短期偿债能力有所受益的。

②长期偿债能力。

衡量企业的长期偿债能力通常选用资产负债率、产权比率以及利息保障倍数以及负债与有形净资产比率等指标，本文中我们选取资产负债率、产权比率和利息保障倍数为指标，从企业资金支撑程度、财务结构稳健性以及经营收益支付利息的能力全方位、多角度地衡量 S 超市的长期偿债能力。

表 9-10　2018—2020 年 S 超市长期偿债能力指标

长期偿债能力指标			
项目	2018	2019	2020
资产负债率（负债总额 / 资产总额 ×100%）	50.96%	60.93%	63.69%
产权比率（负债总额 / 股东权益 ×100%）	1.04	1.56	1.75
利息保障倍数（息税前利润 / 利息费用）	21.33	7.09	7.91

由表 9-10 可以看出，在 2018—2020 年期间，S 超市的资产负债率分别为 50.96%、60.93%、63.69%，呈现逐年上升的趋势，通常而言资产负债率在 40%~60% 之间较为合适。而 2019 年与 2020 年 S 超市的资产负债率均高于 60%，表明企业大部分资产是举债而来，说明近几年来 S 超市债权人的利益缺乏足够的保障。资产负债率近年来升高的原因在于企业融资策略的选择，S 超市进行融资决策时更多的选择了债务融资而非权益融资，债务占比过高导致企业的偿债风险不断上升，不利于企业商业信誉的建设以及扩大规模。说明 S 超市在进入新零售商业模式后，虽然迎来了短期内资产负债率的下降，但随着时间推移，资产负债率又重回新高，企业近几年内债务融资占比过高导致偿债能力不断下滑，也会为企业的再融资带来困难。

产权比率从企业财务结构的稳健性方面衡量企业的长期偿债能力，反映债权人的权益保障程度。从表 9-10 中可以看出企业的产权比率走向与资产负债率有异曲同工之妙，整体走向差异不大。一般认为该比率在 0.67~1.5 之间的企业财务结构较为稳健，从 2018 年到 2020 年 S 超市的产权比率分别为 1.04、1.56、1.75，可以看出 2018 年 S 超市财务结构较为稳固，而 2019 年和 2020 年其产权比率均高于标准值，这意味着企业财务存在不稳定因素，所有者权益低于负债总额导致企业偿债风险增加，不能有效地保障债权人权益。

利息保障倍数则是通过反映企业运用经营收益支付利息的能力，当利息保障倍数为 3 时，我们认为该指标较为恰当。从表 9-10 中我们可以看出 2018—2020 年期间 S 超市的利息保障倍数远高于 3，虽然 2019 年及 2020 年于 2018 年相比整体数值较低，但依旧可以说明 S 超市的长期偿债能力很强，同时在企业日常生产经营管理过程中企业未能利用负债抵税，未能充分利用财务杠杆效应提高获利能力。

在长期偿债能力指标中，新零售时期 S 超市的资产负债率和产权比率都出现一定幅度的波动，总体呈现上升的趋势，这与 S 超市合并大量子公司、孙公司存在密切联系，总体来看新零售时期 S 超市对未来到期债务保证程度更高。

综上，不管是对于 S 超市短期偿债能力还是长期偿债能力的研究，在其步入新零售的商业模式后，其偿债能力整体上还是展现出了较为强大且可持续的一个表现，同时可以从中看出 S 超市的财务结构也是较为稳定的，特别需要注意的是在初步探索新零售即商业模式创新初始三年内其偿债能力有很明显的一个提高，但是近几年来由于债务融资比例的不断攀升，进而使得其债权人的保障程度有所下降，虽然后期出现了偿债能力下降的情况，但在整体上仍优于其同期同行业的平均水平，也是为接下来企业的新零售业务的深入探索提供了一定的条件基础和有力的能力保障。

（2）营运能力分析。

一个企业的日常运营是其创造价值的主要构成部分，而对一个企业的营运能力进行分析更是可以直接看出企业是否可以创造出更大价值，具体来说即企业对于资金的运用及其管理的效率是否足够高效，更直观的判断其资金的使用效率情况。本文在具体分析 S 超市进入新零售时期营运能力的变化上选取了四个关键绩效指标。分别为应收账款周转率、存货周转率、总资产周转率以及固定资产周转率，结合企业经营特点分析企业的营运能力。

表 9-11　2018—2020 年 S 超市营运能力指标分析

指标	2019	2020
应收账款周转率（营业收入 / 平均应收账款余额）	55.15	97.90
存货周转率（销售成本 / 平均存货）	6.51	4.73
总资产周转率（销售收入总额 / 平均资产总额）	1.85	1.30
流动资产周转率（营业收入 / 流动资产）	3.09	2.20
固定资产周转率（销售收入 / 平均固定资产净值）	17.61	13.51

从表 9-11 可以看出进入新零售时期之后 S 超市的应收账款周转率逐年上升，形势良好，从应收账款周转率我们可以看出应收账款变现速度的快慢以及企业管理效率的高低，该指标越高，应收账款收回越快。可以看到 2019 年与 2020 年应收账款周转率分别为 55.15 和 97.90，这反映出 S 超市应收账款周转天数正在逐年好转，坏账准备较 2019 年有所好转，转化能力虽然有所提升但是相对于整个行业来说还是处于相对劣势的地位，全行业内 S 超市应收账款的收回速度较慢，如果 S 超市不及时采取应对措施，将会加大发生坏账的可能性，面临一定的经营风险。正是由于新零售时期应收账款周转率开始急速下降，导致 S 超市营业周期在此期间出现一定幅度上升。

存货周转率的高低可以反映出企业流动资产周转速度的大小，也是衡量企业销货能力和存货是否适量的指标，通常而言该指标越高说明企业存货周转速度越快，企业的销售能力越强，营运资金在存货中占用的金额越少，表明企业的资产流动性较高，资金利用效率也较高。从表 9-11 中可以看出 S 超市 2019 年与 2020 年存货周转率分别为 6.51 和 4.73，有所下降说明 S 超市近几年来存货周转速度较慢，存在一定的存货积压现象。S 超市作为零售行业的"领头羊"，其存货周转尤为重要，关乎企业获取利润的速度，尤其是建立在 S 超市步入新零售商业模式后主打生鲜产品的基础上，因此 S 超市应当及时采取措施，在减轻新冠肺炎疫情带来冲击的同时开展一系列营销活动提高营业收入，加强存货管理，少存货积压的现象。

总资产周转率侧重于反映企业全部资产的利用效率，近几年来 S 超市的总资产周转效率呈现持续下降的趋势，说明企业对全部资产的利用效率和管理质量较低，资产投资规模与销售水平之间存在一定差距。2019 年和 2020 年 S 超市的总资产周转效率分别为 1.85 和 1.30，这反映出企业的销售能力较低，周转速度较慢，就要增加流动资金参加周转，会形成资金浪费，降低企业盈利水平。流动资产周转率反映企业流动资产的周转速度，该指标越高，则会相对节约企业流动资金，提高资金的利用效率，但是在 2019 年和 2020 年期间，其流动资产周转率分别为 3.09 和 2.20，其与总资产周转率变化趋势类似，整体呈现下降趋势。新零售时期总资产周转率与流动资产周转率出现大幅下滑，导致总资产周转率也下降到 2 以下，主要原因在于 S 超市对于货币资金的管理质量和利用效率不高，导致资金流转能力弱。

通过固定资产周转率反映企业固定资产周转情况，衡量企业固定资产利用效率的指标。从表 3-3 中可以看到 S 超市 2019 年与 2020 年固定资产周转率分别为 17.61 与 13.51，通过将其与流动资产周转率的横向对比可以看到，流动资产周转率明显低于固定资产周转率 5~7 倍，这表明流动资产的周转受到阻碍，在一定程度上影响 S 超市的短期偿债能力。总资产周转率也偏低，资产利用程度不高导致不能有效利用资产和投资去扩大自身规模。

以上就是对 S 超市营运能力各个数据的综合分析，周转率整体偏低，不能很好地运用企业资产与投资扩大规模，管理质量和营运效率有待进一步提高。

（3）盈利能力分析。

盈利能力用于评价企业获取利润的能力。本文选取销售毛利率、净资产收益率和总资产净利率来对 S 超市的盈利能力进行评价。

表 9-12　S 超市 2018—2020 年盈利能力指标分析

项目	2018	2019	2020
销售利润率（利润总额 / 营业收入 ×100%）	2.05%	2.09%	2.33%
销售毛利率（主营业务毛利 / 主营业务收入 ×100%）	22.15%	21.56%	21.37%
成本费用利润率（利润总额 / 成本费用总额 ×100%）	9.85%	11.01%	12.11%
资产净利率（净利润 / 平均资产总额 ×100%）		3.16%	3.05%
净资产收益率（总资产净利率 × 财务杠杆比例）		8.09%	8.39%

①销售利润率。

销售利润率反映的是企业通过销售获取利润的能力，该指标越高说明企业通过扩大销售赚取收益的能力越强。从表 9-12 中可以看到 S 超市 2018—2020 年销售利润率分别为 2.05%、2.09% 以及 2.33%，整体呈现逐年递增的趋势，说明近几年来 S 超市在进入新零售阶段后其销售利润率逐年上升，新冠肺炎疫情对其销售并未造成太大影响，新零售的商业模式也为 S 超市提高利润带来了正向效应，有助于企业进一步提高利润。

②销售毛利率。

销售毛利率是企业一定时期的毛利占营业收入的百分比，该指标越大，说明在营业收入净额中营业成本所占比重越小，企业通过销售获取利润的能力越强。从表 9-12 中可以看出 S 超市 2018—2020 年销售毛利率分别为 22.15%、21.56% 和 21.37%，虽然略有下降，但整体波动幅度不大，说明 S 超市近几年来销售毛利较稳定。

表 9-13　S 超市 2018—2020 年产品毛利率对比表

产品种类	2018	2019	2020
生鲜及加工	14.86%	13.22%	13.84%
食品用品（含服装）	19.23%	18.72%	18.60%
综合毛利率	22.15%	21.56%	21.37%

在 S 超市所有的业务类型中，生鲜及加工类产品毛利率最低，低于综合毛利率，食品用品（含服装）毛利率相对较高。这与 S 超市差异化定位有关，也是 S 超市优势所在，消费者对生鲜及加工类产品通常是即时需求，一般会在线下实体店购买所需，针对这点 S 超市以质优价廉的生鲜产品吸引消费者，引入客流从而带动食品用品、服装类高毛利产品的销售。在 S 超市新零售时期生鲜类产品和食品用品类产品毛利率与新零售初期或者整体都呈现较大幅度上涨，得益于 S 超市整合全球供应链、联合战略伙伴协同定价的策略，节约成本的同时给予消费者更多选择空间，促进消费，提高利润水平。

③成本费用利润率。

成本费用利润率反映了企业为获取利润而付出的代价，该指标越高，表明企业的成本费用控制的越好，企业整体获利能力越强。从表 9-13 中可以看出，S 超市 2018—2020 年期间成本费用利用率分别为 9.85%、11.01% 和 12.11%，呈现逐年递增的趋势，说明 S 超市在进入新零售的商业模式后对成本费用进行了有效的控制，从而提高企业获利能力。

④资产净利率。

资产净利率是指企业一定时期的净利润与平均资产总额的比率，该指标越高，表明资产的利用效率越高，企业的盈利能力越强，经营管理水平越高。从表 9-13 中可以看出，S 超市 2019—2020 年资产净利率分别为 3.16% 与 3.05%，波动幅度较小。资产净利率作为衡量企业盈利能力的综合性指标，其为销售净利率和总资产周转率的乘积，因此可以综合考察企业销售成果与资金营运效率。

表 9-14　S 超市 2018—2020 年资产净利率指标分析

项目	2018	2019	2020
销售净利率（净利润 / 销售收入 ×100%）	1.41%	1.71%	1.77%
总资产周转率（销售收入总额 / 平均资产总额）	1.95	1.85	1.72
资产净利率（净利润 / 平均资产总额 ×100%）	2.75%	3.17%	3.05%

从表 9-14 中可以看出，2018—2020 年以来 S 超市的销售净利率呈现缓慢增长的趋势，但是总资产周转率却略有下降，这表明 S 超市近几年来进入新零售的商业模式后销售成果逐步好转，而资本营运效率略微下降，有待进一步提高。从企业盈利能力的角度来分析，虽然资产净利率略有下降，但是销售净利率却是有所上升的，因此可见销售净利率是反映企业盈利能力的关键所在，S 超市近几年来盈利能力也有所提高。从这个意义上看，提高销售净利率是提高企业盈利能力的关键所在。资产净利率通过各项成本费用开支的列示，有利于企业进行成本费用的结构分析，加强成本控制，以便为寻求降低成本费用的途径提供依据。

⑤净资产收益率。

净资产收益率是反映企业自有资金获取净收益的能力，是评价企业经营效益的核心指标，该指标越高说明所有者的净利润越高，投资盈利水平越高，企业的盈利能力越高。从表 9-14 中可以看到，S 超市 2020 年较 2019 年净资产收益率有所增长，新零售时期净资产收益率开始回升且保持稳定的增长态势，表明 S 超市在新零售时期开始拓展线上渠道同时推进新业态试水，业务量上升带来利润的上升，说明其盈利能力水平较高。

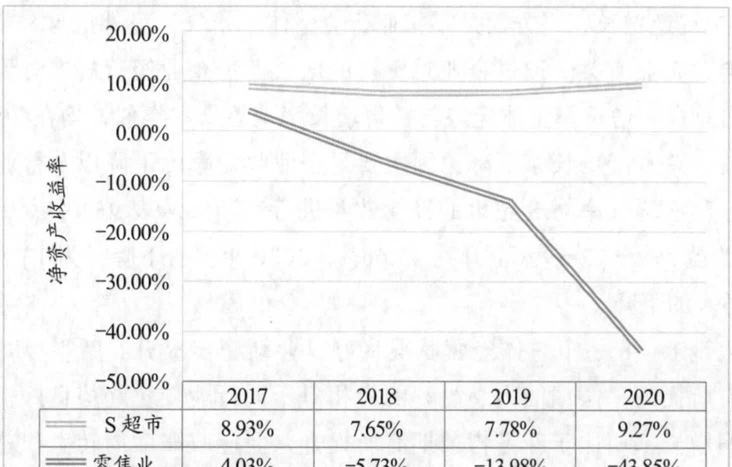

图 9-5　S 超市 2017—2020 年净资产收益率分析

由图 9-5 可以清晰地看出，2017—2020 年零售业净资产收益率为 4.03%、-5.73%、-13.98%、-43.85%，S 超市则为 8.93%、7.65%、7.78%、9.27%，均高于行业水平，说明企业自有资本获得收益的能力在行业内属于领先地位，随着商业模式的日益成熟、净资产规模不断扩大，企业高层对新的利润增长点判断愈发准确，在行业经济产收益率普遍为负的情况下能够保持 3 年始终呈现正向增长的状态，且净资产收益率数值逐年攀升，说明企业的管理能力也在随之提升。

（4）发展能力分析。

企业的发展能力，主要从企业将来经营规模的扩张趋势以及营运能力角度出发，在财务层面分析企业未来盈利水平，判断是否能够达到企业的理财目标。本文选取销售增长率、资本积累率、总资产增长率以及净利润增长率作为评价 S 超市发展能力的指标。

表 9-15　S 超市 2018—2020 年发展能力指标分析

项目	2018	2 019	2 020
销售增长率（本年销售增长额 / 上年销售总额 ×100%）	20.35%	20.36%	9.80%
资本积累率（本年所有者权益增长额 / 年初所有者权益 ×100%）	-4.78%	5.26%	-0.30%
总资产增长率（本年总资产增长额 / 年初资产总额 ×100%）	20.55%	32.11%	7.27%
净利润增长率（当年净利润增长额 / 上期净利润 *100%）	-22.59%	45.66%	13.79%

发展能力评价的是企业扩大业务规模、增强实力的潜在能力。通过销售增长率来评价企业的经营状况和市场占有水平。从表 9-15 中可以看出，S 超市 2018—2020 年销售增长率呈现下滑趋势，从 20.36% 下降到 9.80%，虽然有所下降但是 S 超市的销售还是有所增长的，只是增长速度稍有放缓，在零售业中经营状况与市场占有率是非常可观的。通过资本积累率反映企业资本积累能力，从而体现企业的潜在发展能力，从表 9-15 中可以看出 S 超市 2018—2020 年资本积累率波动幅度较大，甚至在 2018 年与 2020 年均出现逆增长，一方面是零售业行业整体不景气，另外也与 S 超市投资收益较低和大量合并企业有关。通过企业总资产的增长评价企业经营规模总量上的扩张程度，可以看出总资产增长率整体走势与销售增长率走势基本类似，均在 2020 年出现较大幅度的下滑，总资产增长率下降原因主要是企业收益率的下降以及行业大环境不景气。我们用净利润增长率对 S 超市的经营效益进行判断。从表 9-7 中看出，净利润在 2019 年扭亏为盈，从 -22.59% 上升到 45.66%，2020 年稍有下降，为 13.79%，主要是由于投资收益率的下降。

在财务表现上，S 超市总体经营状况良好，业绩稳步提升。新零售时期 S 超市总体经营业绩有所提高，偿债能力、盈利能力相对于同行业变化趋势良好，营业收入增长率和净利润增长率相比于新零售前期有所提升，但应收账款周转率和总资产周转率开始呈现逐渐下滑趋势，有待提高，资产结构和资本结构都存在优化空间。

总体而言，在新零售时期，S 超市在实体零售业市场整体走弱的环境下，业务规模仍能保持两位数增长，各项主要财务指标表现良好，得益于企业及时对市场环境以及消费者需求变化做出的转变，说明新零售模式下 S 超市转型比较顺利。因此，其他实体零售企业也可以借鉴 S 超市的一系列转型措施，取长补短，顺利进入零售市场新时代。

（5）前景能力分析。

前景分析评价企业的可持续发展能力，而企业的发展离不开所处行业的发展趋势。因此，本文先通过对零售行业进行前景分析，然后结合战略分析结果和财务分析结果对 S 超市的发展前景进行分析预测。

①行业前景分析。

2017 年，零售行业线上巨头已基本完成线下布局，形成两大阵营，即阿里系：以高鑫零售为代表推出“盒马鲜生”；腾讯系：以 S 超市为代表推出“超级物种”。实体零售企业为了实现自身发展，必须顺应局势，主动应用新兴技术，建立数字化平台，沉淀大量用户数据，对用户进行精准定位，从而针对性地推出营销方案，满足用户个性化需求；同时开拓线上渠道，协同线下实体店创新新业态，为顾客构建多元化的消费场景，提升顾客消费体验的满意度。未来零售业市场由于竞争充分，逐渐转变为买方市场，只有以服务顾客为中心，时刻关注消费需求的变化，创新业态吸引客流，提高顾客满意度，才能实现业绩增长。

② S 超市前景分析。

在战略实施方面，S 超市以顾客思维为中心，开展了一系列工作，在供应链转型、实体店转型、组织转型方面都取得了一定的成效。通过整合全球供应链，与优秀供应商合作，在产品采购环节已经为顾客筛选出高品质、高性价比的商品，同时能够为顾客选购商品提供更多选择机会，提升消费者体验。实体店推出“超级物种”新业态，满足消费者对多样化场景的服务体验，提高满意度。企业内部通过搭建自主学习平台为员工提供学习资源，推进合伙人制度提高员工积极性，最终提升企业管理运营效率。但是，S 超市在发展过程中也面临着经营风险，如自身业态创新的不确定性，加速开店及新区培育期亏损风险，合伙人机制及中高端人才引进导致的人力成本持续上升等，公司对于这些目前可以预知的风险要针对性地采取防范机制，防患于未然。

4．S 超市新零售模式下的建议措施

目前对于新零售的探索来看，实体零售商与线上电商的竞争仍旧非常激烈，此时企业所采取的扩张战略就是至关重要的。可以看出，S 超市在新零售探索初期对外实施的是快速扩张战略，以迅速增大企业的市场占有率为目的，这种战略虽然能够在企业实施初期，使企业在短时间内迅速提高企业影响力和品牌知名度，从而打开市场占有一席之地，但同样也存在着诸多问题，为企业的后续发展留下隐患。开启新零售的商业模式后，线下零售商的门店扩张不再单纯为门店扩张而扩张，更是为线上送货上门服务提供仓储服务。但扩张线下的实体门店需要做很多的准备工作，并不是一件想当然的事情。作为企业首先需要选择合适的物业，并在开店之前提前做好周边情况调查工作，不管是消费者情况还是竞争对手情况，最后评估企业将门店开设在选址的地方的未来发展潜力。

结合前文对S超市的财务状况的分析，以及近年来在新零售模式以及新冠肺炎疫情的影响下，财务风险呈现上升趋势。因此针对这些不足之处提出强化新零售模式下的财务风险防范的进一步措施，使S超市在受益于新零售模式的同时，尽量弱化零售业大环境恶化带来的财务风险。

（1）拓宽融资渠道，优化债务结构。

在S超市的偿债能力风险评价过程中可以看到，在2018—2020年间，其偿债能力呈现逐年上升的趋势。但是新零售时期S超市的债务结构中，其债务资本占比较大，由于债务资本成本较高，面临较高的还款压力。关键在于，S超市前期为了向新零售模式转型，投资了大量重资产项目，导致其非流动资产所占比重随之逐年提高。在这样的情况下，就需要转变过去短期债务为主的筹资方式。债务结构不合理会导致S超市出现偿债能力下降、企业经营稳定性恶化等问题。因此，S超市要从优化债务结构入手，合理安排债务期限结构，在保证债务价值的同时，逐步降低债务结构畸形对企业财务状况的不良影响，以维持债务结构的合理性。

融资渠道的开拓是化解债务结构不合理问题的重要途径。企业在安排长期债务与短期债务的比例时，不仅要管理好企业的债务期限结构，还要积极开拓多样的融资渠道。

S超市的偿债能力已经受到转型新零售模式的影响，继续维持当前的债务比例，势必导致企业财务风险的攀升。因此，S超市应该善用长期资本优化债务结构。强化新零售商业模式中的风险防范，降低新零售模式下的债务结构风险。S超市可以通过引入供应链上的优质企业作为战略投资者，这样既弥补部分资金缺口，避免短期还款压力，还可以提高供应链的稳定性，绑定优质企业。同时还要做到严格债务管理，融资规模应与企业偿债能力相匹配。融资过程中首先考虑企业的偿债能力，例如企业的存量现金及未来的盈利水平。最后，S超市还要注意优化自身经营状况，避免类金融融资模式带来的信用风险。

（2）审慎规划新零售投资，合理配置资金投入。

现如今零售行业新零售探索热潮之下，零售企业线上线下业务深度融合，企业的发展战略更不应草率选择，在制定发展战略前企业应进行深入的市场考察与科学论证，不应盲目地为了占领新市场而进行激进的快速扩张，对于创新业务要谨慎投入资金，施行科学的发展战略。因此，企业在转型时要审慎规划投资项目，合理配置资金投入。

一方面，尽量选择供应链相关程度高的优质企业进行投资。着重选择上下游产业链企业，以帮助企业快速抢占市场。S超市的供应链资源是其发展的绝对优势，因此永辉在选择投资项目时，可以首先着重考虑产业链的上、下游企业，以帮助企业扩大优势，形成发展护城河，这有利于帮助S超市形成核心优势。为了促进新零售的发展，快速抢占市场，S超市还需要增强实体门店的布局，扩大线下销售的辐射范围。当前，S超市的市场强势区域集中于一、二线城市，例如福州、重庆、上海等，这些城市虽然拥有平均消费水平更高的客户群，但同样有着市场竞争激烈、开店成本高的问题，随着人民生活水平的显著提高，三、四线城市消费群的消费水准也在逐步提高，因此，S超市应该着眼下沉市场，积极布局新门店，抢先占领三、四线城市的空白市场，提高市场份额。

另一方面，S超市新零售模式还未实现完全成熟，仍然需要开展大量业务，还要构建新的体系和平台，这都需要巨大的资金投资。因此，S超市应该着力提高投资质量，项目投资固然应迎合S超市的转型方向，但首要考虑的应该是项目收益。投资前，对于目标项目应认真考察其过去的盈利水平、未来的发展前景，对于非优质项目，即使与企业新零售转型相关程度高，也应该审慎考虑。对于已经投资的项目，要建立全程追踪，盈利质量不佳的项目，要及时缩减投资规模以减少企业损失；对于盈利质量高的项目可适度追加投资，扩大盈利规模。转型前期的投资项目应以稳定收益为首要考虑因素，待转型成熟后，再考虑多元化发展。

（3）降低费用率，提高新零售业务盈利质量。

在盈利能力方面，S超市在2018年开始盈利能力明显下降，虽然2019年与2020年有所回升但仍需进一步提高盈利质量。要提升在转型新零售模式过程中的盈利能力，控制转型成本，可以从以下三方面着手展开。

首先，优化门店结构，降低运营成本。S超市的门店布局广泛，门店相关成本较高，这使得S超市面临较大的营运压力。因此，优化门店结构是S超市当前的首要任务。目前S超市的实体店数量在全国高达1 017家，S超市的门店拓展速度远超同行业的其他企业，然而，企业的利润规模与门店数量并非完全成正比。S超市的快速扩张战略虽然有助于抢占市场，但高额的开店费用反而可能拉低企业的盈利水平。因此，S超市应该着力提高门店营业质量，精简线下门店，提高中心门店辐射范围。一方面，S超市应该加强在重庆、福建等市场强势地域的优势，进一步巩固市场地位；另一方面，在一些蓝海区域，如部分省份的三、四线城市，既要扩展门店布局，更要注重门店扩展质量，通过无人店等模式的布局，增加覆盖范围的同时，降低门店经营成本。

其次，合作引入流量，降低渠道成本。S超市积极拓展新零售业务，但其线上业务收入与线下业务收入仍然有着明显差距。因此，S超市应该积极寻求成熟的电商合作伙伴。当前消费主力呈现逐年年轻化趋势，网络媒体对年轻消费群体的影响力举足轻重，S超市若要扩大市场份额，必然要积极扩大线上流量，通过强化战略合作伙伴关系，解决当前S超市线上平台发展疲软的问题。这样做一方面能够开拓S超市的销售渠道，发掘新的客户资源，另一方面可以解决线下门店运营成本高的问题。站在S超市的角度，S超市经过数十年的发展积累了优质的商誉价值，获得了良好的客户口碑。通过与京东、腾讯等电商的战略合作，可以进一步拓展品牌知名度，挖掘新的客户资源。同时，S超市成熟的供应链体系和广泛的门店辐射网络是其绝对优势，已成为企业自身发展的护城河，而这正是电商平台所需要的，网络用户爆发增长的时代已经过去，电商企业也急于寻找新的突破，因此，双方的合作可以在互惠互利的基础上实现共赢。无论是电商还是实体零售企业，都应当积极寻求合作，增加流量，创造市场价值。

最后，加大研发投入，提升利润空间。连锁零售行业的创新转型未来注定与人工智能、大数据等新兴技术紧密相连，传统零售行业若要获得发展动能，应善用科技，优化落后的经营模式，实现新零售的顺利转型。目前，S超市在企业内部以及线下门店的科技投入还未完全见效。S超市应该利用数据助力企业的数字化转型。通过整合门店营销数据、单品销售状况等数据，形成消费偏好的清晰概念，利用所得数据进行营销决策，真正实现基于数据的精准营销。同时，还要丰富线上与线下的支付手段，一方面迎合当前中青年主流的手机支付方式，另一方面也要考虑到老年群体的支付便利性，做到针对全客群的便利购物，增加消费黏性，最终达到提升企业利润空间的目的。

（4）完善供应链严控成本。

由上文的分析中可知，S超市主打产品是生鲜类食品，是居民日常生活的刚需，生鲜更是作为企业的活招牌获得了广大消费者的认可。在这种情况下，企业必须重视生鲜类食品的毛利率收入占比指标，即使生鲜产品的毛利率不及其他产品的高，但其作为主打产品，因新鲜低价的好口碑对消费者的吸引力极大，可以为超市带来更多客源，企业一定要充分利用这个优势从而带动其他产品的销售，进而提高企业的盈利质量。

为保持市场竞争力以及企业更好的长远发展，一家企业要时刻保持企业核心竞争力，同时不断提高其盈利能力。其中S超市的主营业务的盈利能力便是其生鲜产品的获利能力，而这在一定程度上取决于超市的采购能力。首先，企业需要进一步加强完善生鲜产品采购的供应链，努力控制好供应链中的每一环，与此同时S超市还可以培养专属企业的专业采购团队，由采购团队与生鲜农产品的货源方进行直接对接，完成企业采购任务。这种方法不仅完善了供应链，还在一定程度上间接地控制了成本，减少了中间商赚取差价的行为。

（5）优化人力资本产出能力。

S超市的快速扩张战略为企业的未来发展留下了隐患，因此企业更应该加强企业的管理，进一步优化人力资本产出。S超市管理层应采取更加先进高效的管理模式和管理方法，不断完善企业的管理系统。另一方面，考虑到年份久远的企业信息留存完整度和新零售下企业信息需要更新两方面，企业应首先对已有的信息资料进行整理，接下来重新建立信息系统，进一步在信息化管理流程上降低企业运营成本。

在企业管理方法上，应实行统一化管理，使企业内所有门店都遵循企业设置的规范严格执行，使企业内部有组织有纪律，不再出现越级采购从而导致库存积压的问题；组织架构上，新零售下实体零售企业应对企业组织架构进行一定的调整，不再像以前一样只针对线下进行销售推广，更应该积极投身线上的销售推广，使线上渠道与线下渠道共同促进企业的更好发展；在人才培养上，企业应该进一步建立健全人才培养体制，优化企业培训基地设施，采用更加先进的人才培养方案使每一个精英人才都能不被埋没显现出来，努力做到如伯乐识千里马一般的对于人才的发掘。

9.3.2　哈佛分析框架在企业财务分析中的应用——以 W 酒业为例

1. 白酒行业现状及 W 酒业基本概况

（1）白酒行业发展现状。

根据国家统计局、国家产业信息网等相关数据统计信息表明，从新中国建立至今，白酒行业尤其是中高端白酒行业一直处于行业上升阶段，但其中也有着几次较为明显的增速放缓。截至 2012 年底，中国白酒产量 1 153.16 万吨。然而自 2012 年下半年以来，由于限制“三公消费”政策趋严以及禁酒令等的影响，中高端白酒市场出现大幅度明显萎缩。

从近年来白酒行业各项指标变化情况来看，该行业目前正在向衰退期迈进。产业衰退期一般表现为行业发展速度缓慢、厂商数量逐渐减少、市场需求逐步萎缩、生产工艺技术成熟等特点。从图 9-6 可以清楚地看到，2018 年我国白酒企业数量首次出现大幅下降，2018 年较上年减少 148 家。图 9-7 反映了近年来我国规模以上白酒企业销售收入情况，由该图数据可以看出，自 2016 年起白酒整体销售收入逐年大幅下降，近两年其同比增长率皆为负值。图 9-8 为 2014—2018 年我国白酒行业整体产量情况图，由该图可知，我国白酒行业整体产量从 2016 年起一路下跌，同比增长率从 2015 年的 4.43% 飞速下降至 2018 年的 -27.28%，全国白酒产量快速降低。由此可见，上述三项指标数值皆于 2018 年跌至谷底。

由此可见，我国白酒行业正逐步迈向衰退期。总的来说，白酒行业虽然结束了“量价齐升”的黄金发展期，近十年的高速增长终结，全行业进入了结构化调整期，但白酒大众消费受传统理念的影响仍具有刚性需求的特点。

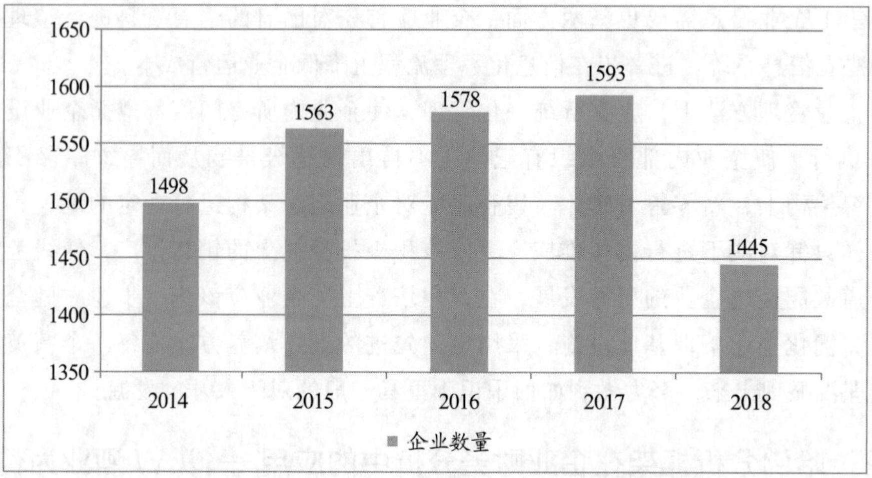

图 9-6　我国 2014—2018 年规模以上白酒企业数量

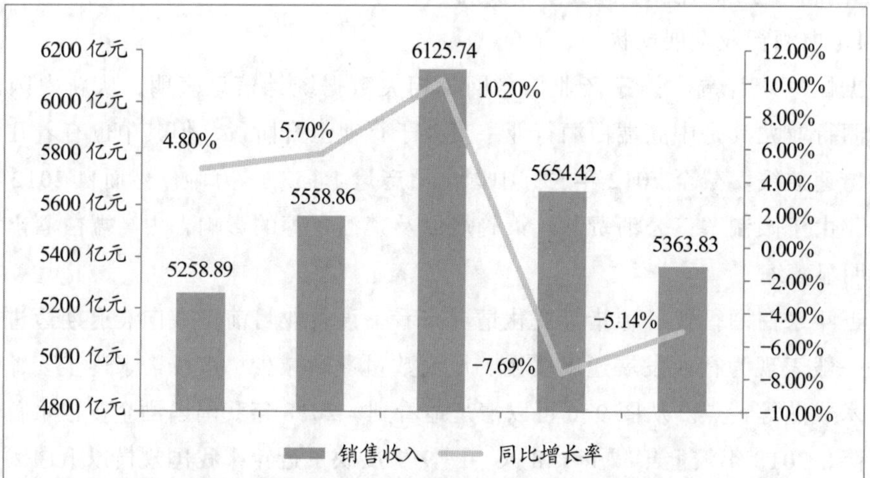

图 9-7　我国 2014—2018 年规模以上白酒销售情况

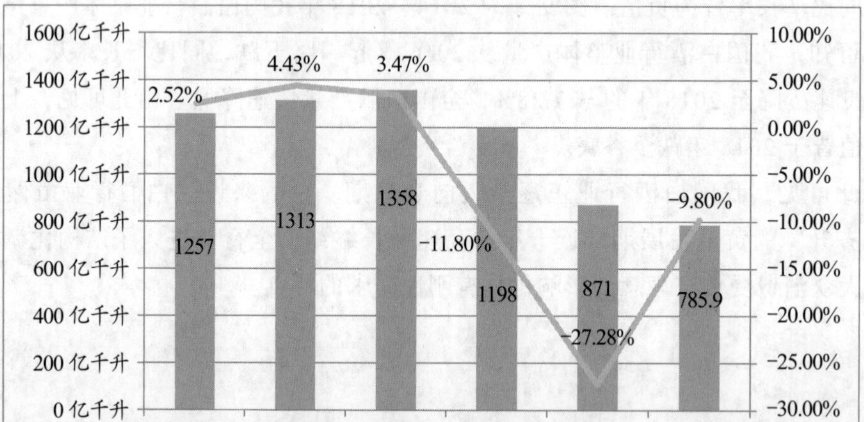

图 9-8　我国 2014—2018 年白酒产量情况

近二十年来，中国经济实现高速发展。从图 9-9 与图 9-10 可以非常清楚地看到，2015—2019 年我国国内生产总值、居民人均可支配收入与消费支出等经济指标逐年稳步提高；同时从图 9-10 可知，五年来我国居民恩格尔系数持续下跌，目前已到达富足状态。由此可见，我国白酒行业目前所处的经济环境较为良好，其有利于我国酒类企业的生产发展。

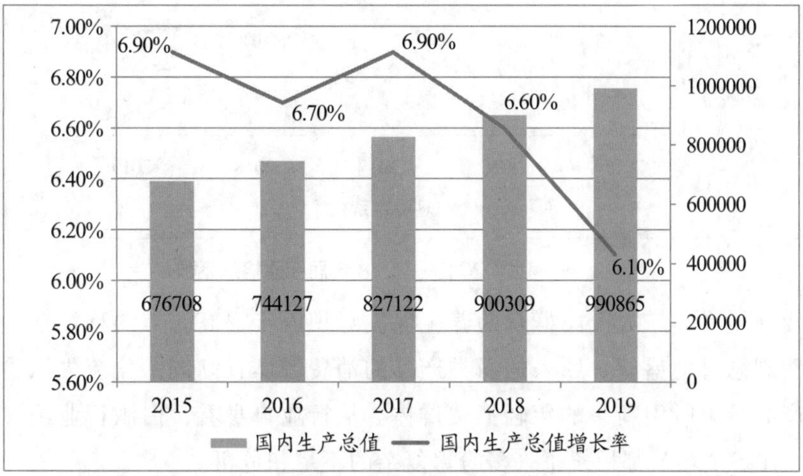

图 9-9　我国 2015—2019 年国内生产总值

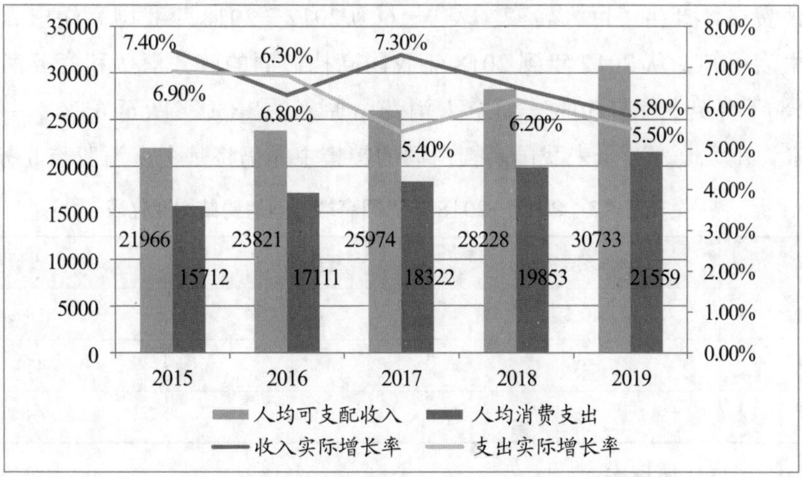

图 9-10　我国 2015—2019 年居民人均收入与支出

图 9-11 我国 2015—2018 年居民恩格尔系数

从消费环境看，广大人民群众的养生保健意识逐步提高，节约型社会构建下新的节约式消费观念日益盛行，原来的酒类产品的消费群体日渐老龄化流失风险加剧，传统的酒类产品难以吸引新兴的年轻消费群体。从行业自身看，白酒行业经过十多年的飞速发展，在各个环节都积累了许多纷繁复杂的不足和危机。

自 2012 年政府开始实施三公禁令并提倡健康安全饮酒后，我国居民消费观念及高档白酒的消费主体产生了巨大转变。表 9-16 为 2012—2018 年我国高端白酒消费结构变化图，由表可知，从 2012 年到 2018 年我国高档白酒的政务消费和商务消费分别从 40% 与 42% 下降到 5% 与 30%，而个人消费由原来的 18% 飞跃至 65%。由此可见，若外部因素无重大改变，未来我国高档白酒的销售主体仍将是个人消费与商务消费。

表 9-16 2012—2018 年我国高端白酒消费结构变化表

消费结构	政务消费	商务消费	个人消费
2012	40%	42%	18%
2015	5%	50%	45%
2018	5%	30%	65%

（2）W 酒业基本概况。

在发展过程中，80 年代是 W 酒业的鼎盛时期，产量和销量均居行业之首。90 年代 W 酒业在同行都涨价的情况下，因坚持不涨价战略而错失高端品牌市场发展机遇，被随后的名酒及新秀所超越，到 90 年末期行业排名已跌至第六。

2000 年推出高端酒品牌，帮助 W 酒业品牌回暖。前期经营确立的优势和广受好评的新产品，为 W 酒业在行业内重新崛起奠定了基础。但与茅台和五粮液具有显而易见的差距，以及新秀洋河股份在短期内快速壮大，使 W 酒业只能居于行业第四的位置。再创新的巅峰，占据行业前三的位置，缩短目标完成过程所耗费的时间，皆是 W 酒业当前发展的重要考量。

从表 9-17 可知，W 酒业的产品分为 A、B 和 C 三大品牌，品牌旗下又分为特曲、紫砂和百年等八大系列。单品方面，高端、窖龄、特曲、头曲和二曲五大单品为企业力推。从整体来看，B 品牌的产品在顶部，A 品牌的产品处于腰部中级，C 品牌的产品处于底层。从高档产品到低档产品按金字塔分级排列，实现高、中、低档产品业务共同发展，对未涉及的空白消费市场全面覆盖。

表 9-17　W 酒业各档产品价格带划分表

W 酒业	产品品牌	代表单品及产品定位	目标市场及消费人群	价格区间
高档	B 品牌	B 品牌系列国酒	奢侈品市场 社会精英和成功人士	900 元以上
中高档	A 品牌	窖龄省酒	中高端及中端市场	200~900 元
中档		特曲市酒	青年商务人群	
中低档	C 品牌	头曲乡镇酒	中低端及低端市场	40~200 元
低档		二曲村酒	普通工薪和弱势群体	

W 酒业本着“城以酒兴，酒以城名”的传承精神，秉持“卓越品质，源于坚持”的质量把控精神，在“天地同酿，人间共生”的企业哲学下。公司坚持以“全心全意酿酒、一心一意奉献”为宗旨，敬人敬业，创新卓越，努力实现市场占有领先、公司治理领先、品牌文化领先、质量技术领先、人才资源领先，为客户提供优质的服务，把 W 酒业建成全球酒类市场中的航空母舰，形成融入经济全球化的大型现代企业，追求“在中国灿烂名酒文化熏陶中，全人类共享幸福美满的生活”。

2. W 酒业财务分析

（1）W 酒业会计分析。

① W 酒业关键资产信息。

对于 W 酒业公司资产质量的分析，主要是基于公司资产的账面价值，与其变现价值量或潜在价值量之间的差异分析。在 W 酒业的资产结构分析中，主要是就各种资产形式对于总资产的比重进行分析，在本论文对于 W 酒业公司资产结构分析的过程中，主要就关键资产进行分析，截至 2018 年底，W 酒业的净资产约为 1 712.42 亿，同比增长了 11.83%，而企业总资产则拥有 226.05 亿元人民币。

表 9-18　W 酒业 2018 年资产结构占比数据表

类别	金额（亿元）	占总资产比例
现金	93.67	41.44%
应收票据	23.99	10.61%
其他应收款	1.67	0.74%

续表

类别	金额（亿元）	占总资产比例
存货	32.30	14.29%
可供出售金融资产	2.76	1.22%
长期股权投资	20.91	9.25%
固定资产	10.30	4.56%
在建工程	30.00	13.27%
无形资产	2.32	1.03%

从表 9-18 中可以看出资产结构数据表格中可以看出，W 酒业的现金类资产相对较多，占比已超 40%，这也说明，在 W 酒业的资产结构中，拥有较多的可利用资金。而应收票据和存货资产也较多，总计占比接近 25%，这也体现出 W 酒业的酒类产品在市场的销售资产所占比较大，无论是已经出售的应收票据，还是未出售的存货，他们对于 W 酒业的资产结构调整均至关重要，是 W 酒业总资产的重要组成部分。

从表 9-19 的现金流数据表格中可以看出，在 2016 年，W 酒业公司的经营现金流达到了 26.25 亿元，而 2015 年的经营现金流仅仅 1.5 亿，增幅较大，但是，在 2016 年，W 酒业的投资和筹资活动现金流为负数，处于流出状态，这和前几年的情况相似，从 2015 年开始，W 酒业的投资现金流均处于流出状态；筹资活动也仅有 2017 年出于流入状态。

表 9-19 W 酒业 2015—2018 年现金流量数据表

单位：亿元

类别	2018	2017	2016	2015
销售商品、提供劳务收到的现金	148.28	124	78.95	63.08
收到的其他与经营活动有关的现金	4.83	1.26	1.83	3.16
经营活动现金流入小计	153.17	369.34	80.82	66.24
购买商品、接受劳务支付的现金	38.27	16.17	18.13	42.59
支付给职工以及为职工支付的现金	5.69	4.04	2.85	2.29
支付的各项税费	35.45	25.45	20.91	12.35
支付的其他与经营活动有关的现金	30.78	15.96	12.69	7.48
经营活动现金流出小计	10.19	89.72	54.57	64.71
经营活动产生的现金流量净额	42.98	36.93	26.25	1.53
取得投资收益所收到的现金	0.19	1.01	0.09	0.03
投资活动现金流入小计	0.2	0.3	0.11	0.1

续表

类别	2018	2017	2016	2015
投资活动现金流出小计	14.85	14.27	2.48	1.2
投资活动产生的现金流量净额	-14.65	-13.96	-2.36	-1.1
分配股利、利润或偿付利息所支付的现金	19.12	13.87	11.75	12.14
筹资活动现金流出小计	19.21	16.32	11.75	12.14
筹资活动产生的现金流量净额	-19.17	13.26	-11.69	-11.91
汇率变动对现金及现金的等价物的影响	0	-15.02	0	0
现金及现金等价物净增加额	9.17	36.23	12.19	-11.48
期初现金及现金等价物余额	84.49	12.8	35.46	46.88
期末现金及现金等价物余额	93.66	48.03	47.65	35.39

而从表 9-20 的 W 酒业公司现金流资产占比数据表格中可以看到，在 2015 年，现金流资产占比低于 30% 以外，其他年份现金流资产占比均较高，在 2018 年甚至达到了 54.25%，这也在一定程度上反映出 W 酒业公司在 2018 年所收获的现金资产较多，市场反馈较好。

表 9-20　W 酒业 2015—2018 年资产现金流资产占比数据表

单位：亿元

时间	2018	2017	2016	2015
现金流资产总计	122.64	49.12	47.65	35.39
资产总计	226.05	197.56	139.66	131.82
占比	54.25%	36.56%	34.12%	26.85%

②重要项目质量分析。

货币资金的运用质量，是强调企业可以通过使用货币资金实现资金规模与实际需求之间的平衡。货币资金周转率是企业有关货币资金的实际使用效率，反映企业对货币资金运用能力的高低，对保持适度货币资金规模产生重要影响。W 酒业近五年的货币资金规模和周转次数分别见表 9-21 和表 9-22：

表 9-21　W 酒业 2015—2019 年货币资金规模分析

单位：亿元

项目	2015 年	2016 年	2017 年	2018 年	2019 年
货币资金	35.40	48.26	84.50	93.67	97.54
营业收入	69.00	83.04	103.95	130.55	158.17
总资产	131.82	139.66	197.56	226.05	289.20

续表

项目	2015 年	2016 年	2017 年	2018 年	2019 年
占营业收入比例	51.30%	58.12%	81.29%	71.75%	61.67%
占总资产比例	26.85%	34.56%	42.77%	41.44%	33.73%

表 9-22　W 酒业 2015—2019 年货币资金周转分析

单位：亿元

项目	2015 年	2016 年	2017 年	2018 年	2019 年
每期收到的销货款	69.00	86.27	103.95	130.55	158.17
期初货币资金结存	47.10	35.46	48.26	84.50	93.67
货币资金周转率	1.47	2.43	2.15	1.55	1.69

结合表 9-21 和表 9-22 发现，近五年间 W 酒业货币资金的数量逐年增长，但货币资金周转率在 2016 年达到最高值后整体呈现下降趋势。此阶段 W 酒业虽然拥有上涨的货币资金，但是资金的流转速度变慢，资金周转水平下降。2019 年 W 酒业通过技改推动、人才引进等措施，最大化合理利用闲置资金，加速对资金的周转，货币资金周转率略有提高，此时货币资金的持有量较之前更合理。但整体来看，企业的货币资金运用质量较差，资金规模大于日常需求。

（2）W 酒业财务分析。

①基础财务数据表。

W 酒业的盈利质量主要是指企业会计收益所表达的与企业经济价值有关信息的可靠程度。这些企业收益可以是指企业实际获得的收入与利润，也可以是企业财务报表中的数据。高质量的收益体现在所披露的报表收益数据对企业过去、现在的经济成果描述可以有较高的可信度，并且对企业未来的经济前景预测具有可靠性，反之，则是低质量的盈利质量。在分析的过程中，根据 W 酒业的经营活动现金流入量与企业销售收入、净利润等之间的关系，来揭示企业的经营水平。

根据表 9-23 的盈利数据统计表，可以看出，虽然 W 酒业受行业宏观面影响波动非常大，但是自 2015 年以来 W 酒业在营业收入和净利润方面迎来了持续增长，营业收入从 2015 年低谷时期的 69.00 亿上涨至 2019 年的 158.17 亿元，净利润更是从 2015 年的 15.51 亿上涨至 2019 年的 46.42 亿元。此外还可以看出，W 酒业在 2019 年的营业总成本达到了 99.23 亿元，超出营业收入的 50%，但是在 2015 年的营业总成本就达到了 52.65 亿元，结合图 9-11 可以看出，说明 W 酒业近几年来虽然营业成本增长较快，与营业收入的增长基本趋同，但是净利润的迅猛增长也不容所觑，短短五年实现了翻三番。因此可以看出，与 2015 年相比，2019 年时，W 酒业在获取相同利润时付出的成本反而更小，这表明 W 酒业的盈利能力不断提高，利润与成本之比在 2015 年之后也变得更大。

通过对表 9-23 中收入与成本要素变动的分析，发现 W 酒业近五年的营业收入与营业成本呈相反变动态势，营业收入持续增长而营业成本波动下降。结合资产负债表相关信息可知，2019 年存货量最高时营业成本较 2015 年有所下降，可以判断 W 酒业存货的积压是导致营业成本减少的重要因素。对费用要素变动的分析，发现其中销售费用的变化最大，主要是进行赞助和大型推广活动导致广告宣传费大幅增长，而存货积压下仓储量的增加是导致管理费用呈上升趋势的重要因素。财务费用始终为负数，在于 W 酒业将 98% 以上总额接近百亿元的货币资金存入银行，巨额利息收入足够抵消因办理手续及进行汇兑等产生的费用和损失。

对资产减值损失和投资收益项目变动的分析，发现资产减值损失自 2016 年以来持续下降，2018 年为负值，这是由于转销应收账款的坏账损失收回导致，2019 年账面无余额，是由于未发生资产减值损失、存货跌价等不利情况，说明 W 酒业资产的质量逐步提高。投资收益持续下行，是由于近几年金融市场的行情并不乐观，所投资的华西证券自营传统业务受限业绩表现不佳所致。

这种数据现象也反映出 W 酒业公司的白酒产品业务在市场上受到了其他因素的较大冲击，特别是 2012 年客观政策环境变化后，对于 W 酒业白酒产品中的 B 品牌等高端白酒产品影响较大。但是，在经历了 2014 年的低谷之后，2015 年开始，随着我国白酒产品市场回归稳定与理性，W 酒业的公司利润表现也在逐步上涨回升之中，公司股价也开始回升，虽然与 2012 相比，仍然差距较大，但从盈利数据的变化趋势上也可以看出，在经历了 2013 年、2014 年的低谷之后，公司的发展在转向更好、更加稳定理性的一面，这对于 W 酒业公司的健康可持续发展是相对有利的。

表 9-23　W 酒业 2015—2019 年盈利数据统计表

单位：亿元

类别	2015 年	2016 年	2017 年	2018 年	2019 年
营业收入	69	83.04	103.95	130.55	158.17
营业总成本	52.65	59.89	71.28	85.02	99.23
营业成本	34.92	31.2	29.18	29.34	30.65
销售费用	8.74	15.39	24.12	33.93	41.86
管理费用	4.39	5.44	5.69	7.22	8.29
财务费用	−0.58	−0.59	−1.07	−2.15	−2.05
资产减值损失	0.01	0.01	0.44	0.02	0
投资收益	2.98	2.25	1.38	0.98	1.55
营业利润	19.34	25.4	34.28	46.77	61.19

续表

类别	2015 年	2016 年	2017 年	2018 年	2019 年
利润总额	19.67	25.3	34.34	46.59	61.04
净利润	15.51	19.5	25.57	35.1	46.42
少数股东权益	0.78	0.22	0.44	1.6	1.48
其他综合收益	2.12	-0.48	-0.51	-0.34	0.25
综合收益总额	17.63	19.02	25.52	34.76	46.67
基本每股收益（元 / 股）	1.050 4	1.375	1.415	2.38	3.17

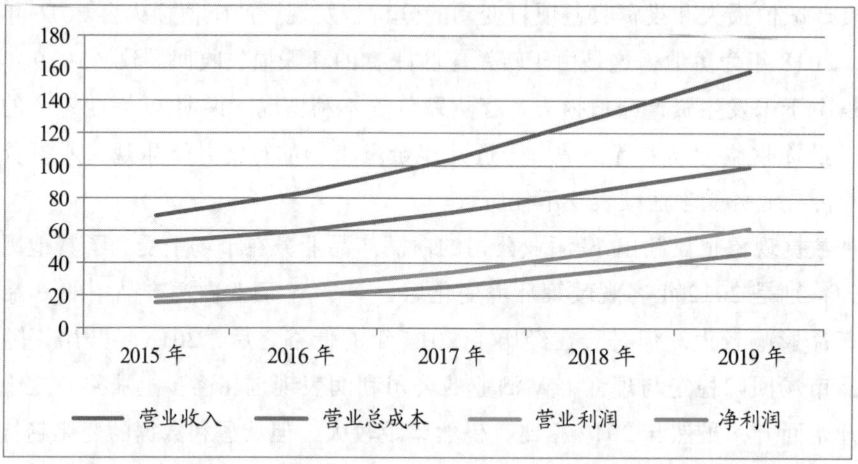

图 9-12　W 酒业 2015—2017 年主要盈利数据走向分析

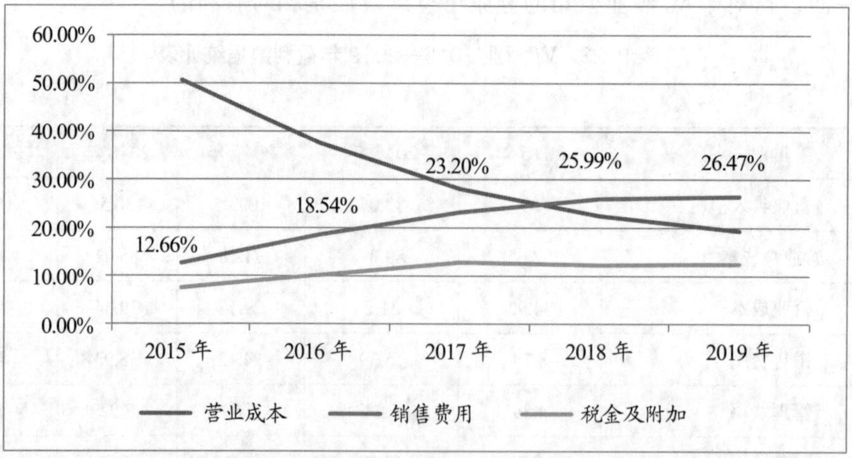

图 9-13　W 酒业 2015—2019 年损益结构主要指标走向分析

成本要素和费用要素中，占收入比重最大的三项为营业成本、销售费用、税金及附加，也就是说这三项的增减对企业利润的影响最为显著。从图 9-13 中可以看出，销售费用占收入的比例不断上升，意味着 W 酒业在此方面的管控能力有待加强。营业利润、利润总额占比逐渐接近 40%，净利润接近 30%，结合表 9-23 中每股收益指标大幅上升，说明企业具备较强的持续创造收入的能力，具有良好的利润状况。

W 酒业公司作为拥有较为深厚的历史底蕴以及较高的品牌信誉度的白酒类企业，虽然在 2012 年之后处于客观政策的管控下，使得企业的白酒产品在市场上受到了一定程度的冲击与考验。但是，从对 W 酒业的会计分析可以看出，企业根据国家各项会计准则的变更与调整，也在及时地对企业自身的会计准则与政策进行调整，并通过董事会进行公布。从企业会计信息上来看，W 酒业公司于 2015 年所公布的会计数据呈现好转的趋势，近几年来会计数据存在持续好转的趋势。无论是企业资产结构，还是企业现金资产占比，均处于较为良好可控的状态，对于股权、证券的投资管理也较为健康。从会计盈利质量的数据反映来看，W 酒业公司在 2019 年净利润已经突破 45 亿元大关，在新的经济形式下，W 酒业依然具有较强的发展能力，但是，会计数据也反映与茅台、五粮液、洋河这些前三名的酒类企业业绩依然存在较大的差距。

②关键财务指标分析。

A. 盈利能力分析。

a. 盈利能力纵向对比。

盈利能力是指企业通过投资、营销和资本运作等经济行为，获取更多收益额及更高收益水平的能力，是维持企业和谐运行的内在动力。反映 W 酒业近五年盈利能力的主要财务指标及其变化分别如表 9-24 以及图 9-13 所示：

表 9-24　W 酒业 2015—2019 年主要盈利能力指标分析

项目	2015 年	2016 年	2017 年	2018 年	2019 年
销售净利率（%）	22.47	23.48	25.03	26.89	29.35
销售毛利率（%）	49.4	62.43	71.93	77.53	80.62
资产净利率（%）	11.77	14.52	15.57	16.57	18.02
净资产收益率（%）	14.33	17.48	16.86	20.55	23.92

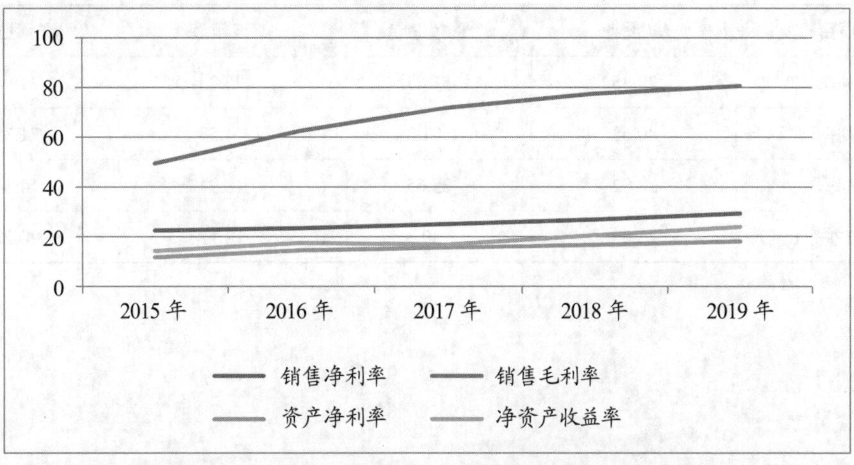

图 9-14　W 酒业 2015—2019 年盈利能力指标走势图

由表 9-24 中的数据和图 9-14 可知，W 酒业的四项盈利能力指标中，仅净资产收益率在 2017 年略有下降，其余三项指标均呈逐年稳定上升趋势。其中毛利率增长最为迅速，近 5 年增幅达 63.20%，说明 W 酒业主营业务获利能力稳定增强，主要受益于主打强势单品“B 品牌”和紧随知名企业提价步伐的策略。销售净利率的提升说明企业的经营效率在持续改善，但极高的销售费用和生产端上消费税的增加，综合拉低了销售净利润的增速。净资产收益率整体上行，表明固有资本的增值力较稳定，企业回报投资者的能力有所提升。

总的来说，W 酒业的盈利能力维持稳定，资产和资本创造的利润不断增多，产生的高额毛利能保证后续的费用支出，有利于持续保持较高的利润率，从而实现良性循环。

b. 盈利能力横向对比。

为了确认 W 酒业产品的市场竞争地位，判断资产与资本最终盈利的质量，接着进行同期同行可比公司间的盈利能力对比。结合表 9-25 和图 9-15 进行分析，发现 W 酒业的销售毛利率仅次于贵州茅台一家，说明 W 酒业的产品在竞争中相对更具有优势。与之相关的销售净利率却在同期比较中是最低的，其原因是 W 酒业加大品牌和渠道建设进行高费用投入期间费用合计占比远大于其他企业。资产净利率仅高于洋河股份，说明 W 酒业资产运用的效果和效益相对不佳，产出效率和成本费用的控制都需进一步提升。净资产收益率大于洋河股份和五粮液，在于 W 酒业的负债比率更大，同时坚持高分红策略降低了净资产规模，说明 W 酒业在各类经营活动的投入资本管理上相对更为有效。

综合来看，W 酒业的盈利能力处于行业中上水平，大部分盈利能力指标在同业对比中处于优势地位，虽与贵州茅台仍有一定的差距，但 W 酒业的长期可挖掘潜力和上升空间较大，指标会逐渐向其靠拢。

表 9-25　2019 年 W 酒业、贵州茅台、五粮液以及洋河股份主要盈利能力指标分析表

项目	W 酒业	贵州茅台	五粮液	洋河股份
销售净利率（%）	29.35	51.47	35.83	31.94
销售毛利率（%）	80.62	91.3	74.53	71.35
资产净利率（%）	18.02	25.65	18.94	14.34
净资产收益率(%)	23.92	30.3	18.11	20.22

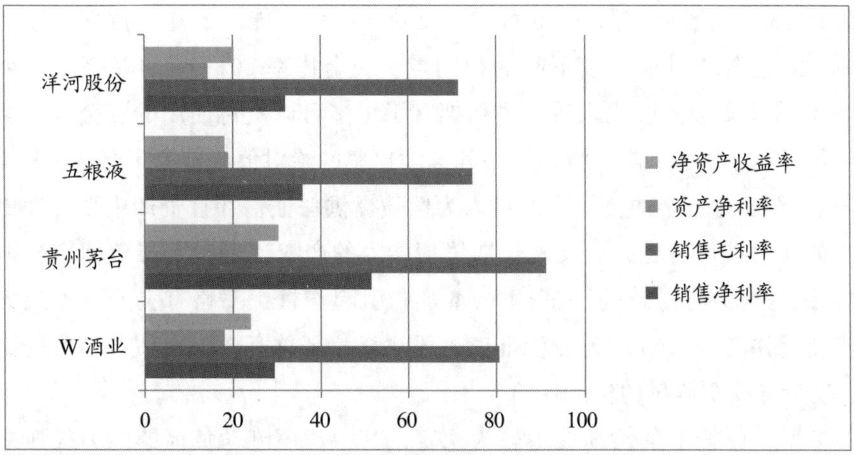

图 9-15　2019 年 W 酒业、贵州茅台、五粮液以及洋河股份盈利水平对比图

B. 偿债能力分析。

a. 偿债能力纵向对比。

偿债能力是指以一年的到期时间为界限来衡量债务的性质，将其划分为长期性和短期性的两类负债，企业可以无压力按时连本带息清偿各项债务的保证程度。W 酒业近五年反映偿债能力的主要财务指标和指标变化情况分别如表 9-26 以及图 9-16 所示：

表 9-26　W 酒业 2015—2019 年主要偿债能力指标分析

项目	2015 年	2016 年	2017 年	2018 年	2019 年
流动比率	3.45	3.93	3.27	2.86	2.4
速动比率	2.4	2.92	2.62	2.26	1.87
现金比率	1.3	1.93	1.93	1.73	1.44
产权比率	0.26	0.22	0.29	0.32	0.35
资产负债率（%）	21.39	18.64	22.49	24.25	32.38

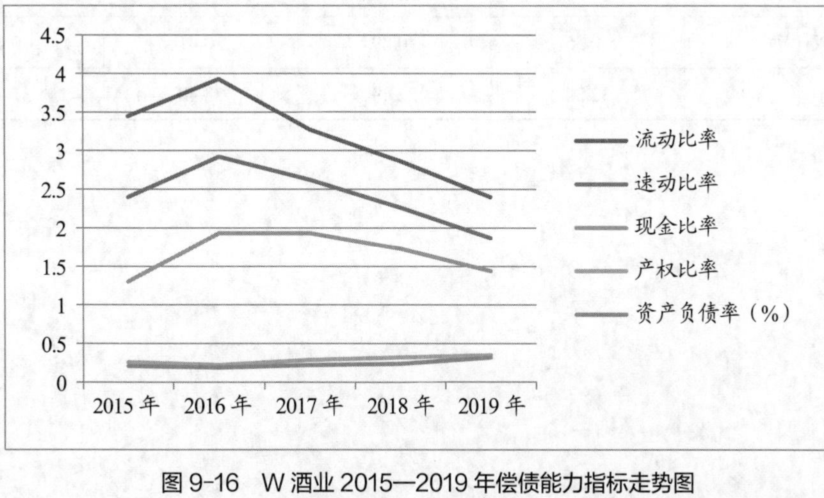

图 9-16　W 酒业 2015—2019 年偿债能力指标走势图

由表 9-26 中的数据和图 9-16 可知，反映短期偿债能力的流动比率、速动比率和现金比率，具有先上升后持续下降的相同点。现金比率 2019 年的降幅比上年扩大了 6.4%，结合货币资金的变化来看，虽然拥有了更多可以支付使用的资金量，但流动负债增多导致了现金比率下降。流动比率和速动比率的绝对值分别高于行业标准 2.0 值、1.0 值，代表至少有一半的流动资产可以为偿债提供保证，并且资产中变现性更强的部分能够支撑即时偿付的压力。反映长期偿债能力的产权比率和资产负债率，则具有先下降后持续上升的同一点。股权资本的增加，引起产权比率略有上升。资产负债率的提高逐步接近并高于 30% 的行业标准值，要注意控制总资产中由债务形成的比例，可能削弱长期债务安全偿付的资产保障性。

总的来说，W 酒业的偿债能力较为稳定，其中偿还流动负债的能力很强，有比较好的资产保障，短期财务风险较低，但长期偿债能力较前两年有所下降。

b. 偿债能力纵向对比。

为了衡量 W 酒业的偿债能力在行业中的水平，接着进行同期同行可比公司间的偿债能力对比。结合表 9-27 和图 9-16 分析发现，W 酒业的流动比率和速动比率均低于贵州茅台和五粮液，说明其在即期偿债安全性方面相对较弱，W 酒业应更全面的加强管控存货与应收账款的周转。现金比率偏高意味着 W 酒业相对有更多的资金来偿还债务。产权比率低于五粮液和洋河股份两家，资产负债率这一指标是最高的，这意味着 W 酒业对长期债务偿还的能力最低。综合来看，W 酒业的短期偿债能力与同业相比处于中下水平，长期偿债能力处于劣势地位。

表 9-27　2019 年 W 酒业、贵州茅台、五粮液和洋河股份主要偿债能力指标分析

项目	W 酒业	贵州茅台	五粮液	洋河股份
流动比率	2.4	3.87	3.22	2.29
速动比率	1.87	3.25	2.75	1.41
现金比率	1.44	0.32	2.11	0.26
产权比率	0.35	0.29	0.41	0.45
资产负债率（%）	32.38	22.49	28.48	31.73

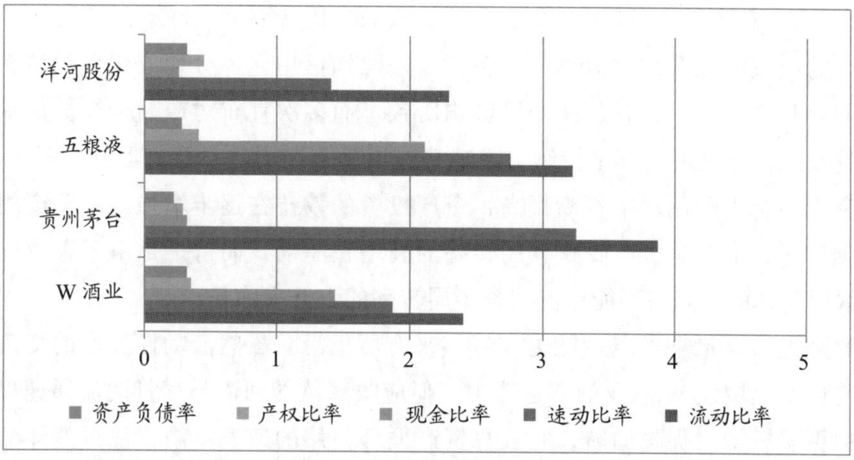

图 9-17　2019 年 W 酒业、贵州茅台、五粮液和洋河股份偿债水平对比图

C. 营运能力分析。

a. 营运能力纵向对比。

营运能力是指企业通过规划配置已有资源，花费最少时间，对最多资产进行周转的能力。它包含了在经营中创造财富的重大意义，并可以体现和反映到盈利能力与偿债能力上。W 酒业近五年反映营运能力的主要财务指标和指标变化情况分别如表 9-28 以及图 9-17 所示：

表 9-28　W 酒业 2015—2019 年营运能力指标分析

项目	2015 年	2016 年	2017 年	2018 年	2019 年
应收账款周转率	815.05	1 029.95	1 745.93	1 423.51	1 105.01
存货周转率	1.23	1.17	1.1	0.97	0.89
流动资产周转率	0.72	0.87	0.87	0.88	0.99
总资产周转率	0.52	0.62	0.62	0.62	0.61

图 9-18　W 酒业 2015—2019 年营运能力指标走势图

由表 9-28 和图 9-18 可知，W 酒业的应收账款周转率呈现冲高回落趋势。这与 W 酒业既定的应收账款管理政策调整有关，放松赊销信用允许分期或延后付款，使得应收账款的回收期加长，收款速度变慢影响所致。而多次宣布对产品全线提价最终导致了消费量减少，存货周转率呈持续下降趋势。流动资产周转率稳定上升，意味着 W 酒业流动资产的合理利用水平不断提高，资产投资的效益在逐步增强。总资产周转率上升后持续持平，上升是由应收账款周转率的高增长驱动，而持平是由于存货周转率和应收账款周转率的下降，不能用流动资产周转率的上升来弥补。

总的来说，W 酒业的营运能力在近年来有所下滑。虽然流动性资产的变现加快，能在一定程度上增强 W 酒业的营运能力，但应收账款的回流与存货的流通速度放缓，需要增加更多资金去促进周转，并且总资产循环使用的速度不高，使得整体营运能力被削弱。

b. 营运能力横向对比分析。

为了判断 W 酒业在行业内的资产管理水平，以及相关管理对于资产结构优化的贡献程度，接着进行同期同行可比公司间的营运能力对比。

从下表 9-29 和图 9-18 可以看出，W 酒业的应收账款周转率低于洋河股份，在于 W 酒业的赊销力度和规模都更大。结合图 9-19 发现，五粮液的存货周转率最大，其次是 W 酒业，说明 W 酒业对从采购到销售的全过程控制较为高效，存货的回收期更短。流动资产和总资产的周转率远高于其他三家，一是由于 W 酒业存货的变现速度相对较快，在流动资产中的占用水平相对较低。二是 W 酒业对于其他资产的利用率较高，说明 W 酒业运用资产获取收益的能力更强。

综合来看，W 酒业的营运能力处于行业先进水平，相关指标显示超高或领先多数企业，在相对优良的资产管理水平下，资产结构更趋合理，但赊销减库存的方式可能不利于企业的收益和经营质量。

2019 年 W 酒业同业营运能力的对比如表 9-29、图 9-19 和图 9-20 所示：

表 9-29　2019 年 W 酒业、贵州茅台、五粮液和洋河股份主要营运能力指标分析

项目	W 酒业	贵州茅台	五粮液	洋河股份
应收账款周转率	1 105.01	—	382.9	2 151.31
存货周转率	0.89	0.31	1.01	0.47
流动资产周转率	0.99	0.57	0.57	0.63
总资产周转率	0.61	0.52	0.52	0.45

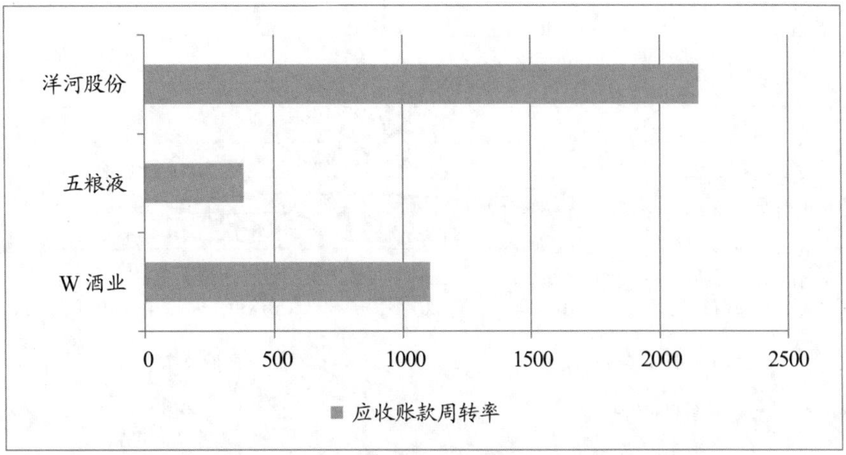

图 9-19　2019 年 W 酒业、五粮液和洋河股份应收账款周转率对比图

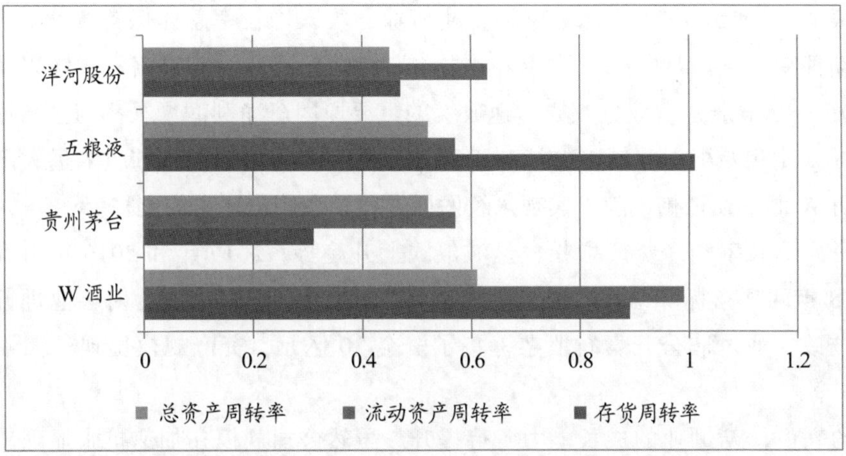

图 9-20　2019 年 W 酒业、贵州茅台、五粮液和洋河股份营运水平对比图

D. 发展能力分析。

a. 发展能力纵向对比。

成长能力是指企业拥有资源的发展潜力，包括资产规模未来的扩张、经营业务未来的拓展和利润资本未来的积累，所反映的实现价值是企业未来商业价值的体现。W 酒业最近 5 年反映成长能力的主要财务指标和指标变化情况分别如表 9-30、图 9-20 所示：

表 9-30　W 酒业 2015—2019 年主要成长能力指标分析

项目	2015 年	2016 年	2017 年	2018 年	2019 年
主营业务收入增长率	25.89	20.35	25.18	25.6	21.15
总资产增长率	0.08	3.74	44.48	14.42	27.94
净利润增长率	58.87	25.73	33.46	34.91	32.24
净资产增长率	5.81	7.36	37.65	11.83	14.19

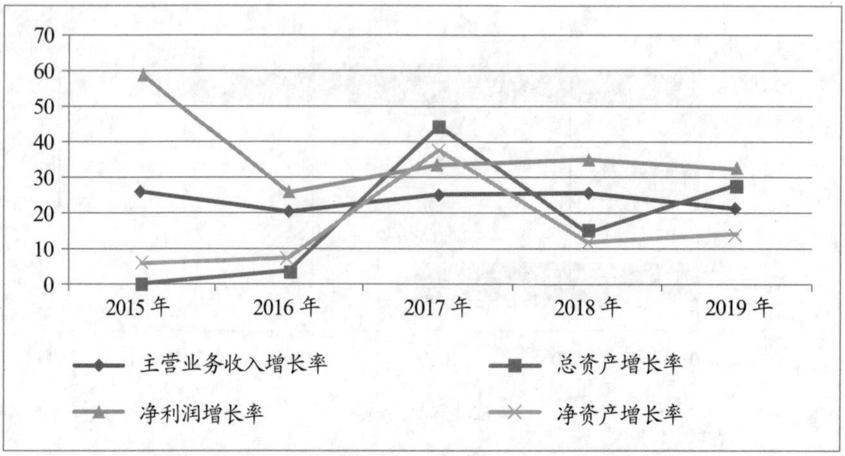

图 9-21 W 酒业 2015—2019 年成长能力指标走势图

由表 9-30 和图 9-21 可知，W 酒业主营业务收入增长率总体保持波动下降态势。行业周期性变化逐渐从“牛市”步入“慢牛”行情，高端酒需求略有放缓以及中端酒明显乏力是 W 酒业主营业务收入增速放缓的重要原因。净利润增长率与主营业务收入增长率的变化相匹配，并始终保持高于后者，说明产品盈利带来的收入远大于整体成本，表明 W 酒业在抵御风险、实现永续发展方面具有较为坚实的支柱。

总资产增长率和净资产增长率呈波浪式上升趋势，2017 年和 2019 年出现两次峰值。2018 年两项指标降幅均较显著的原因在于，2017 年 W 酒业为对窖池进行一期酿酒工程技改，通过非公开发行股票募集了资金 30 亿元，资产规模出现较大幅度扩大所致。

总的来说，W 酒业的成长能力亟待提升。虽然公司规模在加速扩张显现出强劲的生命力，但主营业务收入同比增长不稳定且出现下降，净利润增长率略有收缩，相应削弱了 W 酒业的持续发展能力。

b. 成长能力横向对比。

为了判别处于高速增长阶段的 W 酒业在未来的成长水平，包括发展空间的大小、可能面临的竞争壁垒以及资产结构弹性的高低，接着进行同期同行可比公司间的成长能力对比。

由表 9-31 和图 9-22 可知，W 酒业的主营业务收入增长率仅低于五粮液一家，说明 W 酒业产品在市场中适销对路，受到消费者肯定，产品被淘汰的可能性小。总资产增长率在同业比较中最高，但由于负债总量增加导致净资产增长率较低。净利润增长率同样超过其他三家企业，是由于产品全线提价情况下毛利提升所致。

综合来看，W 酒业的成长能力处于行业中上水平。由于茅台酒供给紧张，W 酒业将承接其高端白酒的部分需求溢出，主营业务收入增长率将进一步提高，反映了 W 酒业具有较高的长期投资价值。

2019 年 W 酒业同业成长能力的对比如表 9-31 和图 9-22 所示：

表 9-31　2019 年 W 酒业、贵州茅台、五粮液和洋河股份营运能力指标分析

项目	W 酒业	贵州茅台	五粮液	洋河股份
主营业务收入增长率	21.15	16.01	25.2	-4.28
总资产增长率	27.94	14.51	23.58	7.85
净利润增长率	32.24	16.23	29.84	-8.99
净资产增长率	14.19	20.84	16.86	8.53

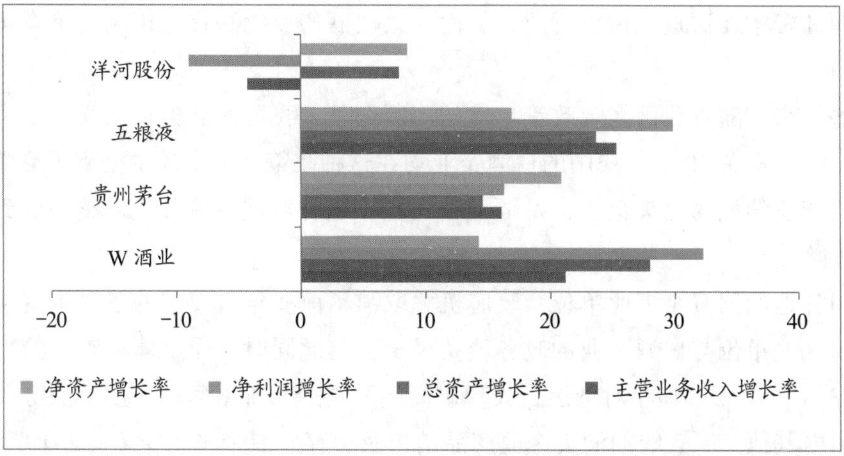

图 9-22　2019 年 W 酒业、贵州茅台、五粮液和洋河股份发展水平对比图

3. W 酒业发展战略及前景分析

（1）W 酒业战略分析。

①外部环境 PEST 分析。

PEST 分析法是企业市场营销战略中对外部环境进行分析的基本理论工具，其中 PEST 含义：政治（Political）、经济（Economic）、社会（Social）、技术（Technological）。PEST 分析理论为企业提供了一个对外部环境进行分析的框架与方法，明确了大量外部环境方面的指标，可以很好地对外部环境的影响进行检测，同时对分析企业长期战略具有很好的辅助功能。其中，政治环境主要包括政治制度与体制、政局、政府的态度等；法律环境主要包括政府制定的法律、法规；经济环境主要包括 GDP、利率水平、财政货币政策、通货膨胀、失业率水平、居民可支配收入水平、汇率、能源供给成本、市场机制、市场需求等；社会文化环境主要是指人口环境和文化背景；技术环境不仅包括发明，而且还包括与企业市场有关的新技术、新工艺、新材料的出现和发展趋势以及应用背景。

对于 W 酒业公司产品市场宏观环境的分析主要基于 PEST 理论，结合公司所生产白酒产品的特点，就目前其所面临的国内外政治环境、市场经济环境以及目标市场中社会文化环境进行分析，同时基于 W 酒业股份有限公司酒类产品性能，对国内外的制酒技术环境进行分析，从宏观综合的角度探讨 W 酒业股份有限公司酒类产品市场发展

状况。

A. 政治环境分析。

我国作为酒类市场相对繁荣的国家，社会上对各类酒产品具有较强的接纳程度，特别是在一些饭局之中，酒类往往是必备要素。但是长期以来，白酒行业在国家发改委的产业目录中都是一个限制类的产业，在生产经营和发展都受到国家的严格限制。从 90 年代开始，由于当时的技术和设备的落后，以及粮食的匮乏，白酒产业一直都是国家的限制类产业，但是发展至今，这些问题也不再存在，由于政策的限制，许多优势的资源和资本无法进入白酒行业，从而导致白酒产业无法贯彻市场公平竞争和自然淘汰机制。

近些年来，随着我国客观政策环境的不断调整，我国的酒类市场受到了一定程度的冲击，特别是在 2012 年我国的白酒企业均在这种政策环境变动中受到了影响。作为我国白酒产业领域的龙头企业，W 酒业公司也在这种客观政策环境调整中受到较大的影响。

全国各地的国有企事业单位、政府机关取消了前些年所设定的各种聚餐消费，甚至也关闭这些单位与白酒企业的政务消费渠道。与此同时，受整体客观政策环境的影响，2013 年的白酒市场相对低迷，表现出高端酒类产品价格回落、酒类服务下沉，同时也给国内其他二、三线的酒类企业产品销售及生存发展带来了压力。2019 年，国家发改委在《产业结构调整指导目录（2019 年本）》上明确指出将白酒产业从轻工业中删除白酒产业，不再是限制类产业，国家的这一政策调整可以有力推动白酒产业的健康发展，有利于建立良好的市场淘汰机制，使无证小作坊的发展受到限制，对白酒市场的健康发展建立良好的秩序。

白酒行业的政策环境不断向好，高税收体制改进，行业限制放宽，对质量和技术的要求更为严格。在良好政策环境中，白酒产业得以健康持续发展，企业实现更强大更规范化运营。白酒行业主要的政策及法规如表 9-32 所示：

表 9-32　白酒行业主要相关政策法规汇总表

名称	内容	公布时间
《关于调整和完善消费税政策的通知》	不再区分酿酒原料，税率统一为20%，每斤0.5元的从量税不变。	2006 年 3 月 20 日
《中华人民共和国所得税法》	企业所得税税率由 33% 调整为 25%	2007 年 3 月 16 日
《关于积极推进供应链创新与应用的指导意见》	提出为保障重要产品的质量安全，应建立供应链的可追溯机制。	2017 年 10 月 15 日
《饮料酒制造业污染防治技术政策》	对白酒行业从源头至生产全过程进行了污染防控技术规定	2018 年 1 月 11 日
《关于进一步加强白酒质量安全监督管理工作的通知》	对白酒配料表标注做出了更严格规范	2018 年 11 月 28 日

续表

名称	内容	公布时间
《中华人民共和国食品安全法》	明确规定了食品添加剂的品种、使用范围和用量	2018 年 12 月 29 日
《关于深化增值税改革有关政策公告》	制造业增值税税率由 16% 调整为 13%	2019 年 4 月 30 日
《产业结构调整指导目录》	限制类目录正式划掉“白酒生产线”	2019 年 10 月 30 日

由表 9-32 可以看出白酒行业的政策变化主要体现在三方面：一是税收政策的制定由重税转向减税。主要税费政策的调整，减轻了多税种高税基带来的沉重税负，大型酒企因其销售规模能相应节省更多成本，释放的利好更明显。二是产业限制政策取消。该举措使酒企进行扩产、申请贷款、办许可证等都不再受限。白酒企业作为独立的市场主体，不再受行政手段的干预，拥有了更多的进步空间，尤其是拥有优质白酒资源的名酒企业以及具有优质产能优势的白酒产区能尽享政策红利。三是食品安全标准与污染防控技术政策趋严。白酒行业制假售假、非法使用超量食品添加剂、污染物产量高的问题得到改善。

W 酒业公司根据这种政策环境的变化，也调整了发展战略，公司旗下的白酒市场由卖方转为买方市场，在随后的发展中推出了各种定制酒、低价位酒等，以此来满足市场发展的需求。在此种客观政策环境下，国内酒类企业的格局发生了重大调整，W 酒业公司作为大型企业，在这种市场调整中虽然经历了退单、酒类产品价格下降等一系列问题，但是，随着我国酒类市场的发展更加均衡，W 酒业公司凭借其自身的品牌效应在国内市场中依然占据着非常重要的地位。

B. 经济环境分析。

经济环境是指经济发展、经济体创和经济运行所包含的具体经济因素的总和。经济运行高速增长周期结束，在工业 4.0 的大环境下，社会处于 L 型经济横线部分，社会经济呈现中高速增长、结构不断改善的新常态。

一是国民经济保持长期稳定增长，由速度向质量转型。据统计，与 2010—2014 年相比，近五年我国 GDP 平均增速下降了近 2 个百分点，约为 7%。新常态经济不再只追求 GDP 的增长，而是更加注重生产力，用价值调节市场，国内与白酒相关的奢侈品、餐饮和旅游等主要市场欣欣向荣，间接推动了白酒产业的发展。二是城乡结构、就业结构和消费结构不断优化。据统计，2015—2019 年常住人口城镇化率提高了 4.5%，40 万人的就业难题得到解决，居民消费价格年均上涨 2.0%。随着城市化的推进，选择向城镇迁移的农村人口越来越多，其就业选择、生活条件等问题得到显著改善。而且最低工资标准的阶段性调整，使居民收入稳步上升。至此更多居民的消费潜力被激发，对非生活必需品白酒的需求将进一步增加，白酒消费的概率将翻倍。

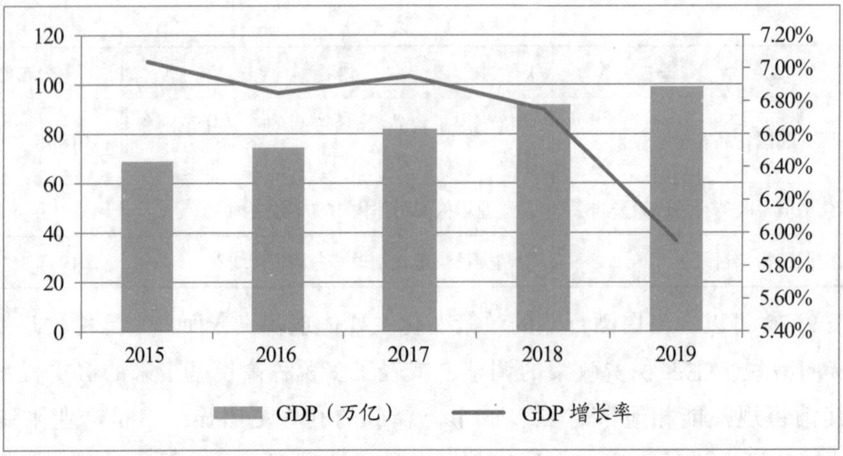

图 9-23　2015—2019 年国内生产总值变化情况

国家统计局公布的数据显示，2019 年全年中国国内生产总值接近百万亿（990 865 亿元），比上年增长 6.1%，稳居世界第二位。中国人均 GDP 首次站上 1 万美元的新台阶，这相当于人均 GDP 超过 1 万美元的世界人口翻了一番。图 9-23 所示，2015—2019 年我国的国民生产总值在不断地增长，但增长的速率有所缓慢。整体经济的放缓也会导致白酒行业收入和利润的放缓，白酒行业是受国家整体宏观环境影响的。

如图 9-24 所示，2019 年全国居民人均可支配收入 30 733 元，比上年名义增长 8.9%，扣除价格因素实际增长 5.8%。其中，城镇居民人均可支配收入 42 359 元，增长 7.9%，扣除价格因素实际增长 5.0%；随着我国国民经济的发展，人民的生活水平不断提高，居民的可支配收入也在不断地提高，居民消费的不断升级为 W 酒业的发展起了积极的作用。

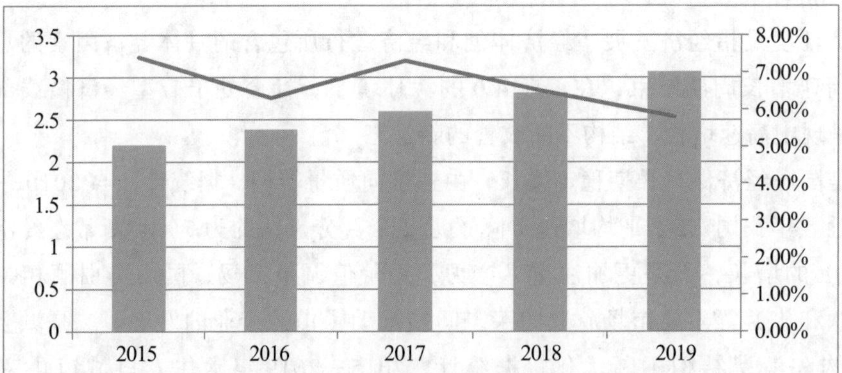

图 9-24　2015—2019 年人均可支配收入变化情况

C. 社会文化环境分析。

我国的酿酒文化已有五千多年的发展历史，形成的独特酒文化是精神文化的象征。不同的节日饮酒有着不同的含义，如除夕饮“年酒”庆新年，中秋饮“桂花酒”

庆团圆。各民族的饮酒方式也各具特色，如羌族人民让客人用管筒酌饮酒坛，苗族人民用水牛角盛酒设拦路酒。酒类产品一直在我国的文化环境中深受欢迎，无论是国内的白酒、啤酒还是国外的洋酒、清酒等，经常出现在各类饭桌聚餐之中。特别是对于白酒来说，作为中华民族特有的饮品资源，现如今，白酒不仅是待客、应酬的需要，高端白酒甚至具有保值增值作用，具有较好的收藏价值，这也显示出其拥有不可动摇的社会地位，这种社会环境为我国的酒类企业发展提供了很好的机会。

此外在价值观念和道德规范深刻影响着白酒消费的认知层面，“喝酒有害身体健康”的观念打消了大部分人的饮酒想法。“酒越陈越香，越陈越有价值”的观念更显年份酒的收藏价值。而十八周岁以下的未成年人不得饮酒，不得向未成年人售酒，工作期间不得饮酒的道德规范，通过建立未成年人和在职人员的基本行为准则，影响其对白酒的购买动机和购买行为。

总体来说，白酒产品作为中国人情交往的载体一直存在，虽然相关客观政策的出台在一定程度上减少了铺张浪费的现象，但是其依然是中国文化的典型代表，深受国人的喜爱，甚至是地方传统风俗文化的典型代表，比如各地区均有不同的代表性白酒品牌，江苏的洋河、陕西的西凤、四川的 W 酒业等，这种文化发展的现状是保障酒类企业可持续发展的关键所在。

然而，随着社会的发展，如何在白酒产品中赋予更多的文化涵义将是这些企业寻求突破发展的关键所在，接纳性较高的市场背景为酒品销售提供了上层建筑领域的支撑，对于 W 酒业公司来说，依托良好的社会环境，能够让其在酒品销售的过程中占据有利的市场地位，让产品在市场上能够更有发展的目标和方向，赋予旗下产品更多的产品价值观念和文化理念的同时，保证白酒质量与品质，以满足社会文化环境中不同层次的多元化消费需求。综合来说，良好的社会环境已然为白酒行业提供了较好的发展空间，在消费群体具有较为强烈的刚性需求的背景之下，白酒更加受到市场的欢迎，而 W 酒业作为重点生产企业也能够较好的突出生产，将主要的管理集中到生产之中。

D. 技术环境分析。

在“十三五”规划的指导下，信息化建设全面展开，“互联网 +”时代与“大数据”时代成为信息化时代的新标签，社会进入了以新兴互联网大众传媒和大数据应用为主导的智能信息环境，许多传统产业也在更多地融入其中。

互联网的出现提高了信息活动的便利性，改变了传统媒体传播形式单一、缺乏信息选择性以及无法进行信息交流的局限性。酒企不仅可以通过网站广告投入增加产品曝光度，还可以利用互联网的交互性实现与接受信息的消费者的直接交流，扩展电商销售方式，扩大销售渠道，在流通环节还可以利用物联网提高效率。

另外，物联网的核心是信息物理系统，通过该系统可以为酒企采集目标顾客信息，将分散对象成对相连，完成实时信息的交互，为大数据提供主要信息来源。云计算与大数据相结合，通过分布式方式处理和储存酒企所获得的海量数据信息。在此基础上可以发挥大数据的真正价值，帮助酒企进行深度信息挖掘和信息增值。

综合来说，对于白酒企业来说，必然要以技术为第一评判标准，只有拥有符合市场需求的纯熟技术，才能够更好地适应当前的市场，并且解决当前白酒企业存在的突出问题。从 W 酒业企业的发展进行分析，也存在着白酒行业普遍存在的消耗高、污染高、耗粮高等问题，而对于中国这一粮食人口大国来说，粮食的需求也许并不是最根本的问题，但是技术问题必然是值得解决的问题，比如说白酒的生产工艺这一方面，如何解决消耗的粮食，如何能够减少能源污染，如何能够确保白酒行业的工艺发展，这些都是在当前的社会背景下所需要改进的技术环境，而只有切实改进技术环境，才能够真正地提升 W 酒业集团的生产工艺，从而提升市场竞争力。

②商业模式 SWOT 分析。

SWOT 分析法作为企业管理过程中常用的一种态势分析模式，其基于企业内外部竞争环境和竞争条件下的基本态势，将与所需要研究对象密切相关的各种主要内部优势、劣势和外部的机会和挑战等进行调查列举出来，并依照矩阵形式排列，然后用系统分析的思想，把各种因素相互匹配起来加以分析，从中得出一系列相应的结论，而结论通常带有一定的决策性。其中：

S 是指所分析对象在综合考虑下所具有的优势（strengths）；

W 是指所具有的劣势（weaknesses）；

O 是指所分析对象所具有的发展机遇（opportunities）；

T 是指研究对象在发展过程中所存在的威胁（threats）。

本文所分析的 W 酒业公司产品市场营销策略也将采用 SWOT 的分析模型，通过对 W 酒业公司产品所面临的优势、劣势、机遇和威胁等方面的外部和内部经营环境进行逐条分析，并最终形成 SWOT 分析矩阵，提出 W 酒业公司的战略选择。

A. W 酒业公司业务发展的优势。

W 酒业作为我国浓香型白酒的代表，以众多独特优势在中国白酒业独树一帜，从发展历史和发展规模来看，其在我国白酒产业领域占有一席之地，并且作为我国行业首家全国重点文物保护单位，在不断发展的同时，也较好的践行着作为一个大型企业所该尽到的历史责任，无论从白酒品牌还是企业行为效应来说，W 酒业均在市场上享有较高的知名度，这种品牌优势是 W 酒业企业在社会主义市场经济中不断发展的关键推动力量。

W 酒业公司的财务数据呈现好转的发展趋势，相对于 2014 年利润创新低来说，后续年份的会计数据表现较为良好，无论是企业资产结构，还是企业现金资产占比，均处于较为良好可控的状态，对于股权、证券的投资管理也较为健康。从会计盈利质量的数据反映来看，W 酒业公司在未来几年内实现净利润 30 亿的难度不算太大，在新的形势下，W 酒业依然具有较强的发展能力，这种财务现状也是 W 酒业公司未来业务不断扩充发展的优势所在。

同时，W 酒业公司拥有 B 品牌这类享誉全国的知名名片，使得 W 酒业的白酒产品在高端白酒市场拥有一席之地，而且 W 酒业公司的其他白酒产品包括窖龄酒、W 特曲、头曲、二曲以及养生酒等多种类型，足够满足社会各个层次对于白酒产品的需求，这种多元化的产品组成也为 W 酒业公司的业务发展带来了好处。从财务数据上来看，W 酒业公司拥有较高的现金财务比例，资金充裕，这也是 W 酒业公司业务发展的一个重大优势。

B. W 酒业公司业务发展的劣势。

从现如今的市场经济环境来看，根据各大名酒企业发布的 2019 年报显示，全国占比第一的茅台全年营业收入 854.30 亿元，净利润 439.70 亿元；第二名的五粮液也实现了营业收入 501.19 亿元，净利润 174.02 亿元的局面；而第三名的洋河酒业在 2017 年上半年实现营业收入 231.26 亿元，同比增长 34.59%；但是 W 酒业在 2019 年实现营业收入只为 158.17 亿元，与前三名的差距依然较大，由此可以看出，就目前的市场经济环境来说，W 酒业要想在市场中竞争依然存在一定的劣势。

另外，在 W 酒业的酒类产品中，虽然 B 品牌拥有极大的知名度与品牌效应，但是公司业务的其他白酒品牌在市场上的品牌效却有些欠缺，而 B 品牌作为高端白酒品牌，市场上大部分的消费者并没有足够的能力去购买消费，如果 W 酒业的其他白酒品牌不能在市场上拥有更大的知名度，则势必会影响消费者对 W 酒业白酒品牌的认知。反观洋河酒业的天之蓝、海之蓝以及水之蓝系列则存在明显的价格区间，使得不同层级的消费者均能够有能力消费洋河酒业的白酒产品，这种品牌效应的缺失也是 W 酒业公司未来业务发展的一个劣势体现。

同时，W 酒业的白酒业务市场也存在发展不均衡的现象，在四川省内，W 酒业拥有较强的市场议价能力，卖方议价能力较强，但是在其他省份，W 酒业的容易受到供应商的议价能力影响；并且，在网络销售过程中，对于电子商务平台的构建，相比于茅台来说也有些差距，包括定制白酒产品的营销、推广等等，这也是 W 酒业业务市场发展的劣势所在。

C. W 酒业公司业务发展的机遇。

虽然在 2012 年客观政策环境发生了变化，在随后的 2013 年，我国白酒市场经济发展不景气，销售总量和总额均出现了明显的下滑，但是从 2014 年开始，白酒行业销量呈现同比增长的态势，随着我国大众消费者购买力不断增强，以及消费水平的持续上升，在回归理性后的白酒市场，在 2015 年，我国白酒行业销售收入达到 6 032 亿元，同比增长 5.70%，而白酒产业销售利润总额也达到 727 亿元，同比增长 4.05%，这种愈发趋于理性，且稳步增长的白酒市场对于 W 酒业这类实力雄厚的白酒企业来说是一种不可错失的发展机会。

同时，基于白酒在我国历史文化中的底蕴，其在市场经济发展中所占经济总额较大，是我国社会主义经济发展的一项重要产业；并且，白酒不仅是待客、应酬的需要，高端白酒甚至具有保值增值作用，具有较好的收藏价值，这也是显示出其拥有不可动摇的社会地位，这种社会环境为W酒业这类白酒企业的发展提供了很好的机遇。

随着固液结合的液态法酿造技术和液体发窖工艺，在酒类产品生产过程中可以较大程度地提升出酒率，也能提升生产效率，并且随着计算机技术、微波技术的发展，W酒业的酒类产品生产过程中可以通过计算机应用控制、微波烤熟、现代化自动检测手段等技术形式，采用的微机勾兑技术、数字化机械设备进行白酒生产，在改变传统酿酒技术形式的同时，对于白酒产品的质量和口感均有一定的改善与提高，这种白酒生产技术的优化也是W酒业公司业务进一步扩大的机遇所在。

D. W酒业公司业务发展的威胁。

随着在2012年客观政策环境的变化，我国的白酒企业均在这种政策环境变动中受到了影响。作为我国白酒产业领域的龙头企业，W酒业股份有限公司也在这种政策环境调整中影响较大。而像啤酒、葡萄酒、鸡尾酒等市场上不断出现的替代品也在一定程度上吸收了原有的W酒业部分业务，特别是夏天，市场上的啤酒销量要远远大于白酒产品，而受西方文化的影响，葡萄酒的市场也在日益强大，其业务服务也在不断扩大之中，而作为现如今比较时髦的酒类产品，鸡尾酒也深受广大年轻人的喜爱。这些其他酒类产品的蓬勃发展对于W酒业的业务来说，也是一种威胁体现。

很多大型集团看中了我国白酒市场的发展空间，对一些小型酒业集团进行收购，这种收购式发展在资金与推广的包装下，能够在较短的时间内提升此类白酒品牌的知名度，作为一个潜在入侵者冲击我国现有的白酒市场。若出现较多的并购与整合，我国白酒市场的基本格局会产生变化，造成额外的竞争压力，对于W酒业的业务发展来说也是一个威胁。

（2）W酒业前景分析。

① W酒业未来发展趋势分析。

A. 发展方向。

随着中国白酒行业的快速发展，一方面，随着国内W酒业酒品牌、销售渠道的成熟，W酒业酒在国内白酒市场的份额将会逐渐增多。同时W酒业在海外市场的大力开拓，未来W酒业在海外市场的份额也将有所提升。针对W酒业发展方向的分析主要有以下三点：

一是加快开发海外空白市场。目前许多国家的消费者对白酒仍相对陌生，据相关网站统计，中国白酒的国际整体消费量约为1%，仍以华人社群消费为主。W酒业坚持文化输出，结合各国独特的餐饮文化进行适度的产品创新，有利于海外布局的稳步拓展和自身国际品牌形象的固化。二是向三四线城市和各级县乡村区域下沉。在全国范围内，一二线城市中心以“茅五洋”为首竞争的白酒市场趋于饱和，对于W酒业来说，三四线城市和各级县乡村显示出了巨大的开发潜力，不仅开发成本更为低廉，而且拥有广阔的市场空间和更多的商业机会。三是发力超高端价位带。白酒行业超高端市场在消费升级与市场需求的双重推动下打开，多年来以打造精品为重点的品牌活动，为 W 酒业积累了具有一定超高端产品消费能力的人群，这是 W 酒业占位超高端市场，为提升高端产品量价开辟空间的最佳时机。

B. 改革走向。

B 品牌一直是 W 酒业最重要的一个招牌，最近几年，W 酒业试图将 1 573 和 W 酒业的品牌效应结合在一起，带动 W 酒业的品牌价值。W 酒业是一个与时俱进的企业，两年推出的香水和雪糕等，都展现出未来 W 酒业的用户将趋于年轻化。其改革走向主要表现为以下三点：

一是目标顾客细分化。W 酒业的各档产品主要针对顾客的消费能力，而忽略了性别、年龄阶段等方面。未来可战略升级白酒产品线，开发服务于更多特定消费群体，适配其核心诉求的产品，如服务年轻人的时尚白酒、吸引女性用户的专制酒，有效扩大新消费力量的覆盖面。二是产品开发设计契合当下消费趋势。W 酒业系列大瓶酒不便携带、不易控制用量等弊端日益明显，高浓度、过度包装的特点也不符合现代健康饮酒和环保潮流。今后可使用绿色包装材料，开发小包装但更精致的中高端低度白酒，为产品贴上天然、环保等标签来提高产品的附加价值。三是销售渠道进一步升级。社会已进入智能化信息环境，疫情防控期间云端开拓了更多消费场景，营销渠道多元化、数字化将成为企业潜在的竞争优势。W 酒业可根据未来形势的变化，相应重构服务、销售和配送模式，实现线上线下联动对接，提高购买时效性和交易流通性。

C. 投资方向。

W 酒业的销售团队和销售渠道比较完善。企业的高档酒为 B 品牌，中档酒为窖龄和特曲，低端为头曲和二曲。其中，中高端白酒（窖龄和特曲）在此类价格带上极具性价比，受益于消费升级，有望成为强有力的主力产品。在全国各地的销售市场中，W 酒业在华东和华南市场相对弱势，在两地市占率仅 10%。W 酒业在华东和华南还有很多地方渠道建设不够完善。W 酒业应该注意对渠道建设的控制，积极制定营销策略，增加华东、华南市场的份额。随着竞争的全面展开，W 酒业酒的产业链主要向下游延伸，这样有利于产品销售，产业链的延长将减少企业经营风险。基于 W 酒业的生产研发能力和对市场的把握能力，以及品牌多年来在市场上建立起来的良好口碑，W 酒业的市场前景较好。

通过 W 酒业公司与我国其他白酒企业进行纵向比较的过程中，我们也发现，W 酒业与茅台、洋河以及五粮液等企业的发展差距依然较大，这种差距不仅体现在酒类品牌效应、知名度上，更重要的是体现在市场份额占有率上，从财务数据所反映的结果来看，W 酒业公司在 2019 年的净利润增长率与前三名贵州茅台、五粮液以及洋河股份存在较大差距，这种现状也体现出未来 W 酒业公司的业务市场竞争发展依然还比较激烈，在一定程度上影响到 W 酒业公司的未来市场发展前景。

（2）W 酒业风险预测与机遇分析。

①风险预测。

为了充分把握未来的不确定性，做好预防和最小化风险的准备，现根据已有信息预计 W 酒业可能面临以下三大风险：

A. 经济风险。

2019 年底，疫情的爆发导致线下接触活动基本被禁止，出现工厂被迫停工停产、商场大量关闭等情形，社会经济复苏缓慢，而且疫情具有复杂性和反复性，W 酒业可能因此面临终端销量损失、成本叠高和现金流加紧的风险。

B. 市场供需风险。

国内浓香型白酒行业供给比较充足，且行业内各类企业种类众多，因此在市场需求相对稳定的情况下，W 酒业需发挥自身的优势规避行业供需风险，扩大企业市场份额。相比五粮液和茅台不间断的产能扩建，W 酒业的扩产计划起步晚，于 2016 年和 2019 年才正式启动第一期、第二期酿酒技改工程建设。目前 W 酒业的基酒产能越发局限，而两大建设项目需要五年左右才能完成，并且所生产的优质基酒需经过长期储存后才能勾兑。随着市场对高端白酒需求的不断增强，W 酒业在上述空白期可能面临高端产能供给约束的风险。

C. 竞争风险及价格风险。

根据 2018 年市场份额来看，顺鑫农业市场份额只小于 W 酒业 0.1%，因此 W 酒业需加强自身竞争力，尽量规避市场竞争风险。春夏两季清爽度低的啤酒和葡萄酒发展迅速，宴会、西餐厅等高端消费领域被洋酒品牌占领，给 W 酒业的白酒销售带来不小冲击，随着新生代消费者饮酒偏好的变化，酱香型和清香型白酒渐受青睐，使 W 酒业面临目标客户流失、本地市场份额被吞并的风险。

2019 年，W 酒业“提价战”打得火热，年内调价 10 次，B 品牌国酒系列现已突破千元价值带，与五粮液距离越来越短。不过，依靠涨价并未能带来持续的增长，W 酒业多次宣布停货、提价，导致销量三年下滑 18%。W 酒业也深刻意识到，不断调价对于 W 酒业来说不是合理选择，价格应该与相应的产品品质、市场地位和当前时点的市场需求匹配。

②机遇分析。

在整体把握 W 酒业可能面临的风险后，现从风险中认识所蕴含的机遇，将其转变为有力的发展机遇，促进企业战略目标的实现。W 酒业的发展机遇主要包括以下两种类型：

一种是疫情过后会涌现新的投资机遇。疫情防控期间民生对医疗、器械和疾病保险等相关领域的关注度激增，外加国家大力出台政策支持，基于这些领域的新的商业模式和企业将成为投资的热点，如在疾病保险业探索健康管理咨询服务、在医疗机构打造智慧远程医疗模式等。W 酒业可将上述领域作为未来的投资方向，通过建立独特的投资逻辑和框架，为自身创造更好的溢价收益。

另一种是市场竞争的加剧将为企业创造新商业模式提供机会。W 酒业可根据新生代消费者喜欢的饮用口感和产品特性，及时调整业务模式来改进或提供新产品，在推广模式上可基于年轻化的消费心理和场景，进行产品类别再定位并革新广告宣传形式，突破消费者心目中对 W 酒业产品的固定印象。

4. W 酒业财务分析问题及解决对策

（1）财务分析中的问题。

①财务资金运用质量下降。

资金本质是低盈利，是在运用的经济过程中不断流转为企业带来经济效益，从而实现增值的货币资金。提高货币资金的运用效率，保持适度的资金规模，肯为企业经济活动的顺利开展提供支持，避免因机会成本而造成的投资、生产等重大发展机会的错失。

通过对 W 酒业货币资金质量的分析，发现与 2015 年相比，企业从业务收入中获得现金的能力有所增强，这在于白酒业务为主的多元业务齐发展战略取得了良好成效，更大的资产规模和更频繁的业务使得所持货币资金每年都在增加，但货币资金周转率自 2017 年以来整体呈下降态势，资金的流转速度变慢。此外，2016—2019 年货币资金占总资产的比重虽有波动，但始终在 30% 以上，占比较大。

根据年报数据显示，W 酒业速动比率偏高，说明其拥有较多的闲置资金，对资本的利用效率较低。现金的持有不是越多越好，也不是越少越好。W 酒业持有的现金完全能够保证企业的日常开支和资金周转，但冗余的现金并没有给 W 酒业带来价值，违背了效率最优和适度原则，是一种资源的浪费，对企业实现市场目标有一定影响。这反映出 W 酒业公司财务管理机构有待进一步健全，相关人员紧缺，没有很好地对现金预算进行编制，最佳现金持有量的制定不够合理，对现金日常缺乏有效地控制。可以看出，W 酒业公司实施现金管理模式不够细致，造成现金过剩冗余的现象，不能非常好地适应现在激烈的市场竞争趋势。

由此反映出 W 酒业对于资金的使用效率明显存在不足的问题，资金未得到最大化合理利用，并未实现在流动过程中向资本的转化升级，没有产生预期的增值效益，资金的留存量远大于日常经营的需求量。

②销售费用居高不下。

销售费用是企业为了提高品牌知名度而增加广告制作所产生的费用。对于企业来说，进行销售费用投入，是保持企业可持续发展不可或缺的一步，但在“以价换量”模式下，用巨额的销售费用换取利润，长期下来则会对企业利润的可再生、可持续性产生不利影响。因此，随着企业的发展，如何将销售费用维持在一个相对合理的范围内就成了关键。

在对 W 酒业产品推广模式和利润表的分析中，发现 W 酒业销售费用对比上升幅度最大，2019 年分别为洋河股份和贵州茅台的 2.11 倍、1.24 倍。而相对于洋河股份始终将销售费用率管理在11%左右，贵州茅台保持在5%以下，五粮液调控指标逐渐降至10%以下，W酒业2019年该指标较2015年提高近33个百分点。结合对W酒业损益结构百分比的分析，发现在W酒业的成本费用要素中，销售费用对企业持续产生盈利的影响仅次于营业成本，占收入比重逐年增加，总体接近超过30%。

由此反映出W酒业对销售费用的管控能力较差，意味着W酒业无论是与同业相比，还是较过去来说，现阶段需要投入更多费用来换取收益，营销的难度相对更大。

③存货周转率偏低。

存货周转率是评价企业从采购到销售全过程控制情况的重要指标。存货周转率指标的高低，排除人为控制因素后，可以反映存货的流动性和资金占用情况，判断企业在存货变现速度下的管理能力、销售能力和短期偿债能力。对W酒业的存货质量进行分析后，结果显示，2017—2019年存货规模年均增长13.17%，远超营业成本增速，并从2018年开始存货规模大于营业成本，进而引发了存货周转问题，表现为存货周转率在近五年间持续下降了0.34次，存货周转天数增加了110.33天。结合对W酒业营运能力的分析，也得出了存货周转率呈持续下降趋势的结论。这反映出W酒业存货积压的明显迹象，白酒虽然没有保质期限，存货的积压并不会导致产品贬值，但是资产的整体利用率可能会因其占用资金而降低，并且由于其流通速度放缓，需要增加更多的资金来改善其流动性，导致W酒业的营运能力被削弱，其变现周期的延长也可能降低企业的短期偿债能力。

④负债结构不合理。

成熟的企业为了创造更大的价值，往往会考虑通过举债来发挥财务杠杆效益，从而提高股东权益报酬率。为了保证财务杠杆的最优效益和最小化风险，有必要将金融负债和经营负债的比例进行调整，以实现最佳负债结构。在对W酒业偿债能力的分析中，得出其2019年资产负债率指标为32.38%，为近五年来最高水平，反映总资产中由债务形成的比例不断增加，而在分解盈利因素驱动模型的第一重指标时，发现W酒业自2015年以来财务杠杆作用程度一直为负，进一步分解得到的财务杠杆指标在2015—2018年均为负，经计算2015—2018年金融负债占总负债的比例不超过2%，而经营负债占比98%以上。这说明W酒业近年来虽增加了负债数量，但实际主要是采取增加商家货款、供应商款等经营性负债的融资手段，反映出其负债内部比例管理存在问题，导致负债结构不合理。意味着债务管理的优势在W酒业上并未得到充分发挥，即通过财务杠杆为企业创造更多利润。

（2）成因分析。

①资金管理不善。

企业对资金的管理决定了资金的用途和使用效率，进而影响资金的流动性、效益性和安全性。资金管理水平高，资金周转的速度快，企业将资金投入开展经济活动后，资金能及时、快速地回流到企业，为企业提供长期运营的资本。但如果资金管理的水平低，资金回流能力弱，就可能造成资金短缺甚至资金链断裂，危害企业的平稳运行及持续经营。

W 酒业货币资金整体运用质量较差，“存款卖酒”的资金管理模式是造成这种情况的主要原因。由 W 酒业货币资金的构成质量分析结果可以看出，其货币资金中占比最大的即是银行存款。企业以这种方式管理资金不仅仅是为了获取利息，更是为了与银行的交易合作。即 W 酒业为了达到销售目标，银行为了完成业务指标，双方自愿开展以存入巨额存款换取相应比例销售额的交易合作。

②品牌拉力过弱。

企业市场销售的源头动力包括品牌拉力和销售推力两部分。其中，品牌拉力是指企业拥有的产品和品牌等效应，能够促使购买者形成自发购买的动机，并进行自发购买的行为，而销售推力是指企业通过广告、销售人员等方式销售产品，吸引购买者购买。销售推力有利于企业品牌拉力的提升，而企业具有一定的品牌拉力，又能反过来降低销售推力的成本，两者密切联系并互相作用。

近年来 W 酒业的销售费用呈大幅直线上升趋势，出现该情况的主要原因是 W 酒业的品牌拉力相对较弱，对于销售费用控制所起的作用不明显。W 酒业虽不断进行收缩整改，清理了许多中低档贴牌产品，但是力度略显不足，目前仍存有四百多个条码数，虽然有利于实现从高端到低端价格带的全覆盖，但容易削弱核心品牌的价值，稀释其在消费者心中的高端品牌酒形象。而品牌力不够的前提下，W 酒业的产品推广成本越发居高不下，但产生的实际效益却不甚乐观，形成了一个不良循环。

③产品吸引力不足。

产品的吸引力对于企业来说即是产品的卖点，包括产品的使用价值、体验价值和传播价值。其中，产品的使用价值是保持持续吸引力的关键，即产品的品质能达到客户的要求；产品的体验价值是指产品的附加值，即产品能满足或者超过客户对产品的其他需求；产品的传播价值是指由于产品的特性、品质等而成为传播点的价值。

2015—2019 年 W 酒业的产销量持续下滑，库存量整体呈增长趋势，出现上述情况的主要原因是 W 酒业没有最大化产品的综合价值，导致产品的吸引力下降。W 酒业旗下中端产品进一步聚焦，低端产品销量不佳，目前发展主要依靠起强力支撑作用的高端产品，也由于反复提价而增速逐年放缓。公司年报显示，从 2015 年开始五年间，W 酒业产量连续下滑 35.49%，销量连续下滑 27.46%，库存量整体增加 0.91 万吨，可知购买者愿意支付其实体资产的意愿明显下降。

④融资方式不当。

内源融资和外源融资是企业融资的两种主要方式。内源融资是指企业在发展中利用股权投资、资本积累等内部渠道进行融资，外源融资是指企业凭借自身的信用从银行、融资平台等外部渠道获取融资。处于成熟期的企业财务状况较稳定，不用面临周转资金约束的难题，此时就需要考虑选择多元化的融资方式，以达到放大现有资源的效应，为自身创造更多价值。

W 酒业负债结构中，经营负债占主导地位，金融负债比例极低，出现上述情况的主要原因是 W 酒业过多依靠内源融资，运营外源融资的方式较少。2015—2018 年在 W 酒业的负债比例规模中，仅有 6% 左右的部分来自外部筹资产生的应计费用。虽然这样的融资方式不需要支付大量财务利息，不用担心可能诱发财务风险的风险点，但是也无法发挥财务杠杆在调节权益资本的正向作用，因此会错失给股东带来额外收益的机会。

（3）相应对策。

①提高品牌价值增强吸引力。

W 酒业公司未来的发展将继续坚持以酒类产品为主的生产销售业务，将重点细化 W 酒业公司所经营的品牌商、销售商、生产商、服务商，通过具体化和细致化的分工来明确各大经营领域的发展目标和思路。可以通过坚持“大单品”理念为基础，实施 W 酒业“双品牌”管理战略，在未来的发展过程中改善白酒产品推进结构，创建更加现代化的实体营销体系和电子商务网络营销体系。

其次，在 W 酒业的产品体系里，只有 B 品牌享有较好的知名度，而其他产品在四川省外的品牌效应相对欠缺，因此，在未来的发展过程中，可以参考洋河酒业对于产品定位的发展模式，丰富白酒产品体系，以满足市场中不同层次的消费需求。

鉴于 W 酒业现金货币较多的现状，整体财务状况较好，可以通过公益推广、体育赛事赞助等形式提升企业知名度，将旗下白酒产品进行更好地推广，也可以在产品广告上进行创新，使 W 酒业公司的白酒产品获得更多的社会认知。比如洋河随处可见的天之蓝、海之蓝以及水之蓝广告使得这些酒类产品享誉全国，而恒大通过组建恒大足球俱乐部，使得恒大集团旗下的金融、地产、医疗、粮油等获得了极好的推广，恒大集团在推动社会足球事业发展的过程中，也为企业带来了极大的知名度，使恒大集团曾经一举成为中国资产最多的企业，这种营销推广模式值得 W 酒业公司参考借鉴。

②提高资金管理水平。

“存款卖酒”是 W 酒业长期实行的资金管理模式之一，当大量资金转化为银行存款从而长期闲置时，其优势难以被集中发挥出来。为了盘活统筹计划之外的存量资金，W 酒业可以扩大自有投资的规模和力度，让闲置资金以购买理财产品、股权投资和研发投资的形式得到积极运用，获取比存款利息更高的经济收益。具体做法如下：在投资理财产品方面，W 酒业可以委托专业的机构或者银行理财。在限额的基础上，可以购买多种不同额度且期限错配的理财产品，同时保证安全性和收益性，资金不断滚动使用，流动性可明显改善；在设立或参股公司方面，W 酒业可以借鉴贵州茅台的做法，合伙投资成立独立的财务公司，也可以像汉森制药一样增资参股所看好的产业。大量闲置资金的使用价值在运作中得到更大发挥，为企业带来收益分红的回报；

在研发投入方面，W 酒业可考虑利用政府提供补助的政策红利，进一步加大高端技术和产品的研发资金投入数量。这不仅有利于强化企业资金利用能力，也有利于提高未来产品的技术创新性。

③构建多元化融资模式。

对于企业来说，单一的内源融资方式虽然稳健安全，但外源融资才是创造财务杠杆效益的直接途径，实现多元化融资有利于为企业未来的长远发展打造优势。而使用财务杠杆的结果往往伴随着积极或消极的极端影响，如利润增倍或高破产风险。因此，W 酒业不仅要丰富融资的途径选择，还要注意举债的适度性，不能过于依赖举债成为杠杆型企业，要科学合理地利用财务杠杆。具体做法如下：W 酒业可以适度加大金融负债的比例，实现原有资本结构的合理化调整，获得财务杠杆带来的利息抵税、利润增长、降低综合资金成本等正效益。其中可以适度增加使用银行或金融机构的贷款、信托等产品，而 W 酒业目前在建工程数量较多，对设备和技术的要求很高，那么可以考虑使用杠杆租赁。这种租赁方式是将融资与融物同时结合，既能引进新设备保证充足供应、加快技术升级，又能实现对税费、资金链和融资成本的控制，通过降本增效创造更大效益。

④对白酒行业的对策与建议。

A. 发挥文化优势，提升竞争力。

中国白酒不同于国外白酒，中国白酒的核心竞争力在于文化力，提升中国白酒的竞争力，就是要提高中国白酒的文化力。在知识成为社会经济发展的根本动力的今天，文化对于酒业发展的重要意义也因此凸现，从而使中国白酒业迎来了一个孕育着深刻质变、根本飞跃的全新发展阶段，这就是“文化酒时代”。白酒市场在“量”上已趋于饱和，市场的空间越来越小，但在“质”的空间来看，依然可以拓展市场。文化新品牌更容易培育和启动新的市场空间，使看似饱和与恒量的市场立即活跃起来，“名牌背后是文化”已经成为众多的企业家的共识，从卖酒到卖文化也就成为大势所趋，是白酒市场的独特景观。

B. 整合资源，提高行业集中度。

当前我国大大小小的白酒企业有三万多家，几乎每个乡镇都拥有一家自己的白酒企业，白酒资源十分分散。小企业与大企业相比较劣势是明显的，如产量低、质量参差不齐、成本高、消耗大、技术人才少、管理水平不高、缺少环保设施等。中国白酒业现阶段集中度差的特点是明显不利于产业发展的，也不利于我国白酒业国际竞争力的提高。近年来，国家陆续出台了多项扶优限劣的政策措施，白酒行业面临新一轮洗牌。各白酒企业当以此为契机，通过合资、兼并、重组、改制等方式，集中力量，发展具有核心竞争能力的环节，大幅度地降低企业经营成本，提高企业整体竞争能力，实现利润最大化。同时强强联合，实现资本扩张，将企业自身做大做强，逐步走向规模化、集约化经营，形成足以与外国大公司同台竞争的实力，并在国内外两个市场上有所作为。